博士论文
出版项目

国际私法视野下
不对称争议解决协议问题研究

Research on the Asymmetric Dispute Settlement Agreement from the Perspective of Private International Law

张炳南　著

中国社会科学出版社

图书在版编目 (CIP) 数据

国际私法视野下不对称争议解决协议问题研究 / 张炳南著 . —北京：中国社会科学出版社，2024.7

ISBN 978 - 7 - 5227 - 3629 - 7

Ⅰ.①国… Ⅱ.①张… Ⅲ.①国际私法—研究 Ⅳ.①D997

中国国家版本馆 CIP 数据核字（2024）第 110696 号

出 版 人	赵剑英	
责任编辑	高　歌	
责任校对	王佳玉	
责任印制	戴　宽	

出　　版	中国社会科学出版社	
社　　址	北京鼓楼西大街甲 158 号	
邮　　编	100720	
网　　址	http://www.csspw.cn	
发 行 部	010 - 84083685	
门 市 部	010 - 84029450	
经　　销	新华书店及其他书店	

印　　刷	北京君升印刷有限公司	
装　　订	廊坊市广阳区广增装订厂	
版　　次	2024 年 7 月第 1 版	
印　　次	2024 年 7 月第 1 次印刷	

开　　本	710×1000 1/16	
印　　张	16.5	
字　　数	232 千字	
定　　价	99.00 元	

凡购买中国社会科学出版社图书，如有质量问题请与本社营销中心联系调换
电话：010 - 84083683

出 版 说 明

为进一步加大对哲学社会科学领域青年人才扶持力度，促进优秀青年学者更快更好成长，国家社科基金 2019 年起设立博士论文出版项目，重点资助学术基础扎实、具有创新意识和发展潜力的青年学者。每年评选一次。2022 年经组织申报、专家评审、社会公示，评选出第四批博士论文项目。按照"统一标识、统一封面、统一版式、统一标准"的总体要求，现予出版，以飨读者。

全国哲学社会科学工作办公室

2023 年

摘　　要

　　国际实践中出现的管辖协议或仲裁协议大多都具有双边性，即双方当事人对于争议解决的选择具有对称、同等的权利。然而，由于当事人的议价能力与风险承担有所差异，因此在实践中催生出一系列区别于传统争议解决协议的"不对称争议解决协议"。不对称管辖协议最早出现于金融行业，例如，在贷款市场协会（Loan Market Association）标准条款中，出资方可以选择在任何有管辖权的法院提起诉讼，而贷款方只能接受英格兰法院的排他性管辖。另外，不对称仲裁协议中的双方当事人共同约定通过仲裁解决争议，但又允许一方当事人选择诉讼解决；或者双方约定诉讼解决争议，但又允许一方当事人选择仲裁解决；或者只允许一方当事人选择仲裁或诉讼作为争议的解决方式。不对称仲裁协议同样常见于金融领域，但近年来却有向商事领域蔓延的趋势，正逐渐引起学界的关注。各国对于这类协议的效力问题主要聚焦在当事人争议解决权利的不对称性上，由于没有明确的立法规定，因此各国司法实践对此问题也呈现出截然不同的态度。

　　基于上述背景，本书拟通过对不对称争议解决协议的研究，试图回答以下几个值得深思的问题：第一，如何对不对称争议解决协议进行界定？第二，不对称争议解决协议具有哪些表现形式？第三，司法实践中不对称争议解决协议的效力如何，以及是否具有正当性？第四，中国对于不对称争议解决协议的态度究竟如何？以及是否有可完善之处？

为回答上述问题，本书将从六个部分展开：第一部分是不对称争议解决协议的基本问题，其中涉及不对称争议解决协议的定义、范围和类型，还包括对于不同类型协议的推演；第二部分是不对称争议解决协议的理论源起，旨在回顾与梳理意思自治原则的起源与发展。第三部分是不对称争议解决协议的准据法，旨在明确此类协议的法律适用应作何选择以及在实践中的适用可能。第四部分是不对称争议解决协议的正当性困境，该部分着重对否定此类协议的实践进行了系统梳理，主要涉及四个方面，即"恣意处分性""程序平等性""合同相互性"和"显失公平"。第五部分是不对称争议解决协议的正当性证成，该部分着重对肯定此类协议的实践进行系统梳理，主要涉及两个方面，即"尊重意思自治原则"和"事先分配风险"。第六部分是中国不对称争议解决协议的司法实践及完善建议，该部分在梳理完中国的司法实践后，就中国应采立场和完善途径提出了本书观点。

总的来说，无论是出于对契约自由的维护，还是配合中国大力推广"一带一路"倡议和建设亚太仲裁中心的现实需要，中国都应积极地认可不对称争议解决协议的效力。不对称争议解决协议满足中国法律中有关协议的有效性规定，既不构成中国法律下的"显失公平"，也不违反中国的"公共政策"。此外，中国在积极认可不对称争议解决协议的同时，应当首先限制其所适用的领域，在弱势当事人领域中排除其适用。同时，为了全面地认可不对称管辖协议的效力，中国在公约层面上有两个可行性选择，一是可以考虑对《选择法院协议公约》第 22 条作出互惠声明；二是可以充分利用《海牙判决公约》以推动不对称管辖协议的有效性认定。而对于不对称仲裁协议而言，中国应当明确"或裁或审"协议的情形，以避免不对称仲裁协议被认定无效。

关键词：不对称争议解决协议；不对称管辖协议；不对称仲裁协议；意思自治原则；显失公平

Abstract

In international practice, most jurisdiction agreements or arbitration agreements have a bilateral nature, meaning that both parties have relative and equal rights to choose dispute resolution. However, due to differences in the bargaining power and risk taking of the parties involved, a series of "asymmetric dispute resolution agreements" have emerged in practice, which are different from traditional dispute resolution agreements. Asymmetric jurisdictional agreements first appeared in the financial industry, for example, in the standard terms of the Loan Market Association, investors can choose to file a lawsuit in any court with jurisdiction, while lenders can only accept the exclusive jurisdiction of English courts. On the other hand, in asymmetric arbitration agreements, both parties jointly agree to resolve disputes through arbitration, but allow one party to choose litigation for resolution; Alternatively, both parties may agree to resolve the dispute through litigation, but allow one party to choose arbitration for resolution; Alternatively, only one party is allowed to choose arbitration or litigation as the dispute resolution method. Asymmetric arbitration agreements are also common in the financial field, but in recent years, there has been a trend of spreading to the commercial field, which is gradually attracting attention from the academic community. The effectiveness of such agreements in various countries mainly focuses on the asymmetry of the parties' dispute resolution rights. Due to the lack of clear legislative provisions, judicial practices in various countries have also shown completely different attitudes towards this issue.

Based on the above background, this book aims to answer the following thought-provoking questions through the study of asymmetric dispute resolution agreements: firstly, how to define asymmetric dispute resolution agreements? Secondly, what are the manifestations of asymmetric dispute resolution agreements? Thirdly, what is the effectiveness and legitimacy of asymmetric dispute resolution agreements in judicial practice? Fourthly, what is China's attitude towards asymmetric dispute resolution agreements? And is there anything that can be improved?

To answer the above questions, this book will be divided into six parts: the first part is the basic issues of asymmetric dispute resolution agreements, which involves the definition, scope, and types of asymmetric dispute resolution agreements, as well as the deduction of different types of agreements; The second part is the theoretical origin of asymmetric dispute resolution agreements, aiming to review and sort out the origin and development of the principle of autonomy of will. The third part is the applicable law of asymmetric dispute resolution agreements, aiming to clarify the choice of legal application for such agreements and their potential application in practice. The fourth part is the legitimacy dilemma of asymmetric dispute resolution agreements, which focuses on a systematic review of the practice of denying such agreements, mainly involving four aspects: "potestative", "procedural equality", "mutuality of Contract", and "unconscionability". The fifth part is the justification of asymmetric dispute resolution agreements, which focuses on systematically reviewing the practice of affirming such agreements, mainly involving two aspects: "respecting the principle of party autonomy" and "allocating risks in advance". The sixth part is the judicial practice and improvement suggestions for asymmetric dispute resolution agreements in China. After reviewing the judicial practice in China, this part proposes the viewpoints of this book on the stance and improvement approaches that China should a-dopt.

Whether it is for the maintenance of contract freedom, or to meet the practical needs of vigorously developing the "One Belt, One Road" strate-gy and building the Asia-Pacific arbitration center, China should actively recognize the effectiveness of asymmetric dispute resolution agree-ments. The asymmetric dispute resolution agreement satisfies the validity provisions of the agreement in Chinese law, which neither constitutes "un-conscionability" under Chinese law nor violates the requirements of "pub-lic policy".

In addition, while actively recognizing the asymmetric dispute resolu-tion agreement in China we should first limit its applicable field and ex-clude its application in the field of vulnerable parties. Secondly, in order to fully recognize the validity of asymmetric jurisdiction agreement, China has two feasible options at the convention level. One is to consider making reciprocal declaration to article 22 of the Convention on Choice of Court A-greement; Second, we can make full use of the Hague Judgment Conven-tion to promote the validity of asymmetric jurisdiction agreements. As for the asymmetric arbitration agreement, China should clarify the situation of the "selecting arbitration or litigation" clause, so as to avoid the asymmet-ric arbitration agreement being found invalid.

Key Words: Asymmetric Dispute Resolution Agreement; Asymmet-ric Jurisdiction Agreement; Asymmetric Arbitration Agreement; Party Au-tonomy; Unconscionable

目　　录

Contents

第 一 章

不对称争议解决协议的基本问题

随着经济全球化和贸易自由化的蓬勃发展，国际经贸实践中出现了大量关于争议解决权利与义务不对等的争议解决协议。大多数国家通常适用本国法认定此类协议的效力，并且鲜有对此类协议的性质与效力进行明确界定的情况。本章试图从三个方面展开对该问题的讨论。首先，不对称争议解决协议该如何界定是研究不对称争议解决协议的逻辑起点。不对称争议解决协议包含不对称管辖协议和不对称仲裁协议，因而需要对两者进行单独的分析与研究。其次，本章将梳理这类协议所具有的表现形式，并分别推演出不同表现形式在实践中可能发生的情形。最后，本章将归纳出不对称争议解决协议有别于传统争议解决协议所具有的显著特征。

第一节　不对称争议解决协议的界定

界定不对称争议解决协议应当从其定义入手。在实践中，这类协议存在着多种不同的表述，由于缺乏对于此类协议的内涵与外延的全面界定，所以不对称争议解决协议常常因表述存在多样性与其他类型的协议相混淆。此外，在不同法域中，各国法律对于不对称争议解决协议的性质存在不同理解，这也对于认定此类协议的效力产生了巨大的影响。

一　不对称争议解决协议的定义

虽然不对称争议解决协议很早就出现在商贸往来的交易合同之中，但由于其所涉及的领域和适用的普遍程度相对局限，因此在国内学界并未引起广泛的关注。而随着该类型协议在商事领域中的频繁出现，人们逐渐意识到对于这类协议的研究已刻不容缓。但让人不解的是，此类协议在国际实践中出现多年，学界始终没有达成较为统一的界定与标准。

从广义上来说，不对称争议解决协议（Asymmetrical Dispute Resolution Agreement）① 是一个统称，主要包含两种类型的协议，即不对称管辖协议和不对称仲裁协议。② 所谓不对称管辖协议（Asymmetrical Jurisdiction Agreement），或称"不对称选择法院协议"（Asymmetrical Choice of Court Agreement），是指双方当事人约定协议中的一方当事人可以在任何地点或数个地点的法院提起诉讼，而另一方只能在特定的一个或几个地点的法院提起诉讼的协议。③ 所谓不对称仲裁协议（Asymmetrical Arbitration Agreement），是指协议的一方当事人具有选择争议解决方式（诉讼或仲裁）的权利，而另一方当事人不具备该选择权的仲裁协议。总的来说，不对称争议解决协议是指：一方当事人相比另一方当事人在争议解决方式上拥有更多选择权的争议解决协议。

---

① 本书所讨论的不对称争议解决协议，仅指当事人在争议解决方式的选择上的不对称，并不包含其他实体权利约定不对称的情形。此外，值得注意的是，本书所讨论的不对称争议解决协议，包括但不限于独立的争议解决协议，也包括主合同中的争议解决条款。因此，在本书中所出现的管辖协议与管辖条款，仲裁协议与仲裁条款并无区别。

② 本书所讨论的争议解决协议，仅涉及诉讼与仲裁两种争议解决方式，调解等其他争议解决方式不在本书的讨论范围。

③ 郭玉军、司文：《单边法院选择条款的法律效力探析》，《国际法研究》2014年第4期。

在实践中，"不对称"的措辞并非描述这类协议的唯一表述方式。"单方"（One-sided）①、"单边"（Unilateral）②、"选择性"（Optional）③ 或"混合性"（Hybrid）④ 等表述也经常出现在不同的法域之中。虽然各类措辞的表述不尽相同，但是其所反映的这类协议的本质并无二致，即当事人选择争议的权利具有本质的不对称性、不平衡性和不一致性。我们发现，不对称争议解决协议在理论上可以分为两种协议类型，但其在实践中的表现形式可能会十分广泛，既可能只包含了涉及诉讼程序的不对称选择，也可能只包含了涉及仲裁程序的不对称选择，更有可能包含了既有诉讼程序又有仲裁程序的不对称选择。"单方或单边""选择性""混合性"的表述虽然能够在一定程度上体现这类协议与其他协议的差异，但上述表述均太过流于协议的表面特征，并不能精准地体现这类协议的核心本质。

---

① A. Briggs, "One-sided Jurisdiction Clauses: French Folly and Russian Menace", Lloyd's Maritime and Commercial Law Quarterly, 2013, pp. 137 – 142. See also, Kolawole Mayomi, One-Sided Right to Arbitration? Arbitral Review Column, BusinessDay Newspaper, 13 July 2017.

② Draguiev Deyan, "Unilateral Jurisdiction Clauses: The Case for Invalidity, Severability or Enforceability", Journal of International Arbitration, Vol. 31, No. 1, 2014. Hans Smit, "The Unilateral Arbitration Clauses: A Comparative Analysis", American Review of International Arbitration, Vol. 20, No. 3, 2009; Laurent Niddam, "Unilateral Arbitration Clauses in Commercial Arbitration", Dis. Res. J., Vol. 5, 1996.

③ Bas van Zelst, "Unilateral Option Arbitration Clauses in the EU: A Comparative Assessment of the Operation of Unilateral Option Arbitration Clauses in the European Context", Journal of International Arbitration, Vol. 33, No. 4, 2016.

④ Hybrid jurisdiction clauses, http://www.allenovery.com/publications/en – gb/european – finance – litigation – review/eu – developments/Pages/Hybrid – jurisdiction – clauses.aspx. Bank's hybrid jurisdiction clause upheld, http://www.allenovery.com/publications/en – gb/lrrfs/middleeastandafrica/Pages/Banks – hybrid – jurisdiction – clause – upheld.aspx. The validity of unilateral "hybrid jurisdiction" clauses has become less certain under French law, http://www.nortonrosefulbright.com/knowledge/publications/73098/the – validity – of – unilateral – hybrid – jurisdiction – clauses – has – become – less – certain – under – french – law.

例如，"单方或单边"的措辞虽然突出了争议解决协议倾向一方当事人的属性，但不能涵盖既涉及仲裁又涉及诉讼的情形。同样地，"选择性"的措辞只能体现出当事人在争议解决的方式上具有一定的选择权，但不能涵盖既涉及仲裁又涉及诉讼的情形，从而未能体现争议解决方式的多样性；另外，也不能反映当事人权利的不对称性。"混合性"的措辞虽然能够涵盖既涉及仲裁又涉及诉讼的情形，但是却忽略了只涉及诉讼或只涉及仲裁的不对称情形，同时也不能体现只有一方当事人具有选择权的特征。因此，我们可以看出，无论是"单方或单边""选择性"或"混合性"中的哪一种表述，都不能全面地体现这类协议的特征，往往顾此失彼。

此外，在仲裁领域中，国际实践对于"单方或单边""选择性"或"混合性"仲裁协议的理解会导致协议的范围超过本书所研究的范畴。传统的"单边仲裁协议"往往还涉及仲裁协议中仅约定了只有一方可以选择仲裁员的仲裁协议①，也指限制一方当事人只能针对特定事项提出仲裁的仲裁协议。例如，在仲裁协议中约定"员工只可以针对歧视问题提起仲裁"。②

传统的选择性仲裁协议与"强制性"仲裁相对应，通常是指当事人对于提起仲裁的表述是"应当"还是"可以"的情形。例如，当事人在一份股份协议中约定"任何一方当事人可以（may）将产生的争议按照国际仲裁院规则（ICC）进行仲裁"。③ 这不同于大多数仲裁协议中当事人约定"任何一方当事人应当（shall）将产生的争议提交仲裁"的情形。此外，传统意义上的混合性仲裁协议一般指一个仲裁机构使用非该机构仲裁规则进行的仲裁活动。④ 例如，在

---

① TLF Limited v. Energo Engineering Projects Limited 8 SCC 377 (2017).

② Compton v. American Management Services LLC, No. B236669 (2013).

③ Anzen Limited and others v. Hermes One Limited (British Virgin Islands) (2016) UKPC 1.

④ Top Gains Minerals Macao Commercial offshore v. TL Resources Pte Ltd. (HCM P1622/2015).

Insigma Technology Co Ltd. v. Alstom Technology Ltd. 一案中，当事人在许可协议第 18（c）条中约定"本协议产生的一切争议应当交由新加坡国际仲裁中心按照届时有效的 ICC 国际仲裁院仲裁规则仲裁解决，仲裁程序在新加坡进行，官方语言为英语……"① 又如，在 Badprim v. Russia 一案中，当事人约定由斯德哥尔摩仲裁院（SCC）按照国际仲裁院规则（ICC Rules）进行仲裁。②

　　综上所述，本书认为，试图以表面特征为切入点表述这类协议都不周延，应当从该类协议的实质所在进行概括。相对于上述表述，"不对称"一词并不着眼于协议的表面特征，而是试图体现该类协议的本质属性，即当事人对于争议解决方式的选择权利所具有的不对称性。"不对称"的表述虽然不像"单方或单边""选择性"或"混合性"的表述可以突出某一项特征，但并不会顾此失彼从而导致理解与适用的歧义。因此，本书将这一类在争议解决方式选择上具有不对称性权利的协议统称为不对称争议解决协议（包含不对称管辖协议和不对称仲裁协议）。③

二　不对称争议解决协议的性质

　　不对称争议解决协议的性质依据其协议类型可以分为两类，即不对称管辖协议的性质和不对称仲裁协议的性质。实践中，不对称管辖协议往往根据其是否具有排他性与唯一性又可以分为排他性管辖协议和非排他性管辖协议。不对称仲裁协议由于在其形式上具有单边性而异于传统仲裁协议，因而多被视为有瑕疵的仲裁协议。另

---

　　① Insigma Technology Co. Ltd. v. Alstom Technology Ltd. （2009）3 SLR（R）936. Art 18（c）："Any and all such disputes shall be finally resolved by arbitration before the Singapore International Arbitration Centre in accordance with the Rules of Arbitration of the International Chamber of Commerce then in effect and the proceedings shall take place in Singapore and the official language shall be English …"

　　② Svea Court of Appeal, Judgment, Case No. T 2454 – 14, 23 January 2015.

　　③ "单方选择管辖/仲裁协议"的表述相较于其他表述更为精准，但仍然流于表面要件。

外，在中国法视野下，既包含仲裁又包含诉讼的协议又可能被视为"或裁或审"协议。

（一）不对称管辖协议的性质

1. 排他性管辖协议/非排他性管辖协议

由于不对称管辖协议中当事人的选择具有不对称的特性，不同当事人的选择也对应着不同的法律效果，这在很大程度上影响了该协议的性质认定。因此，在实践中，有观点认为，不对称管辖协议究竟属于排他性还是非排他性管辖协议应当取决于当事人。[①] 2005年海牙《法院选择协议公约》[②] 在其草案初稿的解释报告中提及了这一问题。这种观点认为，如果诉讼程序是由出资人先提出的，那么管辖协议就属于非排他性管辖协议，不应属于《法院选择协议公约》的适用范围，因为出资人仍然可以在任何其他法院提起诉讼。与此同时，如果借款人在指定的法院提起了诉讼程序，该管辖协议则属于排他性管辖协议，因为借款人无权在其他任何法院提起诉讼。[③] 由此可见，这种认定方法取决于哪一方当事人先提出诉讼，即先激活属于其选择范围内的诉讼权利，从而锁定了管辖法院及协议本身的性质。在司法实践中，这种观点得到了香港高等法院的认可，在中国工商银行（亚洲）有限公司诉高慧国际有限公司案中[④]，不对称管辖协议约定香港高等法院对于争议具有排他性管辖权，但不

---

① Richard Fentiman, "Unilateral Jurisdiction Agreements in Europe", *Cambridge Law Journal*, Vol. 72, No. 1, 2013.

② 2005 年 6 月 30 日，海牙国际私法会议在其第 20 届外交大会上通过了《选择法院协议公约》，这是一项全球性民商事管辖权和判决承认与执行公约。该公约试图统一排他性选择法院协议制度下各国法院对民商事案件的管辖权和判决相互承认与执行规则。2017 年 9 月 12 日，中国驻荷兰大使吴恳代表中国政府签署了《选择法院协议公约》，代表着我国正式加入该公约。

③ Masato Dogauchi and Trevor C. Hartley, *Preliminary Draft Convention On Exclusive Choice of Court Agreements Explanatory Report*, Hague: The Hague Conference on Private International Law, 2004, p. 19, para. 72.

④ Industrial and Commercial Bank of China (Asia) Ltd. v. Wisdom Top International Ltd. (2020) HKCFI 322.

得妨碍出资人在任何其他有管辖权的法院提起诉讼。香港高等法院认为，如果作为借款人的高慧国际提起诉讼，则该管辖协议属于排他性管辖协议；如果作为贷款人的工商银行提起诉讼，则该管辖协议属于非排他性管辖协议。

2. 排他性管辖协议

将不对称管辖协议定性为排他性管辖协议是英国法院的一贯做法。[①] 举例而言，常见的不对称管辖协议一般规定："英国法院对于因信托书引起的或与之有关的任何争议具有管辖权……为了信托人和债券持有人的独家利益，本条不得妨碍他们在任何有管辖权的法院提起诉讼。"法院认为文字表述是精确的工具，一些小的差异会导致不同的合同效力，即使在协议中并不存在"排他性"的表述，但是这并不影响其对于排他性的认定，因为这对一方当事人而言，英国法院具有排他性的管辖权。[②]

此外，在英国法院在 Commerzbank Aktiengesellschaft v. Liquimar Tankers Management Inc. 案[③]中对于不对称管辖协议的性质讨论也与之前的司法实践一致。该案涉及的不对称管辖协议规定，Liquimar 作为保证人只能在英格兰法院提起诉讼，但是 Commerzbank 作为出资人可以在任何有管辖权的法院提起诉讼。本案中不享有诉讼选择权的一方当事人（Liquimar）认为这样的管辖协议并未针对所有争议确定一个独立的排他性管辖权，并认为不对称管辖协议属于排他性管辖协议的对立面（antithesis）。法院则对排他性管辖协议作了广义解释，认为尽管哪一个法院具有排他性管辖权取决于哪一方当事人起诉，但在效果上本案中的不对称管辖协议属于排他性管辖协议。此外，法院还认为，本案的管辖协议要求 Liquimar 只能在英格兰提

---

① Bank of New York Mellon v. GV Films (2009) EWHC 2338；Black Diamond Offshore Ltd. & Ors v. Fomento De Construcciones y Contratas SA (2015) EWHC 1035.

② Bank of New York Mellon v. GV Films (2009) EWHC 2338, para. 12.

③ Commerzbank Aktiengesellschaft v. Liquimar Tankers Management Inc. (2017) EWHC 161 (Comm).

起诉讼，但是实际上他们在希腊法院提起了诉讼。如果将管辖协议认定为非排他性管辖协议的话，将会破坏当事人的管辖协议，并助长一方当事人滥用诉讼策略。① 尤其是在英国脱欧以后，英国法院将不对称管辖协议认定为排他性管辖协议的做法将有助于其通过海牙《法院选择协议公约》以促进此类判决的承认与执行。②

值得注意的是，无论是从国际公约还是国内法的角度，排他性管辖协议都比非排他性管辖协议享有更多的保护。例如，《布鲁塞尔条例 I 》（重订）③ 第 31 （2）条中对于排他性管辖协议赋予了解决未决诉讼的例外特权，即规定如果协议赋予某一成员国法院以排他性管辖权且该法院已受理案件，则在该法院宣布其依据管辖协议不具有管辖权之前，任何其他成员国法院都应当中止诉讼。换言之，排他性管辖协议之所以比非排他性管辖协议享有更高地位，是因为一国的公共政策更为倾向唯一且确定的司法程序，以最大限度地降低相互冲突的判决导致的风险。④

3. 非排他性管辖协议

有观点认为不对称管辖协议属于非排他性管辖协议，因为这类协议并没有创设一个单一的、排他的管辖法院以解决所有争议。"排他性"一词本身就具有"专属性"的特征。因此，允许一方当事人在任何有管辖权的法院提起诉讼，并漠视不同法院同时发生的数个诉讼程序显然不能满足排他性的基本定义。⑤

---

① Commerzbank Aktiengesellschaft v. Liquimar Tankers Management Inc. （2017） EWHC 161 （Comm）. para. 70.

② Etihad Airways v. Flöther （2019） EWHC 3107 （Comm）. （2020） EWCA Civ 1707.

③ 2012 年 12 月 12 日《欧洲议会和欧盟理事会关于民事案件管辖权和判决承认与执行的第 1215/2012 号条例》（重订），2015 年 1 月 10 日生效。

④ Mary Keyes, Brooke Adele Marshall, "Jurisdiction Agreements：Exclusive, Optional and Asymmetrical", *Journal of Private International Law*, Vol. 11, No. 3, 2015.

⑤ Commerzbank Aktiengesellschaft v. Liquimar Tankers Management Inc. （2017） EWHC 161 （Comm）. para. 57.

　　这一点从公约的角度就有所体现，海牙《法院选择协议公约》并未将不对称管辖协议纳入公约的适用范围。《法院选择协议公约》第3条对于排他性法院选择协议做出了规定，系指由双方或者多方当事人签订的，符合第（三）项要求的[①]，为解决与某一特定法律关系有关的已经发生或者可能发生的争议，而指定某个缔约国的法院或者某个缔约国的一个或者多个特定法院以排除任何其他法院管辖权的协议。但是，《法院选择协议公约》解释报告中认为不对称管辖协议并不属于公约的适用范围。

　　解释报告中认为，在经常出现于国际借贷领域的不对称管辖协议中，只存在对于一方当事人来说才属于排他性管辖协议的情形，而公约适用的排他性管辖协议则要求管辖协议中无论哪一方当事人提起诉讼程序均属于排他性管辖协议。因此，解释报告认为不对称管辖协议不符合公约的目的。[②] 另外，公约的排他性管辖协议适用于当事人赋予一个缔约国中的多个特定法院具有排他性管辖权的情形，但是实践中的不对称管辖协议往往涉及约定了不同缔约国的多个法院的情形，因此，不对称管辖协议也不能符合公约的要求。但是，解释报告也中提到，缔约国可以通过对公约第22条作出互惠声明以将公约扩大适用于不对称管辖协议。[③]

---

　　① 条款中的第（三）项的要求是指协议的书面性要求。

　　② Trevor Hartley & Masato Dogauch, *Convention of 30 June 2005 on Choice of Court Agreements*, *Explanatory Report by Trevor Hartley & Masato Dogauch*, Hague: The Hague Conference on Private International Law, 2014, para. 106.

　　③ 第二十二条关于非排他性选择法院协议的互惠声明：一、缔约国可以声明，该国法院将承认与执行根据非排他性选择法院协议所指定的其他缔约国法院作出的判决。非排他性选择法院协议是由双方或多方当事人签订的，符合第三条第（三）项要求的，为解决与某一特定法律关系有关的已经发生或者可能发生的争议，而指定一个或者多个缔约国的一个法院或者多个法院的选择法院协议。二、如果在作出该项声明的缔约国请求承认与执行另一作出该项声明的缔约国作出的判决，则在符合下列所有条件时，该判决应当根据本公约获得承认与执行：（一）原审法院是非排他性选择法院协议指定的；（二）既不存在根据非排他性选择法院协议可以提起诉讼的任何其他法院作出的判决，也不存在相同当事人之间基于相同诉因在任何其他此类法院的未决诉讼。

中国法院虽然在实践中会出现认定不一致的情形，但是主流观点倾向将不对称管辖协议认定为非排他性管辖协议。因为法院认为即使当事人在管辖协议中约定某一法院具有"排他性管辖权"，但是其他条款的规定并未排除其他有关管辖权的法院进行管辖，所以此类协议应属于非排他性管辖协议。①

但于 2019 年 7 月 2 日通过的《承认与执行外国民商事判决公约》（以下简称《海牙判决公约》）则与调整排他性管辖协议的《选择法院协议公约》不同，《海牙判决公约》中所流通的判决需是基于排他性管辖协议以外的协议作出的，即非排他性管辖协议。② 公约的解释报告中也指出，非排他性管辖协议包含了一方当事人具有排他性，而另一方当事人不具有排他性的不对称管辖协议。③

（二）不对称仲裁协议的性质

1. 瑕疵仲裁协议

瑕疵仲裁协议（Defective Arbitration Agreement），又称为病态仲裁协议（Pathological Arbitration Agreement）④ 通常是指当事人所起草的具有一定瑕疵或纰漏，以至于其效力在各国法律中存疑

---

① （2016）沪 72 民初 2542 号。

② 参见《承认与执行外国民商事判决公约》第 5 条第 13 款："判决由非他性选择法院协议所指定的法院作出，且该协议以书面形式签订或证明，或者能提供可获取的信息供日后查询的其他任何通讯方式所签订或者证明。"

③ Francisco Garcimartín, Geneviève Saumier, *Explanatory Reporton the Convention of 2 July 2019 on the Recognition and Enforcement of Foreign Judgments in Civil or Commercial Matters*, Hague：The Hague Conference on Private International Law, 2020, p. 106.

④ 关于病态仲裁协议较早的文献，Eisemann, "La Clause d'arbitrage pathologique", in Eugenio Minoli, Commercial Arbitration：Essays in Memoriam Eugenio Minoli, Torino：Unione tipografico-editrice Torinese, 1974. Davis, "Pathological Clauses：Frederic Eisemann's Still Vital Criteria", Arb. Int'l, Vol. 7, 1991; See also Luca Beffa, "Decision 4A_ 246/2011 or the Leniency of the Swiss Federal Tribunal towards Pathological Clauses", ASA Bull, Vol. 30, 2012.

的仲裁协议。新加坡法院曾在 HKL v. Rizq 案①中指出，病态仲裁协议是指"根据其病态的本身和程度而言有可能被支持也有可能不被支持的协议"。不过法院也提到，一般法院会寻求有利于其效力的解释从而赋予这类协议效力，而非直接认定其无效。

关于不对称仲裁协议的效力性问题在实践中并没有统一的态度，各国对此问题观点各异，所以此类协议在实践中有时也会被认定为瑕疵仲裁协议。也有学者从概括的角度指出了瑕疵仲裁协议的特征，认为相互矛盾的，或者具有不确定性的，又或者不能实行的协议就是瑕疵仲裁协议。② 实践中，瑕疵仲裁协议的表现形式多种多样，可能涉及当事人约定的仲裁机构不存在的情形③，当事人选任的仲裁员不能仲裁的情形④，又或者是当事人既选择了仲裁也选择了诉讼的情形⑤。

2. "或裁或审"协议

通常而言，合同中诉讼与仲裁的混合出现会妨碍当事人争议选择的确定性，增加平行程序发生的风险，这类协议往往被称为"相冲突的管辖协议"⑥，在中国又被称为"或裁或审"协议。⑦ 一般而言，比较典型的"或裁或审"协议表现为："可以向某仲裁委员会仲

---

① HKL Group Co. Ltd. v. Rizq International Holdings Pte Ltd. , (2013) SGHCR 5.

② Nigel Blackaby, Constantine Partasides, et al. , Redfern and Hunter on International Arbitration (Sixth Edition), Oxford：Oxford University Press, 2015.

③ Kwasny Co. v. Acrylicon Int'l Ltd. , 2010 WL 2474788；Gar Energy & Assocs. v. Ivanhoe Energy Inc. , 2011 WL 6780927；Travelport Global Distrib. Systems BV v. Bellview Airlines Ltd. , 2012 WL 3925856.

④ Stinson v. Am's. Home Place, Inc. , 108 F. Supp. 2d 1278, 1285 (M. D. Ala. 2000).

⑤ Internet E. , Inc. v. Duro Comm. , Inc. , 553 S. E. 2d 84, 87 - 88 (N. C. App. 2001)；Bank Julius Baer & Co. v. Waxfield Ltd. , 424 F. 3d 278, 284 (2d Cir. 2005).

⑥ Richard Garnett, "Coexisting and Conflicting Jurisdiction and Arbitration Clauses", *Journal of Private International Law*, Vol. 9, No. 3, 2013.

⑦ 杨玲：《论"或裁或审"条款中仲裁条款的效力——以海峡两岸司法实践为视角》，《西北大学学报》（哲学社会科学版）2014 年第 4 期。孙亚男：《"或裁或审"条款的效力分析》，《牡丹江大学学报》2017 年第 2 期。

裁或向某人民法院起诉。"虽然不对称仲裁协议中也涉及两种争议解决方式的混同，但是不对称仲裁协议的情况和"或裁或审"协议又并不完全相同。不对称仲裁协议中只有一方当事人具有游离在诉讼与仲裁之间做选择的权利，而对于另一方当事人来说争议解决的方式是固定的，即只能在争议发生时选择仲裁抑或诉讼。但传统"或裁或审"条款的情形下，双方当事人都具有诉诸诉讼或仲裁的可能。在陈友华等与星展银行案中，中国法院认为，不对称仲裁协议属于"或裁或审"情形。①

值得注意的是，中国现行法律并不支持"或裁或审"协议的效力，认为这类协议对于仲裁的约定不明应归于无效。《最高人民法院关于使用〈中华人民共和国仲裁法〉若干问题的解释》（以下简称"《仲裁法司法解释》"）② 第7条规定，"当事人约定争议可以向仲裁机构申请仲裁也可以向人民法院起诉的，仲裁协议无效"。

第二节 不对称争议解决协议的类型与推演

格雷曾说："分析法学的任务就是分类，包括定义，谁能够对法律进行完美的分类，谁就能获得关于法律的完美的知识。"③ 从某种

---

① 第19.1条规定"本合同各方一致同意本合同项下与担保金融衍生产品交易有关的任何争议应提交中国国际经济贸易仲裁委员会按照届时有效的《中国国际经济贸易仲裁委员会金融争议仲裁规则》以仲裁方式解决，仲裁地点为上海，仲裁庭由三名仲裁员组成，仲裁裁决是终局的，对各方具有约束力"。第19.2条规定"上述约定并不排除权利人在任何对本合同有管辖权的其他争议解决机构（无论一个或多个司法区域）提起主张或者申请强制执行的权利"。
② 《最高人民法院关于适用〈中华人民共和国仲裁法〉若干问题的解释》，于2005年12月26日，由最高人民法院审判委员会第1375次会议通过，自2006年9月8日起开始施行。
③ John Chipman Cray, *The Nature and Sources of the Law*, New York：Macmillan Co., 1921. p. 3.

角度而言，类型化的研究方法可以弥补抽象法律概念所引起的理解偏差。① 可以说，类型化的研究方法是促进法律理解、指导司法实践的主要方法。② 不对称争议解决协议在实践中虽出现较早，但未曾有学者对协议的类型进行系统化的研究与梳理。在实践当中，虽然双方当事人在争议解决方式的选择权上存在"不对称"的情形，但是协议的具体表现形式上却有显著的区别。

一 不对称管辖协议的类型与推演

通过对于司法案例的梳理，不对称管辖协议可以大致被归纳为"共一单任""共数单任"和"共一单数"三种情形。不论何种类型的不对称管辖协议，均体现了一方当事人在管辖法院的选择上所具有优势选择权。此外，通过对这类协议进行模拟的诉讼推演，还可以预判当事人在不同情形下的诉讼策略与诉讼选择，从而可以更好地理解此类协议的特点。

（一）不对称管辖协议的类型

通常而言，不对称管辖协议中仅涉及当事人对于法院选择的不对称约定，即一方当事人的法院选择较为局限，而另一方当事人的法院选择范围则更为广泛。本书将其分为三种类型，具体模式类型参见表1–1：

表1–1 不对称管辖协议类型

"共一单任"情形	"共数单任"情形	"共一单数"情形
双方约定某一法院对争议具有排他性管辖权	双方约定数个法院对争议具有排他性管辖权	双方约定某一法院对争议具有排他性管辖权
此外，只有一方当事人有在任何具有管辖权的法院提起诉讼的选择权	此外，只有一方当事人有在任何具有管辖权的法院提起诉讼的选择权	此外，只有一方当事人有在数个具有管辖权的法院提起诉讼的选择权

① 舒国滢、王夏昊、梁迎修等：《法学方法论问题研究》，中国政法大学出版社2007年版，第449页。

② 高乐鑫：《法学类型化研究方法的基础问题研究》，《玉林师范学院学报》2013年第6期。

第一种类型是"共一单任"情形，这是不对称管辖协议中最主要的类型，也通常是国际借贷合同标准条款的所属类型。被赋予在任何有管辖权法院提起诉讼的一方往往是作为出资人的金融机构，而被限定管辖权的一方当事人往往是借款人。例如，贷款市场协会①（Loan Market Association）标准条款就是十分典型的"共一单任"类型的不对称管辖协议：

1. 执行

1.1 管辖

（1）英格兰法院对与本协议有关的或因本协议引起的任何争议（包括涉及本协议的存在、有效及终止问题的争议）具有排他性的管辖权。

（2）当事人均同意英格兰法院是解决争议最合适、最方便的法院，并同意对此问题不提出任何异议。

（3）条款1.1（管辖）仅出于出资人的利益。因此，不得阻碍出资人在任何其他有管辖权的法院就争议提起诉讼。在法律允许的范围内，出资人可以在任何法域内同时提起诉讼。

例如，在 Ms. X. v. Banque Privée Edmond de Rothschild Europe 案②中，当事人约定"卢森堡法院对于客户与银行之间产生的任何争议具有排他性的管辖权。银行仍然保留向客户住所地法院起诉的权利或者在未选择上述法院时向任何其他具有管辖权的法院提起诉讼的权利。"

第二种类型是"共数单任"情形，这种类型的条款在实践中并

---

① 该协会目前的会员遍布超过 60 多个国家，已经有 700 多个组织成为其会员，中国的中国银行、中国建设银行、中国开发银行等均是协会会员。

② Ms. X. v. Banque Privée Edmond de Rothschild, No. 11 – 26. 022 （2013）.

不常见。在本质上与"共一单任"情形的协议相同，但不同的是借款人可以在数个指定的法院提起诉讼。例如，在 ICH v. Crédit Suisse 案①中，当事人约定"借款人认可苏黎世法院或与当事人建立合同关系的银行分行所在法院对诉讼程序具有排他性管辖权。银行仍然保留对借款人向任何其他有管辖权的法院提起诉讼程序的权利"。

　　第三种类型是"共一单数"情形，这种类型的条款在实践中同样不常见。例如，在 Apple Sales International v. eBizcuss② 中，当事人在不对称仲裁协议中约定"eBizcuss 公司应当将本合同引起的任何争议提交爱尔兰法院，Apple 公司可以选择保留将争议提交至有管辖权的法院，有管辖权的法院应当是爱尔兰法院、eBizcuss 公司总部所在地法院，或者侵权发生地的法院"。相比"共一单任"类型，"共一单数"类型中具有选择权优势的一方当事人只能在一定范围内选择管辖的法院，具有更高的可预见性。

　　不对称管辖协议经常出现于信贷、信托、证券等金融领域，而这类协议的受益方也往往是金融机构，即通常意义上议价地位更高的一方当事人。虽然金融机构与借款人在诉讼权利上不相对等，但我们不能忽略的是，借贷领域中双方的交易风险也同样迥然不同。换句话说，不对称管辖协议的独特设计可以让金融机构通过不对称的争议解决选择去"对冲"其所承担的不对称的高交易风险。具体而言，金融机构的资金规模、信誉程度以及承担能力相比良莠不齐的借款人来说，更具有保障性。所以，金融机构承担的交易风险更高，他们往往担心借款人不能偿还贷款而形成坏账，而另一方的借款人所承担的交易风险则相对较低。③ 如此看来，不对称管辖协议赋予出资人以灵活的诉讼选择是为了平衡其承担的交易风险，尽可能地在争端解决机制上保证出资人可以在任何借款人存有资产的地方

---

① Cass. civ. , 1ère, 25. 3. 2015, ICH v. Crédit Suisse, n° 13 – 27264.

② Apple Sales International v. eBizcuss Cass. 1ere Civ, 7. 10. 2015, No. 14 – 16. 898.

③ 张利民：《不对称管辖协议的合法性辨析》，《法学》2016 年第 1 期。

提起诉讼以收回贷款，从而保障金融业务的可持续发展。所以他们起草这类协议旨在保护自身利益，以规避潜在的风险。

实践中，我们不难发现，金融机构所准备的条款更多地倾向于使用不对称管辖协议而非仲裁协议，这是主要因为：（1）金融纠纷通常仅涉及索赔请求，并不涉及复杂的法律和事实问题，这种情形更适合通过诉讼程序解决；（2）仲裁程序中并没有缺席判决或即决判决等金融案件所需要的机制，所以在这一领域中仲裁程序并没有比诉讼程序更为便捷与高效；（3）仲裁程序在涉及多方当事人争议时容易造成问题，而这往往会发生在金融领域纠纷中；（4）仲裁程序的保密性原则并不会让债务人因与金融机构发生争议而难堪；（5）仲裁裁决并不像判决一样具有"先例"拘束力。[①]

（二）不对称管辖协议的推演

不对称管辖协议的推演相比于不对称仲裁协议而言更为简单，因为争议解决的方式仅涉及诉讼。因此，当事人在程序的选择与策略的考量上更为单一。由于上述讨论的三种类型管辖协议，即"共一单任""共数单任"和"共一单数"情形在类型的推演上并无差异，本部分就不分别进行讨论。

在受益方先提起诉讼的情形下，弱势方倘若接受受益方提请的法院管辖，则其会正常进行应诉答辩；弱势方倘若不接受受益方提请的法院管辖，通常会向受益方提请的法院提出管辖权异议，主张该不对称管辖协议无效。如果此时弱势方已在其他法院提起诉讼程序，则通常会向受益方提请的法院提出中止诉讼程序；[②] 而与此同

---

① Audley Sheppard, "Arbitration of International Financial Disputes", Kluwer Arbitration Blog, March 19 2009, at http：//arbitrationblog. kluwerarbitration. com/2009/03/19/arbitration – of – international – financial – disputes/；See also Maria Davies, "The Use of Arbitration in Loan Agreements in International Project Finance：Opening Pandora's Box or an Unexpected Panacea?" *J. Int'l. Arb.*, Vol. 32, 2015.

② Commerzbank Aktiengesellschaft v. Liquimar Tankers Management Inc. （2017）EWHC 161（Comm）.

时，受益方会向弱势方未按约定而提起诉讼的法院提出管辖权异议，并申请中止诉讼程序。

在弱势方先提起诉讼的情形下，如果其按照约定提交指定法院管辖，受益方倘若接受弱势方提请的法院管辖，则其会进行应诉答辩；反之则会提出管辖权异议。如果弱势方未按照约定而是向其他法院提起了管辖，受益方通常会依据协议向有管辖权的其他法院提起诉讼，并向弱势方提起的法院提出管辖权异议，主张中止诉讼程序。

二　不对称仲裁协议的类型与推演

本书所研究的不对称仲裁协议主要集中于争议解决方式选择权的不对称情形，并不包含传统仲裁协议中其他权利的不对称约定（例如，仲裁员的选任或仲裁事项的选择上的不对称情形）。基于上述研究范围，本书将不对称仲裁协议分为三种类型，即"共诉单仲""共仲单诉"以及"单选诉仲"的情形。由于不对称仲裁协议既涉及诉讼又涉及仲裁，因而在类型推演上相比不对称管辖协议的单一程序而言更为复杂，需要同时考虑两种救济程序。

（一）不对称仲裁协议的类型

在传统的仲裁协议之中，争议解决方式的选择权往往均等地分配在双方当事人的身上，但在不对称仲裁协议中，双方当事人对于选择仲裁或诉讼的权利并不相同。具体类型模式参见表1-2。

表1-2　　　　　　　　　　**不对称仲裁协议的类型**

"共诉单仲"情形	"共仲单诉"情形	"单选诉仲"情形
双方约定将争议提交指定法院通过诉讼解决	双方约定将争议提交指定仲裁机构或通过临时仲裁解决	只有一方当事人有权将选择将争议提交诉讼或仲裁的方式解决
此外，只有一方当事人有权提起仲裁	此外，只有一方当事人有权提起诉讼	

　　第一种类型，是"共诉单仲"情形，即当事人在协议中约定争议通过诉讼解决，但是只有一方具有提出仲裁的权利。例如，NB Three Shipping Ltd. v. Harebell Shipping Ltd. ①案中，当事人在租船合同的第 47.02 条中约定"英格兰法院对本租船合同所引起的或与本租船合同有关的任何争议享有管辖权，但是船主应享有将本协议下的任何争议提交仲裁的选择权"②。除此之外，该案的当事人还进一步对诉讼程序和仲裁程序提供更为细致的规定以方便日后执行。船主也对租船人可能提出的抗辩进行了限制，其中租船合同的第 47.05 条规定"租船人同意放弃对在英格兰法院或第 47.03 和第 47.04 条项下的任何法院下提起的任何程序提出的任何抗辩（不论是否基于不方便法院原则的抗辩或其他抗辩）"③，在仲裁程序上，第 47.10 条则规定，"仲裁地为伦敦或是在船主选择下的另一城市，并由两名仲裁员仲裁，由船主和租船人各自选任一名，并均同意适用英国法"④。

　　这种类型的不对称仲裁协议将诉讼作为当事人解决争议的主要选择，而仲裁则成为一方当事人的备选方案。在这一类型中，不对称仲裁协议的受益方有权在诉讼以外，选择仲裁作为解决争议的方

---

　　①　NB Three Shipping Ltd. v. Harebell Shipping Ltd. （2004）APP. L. R. 10/13.

　　②　Art. 47.02：The courts of England shall have jurisdiction to settle any disputes which may arise out of or in connection with this Charterparty but the Owner shall have the option of bringing any dispute hereunder to arbitration.

　　③　Art. 47.05：The Charterer waives any objection which it may have now or later (whether on the ground of forum non conveniens or otherwise) to any proceedings relating to this Charterparty being brought in the courts of England or in any court which is covered by Clause 47.03 or 47.04.

　　④　Art. 47.10：Any dispute arising from the provisions of this Charterparty or its performance which cannot be resolved by mutual agreement which the Owner determines to resolve by arbitration shall be referred to arbitration in London or, at Owner's option, in another city selected by the Owner by two arbitrators, one appointed by the Owners and one by the Charterers who shall reach their decision by applying English law. If the arbitrators so appointed shall not agree they shall appoint an umpire to make such decision.

式；而另一方只能就所涉争议提起诉讼解决。除此之外，我们还能看到在抗辩的提出方面以及仲裁地的选择方面，不对称仲裁协议的受益方（上述案例中的船主）都享有更多的选择权，也对另一方施加了更多的限制。事实上，这些条款的不对称性也与争议解决方式选择的不对称性息息相关。

第二种类型，是"共仲单诉"情形，即当事人在协议中约定争议通过仲裁解决，但是只有一方具有提出诉讼的权利。例如，在Law Debenture Trust Corp Plc v. Elektrim Finance BV① 一案中，当事人在债券协议的第29.2条中约定"凡因本协议引起或与本协议有关的任何争议可由任何一方按照联合国国际贸易法委员会仲裁规则通过仲裁方式最终解决……"此外在第29.7条中又规定了关于债券持有人和信托人的选择性条款，"尽管存在上述第29.2条的规定，为了信托人和每位债券持有人的排他性利益，［EFBA］和［ESA］（本案的被告）在此同意信托人和每位债券持有人具有排他性的权利，在他们的选择下，可以就因本协议引起或与本协议有关的任何争议提交英格兰法院管辖，英格兰法院对此享有非排他性管辖权……"另外，在Red Burn Capital v. Zao Factoring Company Eurocommerz② 一案中，双方在仲裁协议中约定了将争议提交伦敦国际仲裁院（LCIA）仲裁。此外，仲裁协议还规定了如果Red Burn在选任仲裁员之前反对诉诸仲裁的话，可以要求将争议提交法院解决。

在"共仲单诉"情形的不对称仲裁协议中，当事人将仲裁作为当事人解决争议的主要选择，而诉讼成为一方当事人的备选方案。这与"共诉单仲"情形相类似，都是兼具仲裁和诉讼两种争议解决方式，一方当事人被赋予了可以伺机而动的选择权，而另一方当事人只能通过一种方式解决争议。

---

① Law Debenture Trust Corp Plc v. Elektrim Finance BV (2005) APP. L. R. 07/01.

② Red Burn Capital v. Zao Factoring Company Eurocommerz, Case No. A40 – 59745/0 9 – 63 – 478.

第三种类型是"单选诉仲"情形,即当事人在协议中约定只有一方当事人具有提出诉讼或仲裁的权利。在新加坡的 Dyna-Jet 案中①,当事人在合同中约定"Dyna-Jet 和其客户同意就合同的解释和执行问题相互配合以善意的方式解决,关于合同项下关于服务履行的争议应在争议发生起三日内通知 Dyna-Jet,此后,提出争议发生的期限届满。关于合同的任何请求、争议和违约应当通过双方友好协商共同解决。如果经过协商未得到友好解决,Dyna-Jet 可以选择通过仲裁程序以私人解决争议,仲裁程序适用英国法,在新加坡仲裁"。另外,在"厦门建发化工有限公司诉艾伯特贸易有限公司"一案中,当事人在签订的《销售确认书》中约定,"出售方可以选择将由此产生的一切争议提交瑞士楚格州法院解决或根据巴黎国际商会调解规则在楚格州进行仲裁"②。在"单选诉仲"类型的不对称仲裁协议中还存在着一种更特殊的情形,是只有一方当事人可以对仲裁程序具有一定的选择权。例如,当事人约定争议由一方当事人指定的仲裁委员会解决。③

事实上,"单选诉讼"类型的仲裁协议并不十分多见,因为此种类型下争议解决方式的选择仅限于一方当事人,这比"共诉单仲"和"共仲单诉"情形中所体现的不对称性更为明显。一般而言,很少有当事人会在合同中同意这样的约定,因为如此约定等同于一方当事人放弃了对于争议提出的所有权利,并自愿将这一权利移交到另一方的手中。④ 如果初步对这类协议进行分析,我们往往会认为不对称仲裁协议的受益方一定是议价能力极高的一方当事人,可能会出现在银行和金融等领域之中,但上述两个案例中"单选诉仲"情形的仲裁协议都是在平等商事主体之间签订的,这也更需要引起我

---

① Dyna-Jet v. Wilson Taylor Asia Pacific Pte Ltd. (2016) SGHC 238.

② 参见 (2012) 浦民二 (商) 初字第 S3375。

③ 参见 (2016) 最高法民他 78 号。

④ 应当注意的是,这样的约定并不意味着不具有选择权的当事人不再享有任何向司法机关提起诉讼的机会,只是被视为放弃了当事人在法律范围内可以约定的权利。

们的警觉与思考。

　　不同类型的不对称仲裁协议反映了当事人对于争议解决的不同倾向，"共诉单仲"情形更倾向于诉讼，"共仲单诉"情形更倾向于仲裁，而"单选诉仲"情形虽未表露倾向却可以伺机而动灵活选择。伦敦大学玛丽皇后学院 2010 年的国际仲裁调查显示，在当时就有68％的公司有属于自己的争议解决政策倾向，可想而知，如今的这一比例将会有更大的提升。① 事实上，这种对于争议解决方法的偏好往往取决于议价地位更显著的一方当事人，议价地位更高的当事人的偏好也往往直接决定了不对称仲裁协议的类型。三种类型的不对称仲裁协议虽然在表现形式上有所差异，但无疑都体现了当事人对于争议解决方式选择权的分配，这样的差异也会直接决定争议发生后当事人所采取的对抗策略的差异。

　　（二）不对称仲裁协议的类型推演

　　通过对于不同类型的不对称仲裁协议的推演，我们可以预判双方当事人可能采取的应对方案，从而加深对不对称仲裁协议的理解。在争议发生时，何方当事人会首先启动争议解决程序成为诉讼程序中的原告或仲裁程序中的申请人，也直接影响当事人对于不对称选择权的行使。所以，一种不对称仲裁协议类型下存在两种情形，即不对称仲裁协议有选择权的一方（受益方）先启动争议解决程序的情形和不对称仲裁协议无选择权的一方（弱势方）先启动争议解决程序的情形。

　　1. "共诉单仲"情形

　　在"共诉单仲"的情形下，一方当事人（受益方）既可以选择诉讼又可以选择仲裁，而另一方当事人（弱势方）只能选择诉讼。

　　在受益方先启动争议解决程序的情形下，如果受益方选择了诉

---

① Queen Mary University of London, White & Case, 2010 International Arbitration Survey：Choices in International Arbitration，http：//www. arbitration. qmul. ac. uk/media/arbitration/docs/2010_ InternationalArbitrationSurveyReport. pdf.

讼，弱势方倘若接受弱势方提请的法院管辖，会进行应诉答辩；弱势方倘若不接受弱势方提请的法院管辖，则会提出管辖权异议，主张该不对称仲裁协议无效。另一种可能是，如果受益方选择了仲裁，弱势方倘若同意通过仲裁解决，则会按照当事人的约定，选任仲裁员参加仲裁程序；弱势方倘若不同意通过仲裁解决，则会向法院提起诉讼，主张该不对称仲裁协议无效。

在弱势方先启动争议解决程序的情形下，如果弱势方选择了诉讼，受益方倘若接受弱势方提起的法院管辖，会进行应诉答辩；受益方倘若不接受弱势方提请的法院管辖，则会提出管辖权异议或通过行使其单方的选择权而径直向仲裁机构提起仲裁。如果弱势方违反了协议约定，行使了本应属于受益方的选择权向指定的仲裁机构提起仲裁，受益方倘若同意通过仲裁解决，则会按照当事人的约定，选任仲裁员参加仲裁程序；受益方倘若不同意通过仲裁解决，则会向仲裁庭提出管辖权异议，并可能同时向法院起诉要求中止仲裁程序。

2. "共仲单诉"情形

在"共仲单诉"的情形下，一方当事人（受益方）既可以选择诉讼又可以选择仲裁，而另一方当事人（弱势方）只能选择诉讼。

在受益方先启动争议解决程序的情形下，如果受益方选择了仲裁，弱势方如果同意通过仲裁解决，则会按照当事人的约定，选任仲裁员参加仲裁程序；如果弱势方不同意通过仲裁解决，则可以向法院提出诉讼，主张该不对称仲裁协议无效。另一种可能是，如果受益方选择了诉讼，弱势方如果接受受益方提请的法院管辖，会进行应诉答辩；如果弱势方不接受弱势方提请的法院管辖，则会按照当事人的约定提起仲裁程序，并向法院提出管辖权异议。

在弱势方先启动争议解决程序的情形下，如果弱势方选择了仲裁，受益方如果同意通过仲裁解决，则会按照当事人的约定，选任仲裁员参加仲裁程序；如果受益方不同意通过仲裁解决，则可以径直行使其选择权向法院起诉并要求中止仲裁程序；如果弱势方违反了协议约定，行使了本应属于受益方的选择权向法院提起诉讼，法院能否受理将会存疑。如果法院受理且受益方接受弱势方提起的法院管辖，则应进行应诉答辩；如果受益方不接受弱势方提请的法院管辖，则会向法院提出管辖权异议或径直向指定仲裁庭提起仲裁。

3. "单选诉仲"情形

在"单选诉仲"的情形下，只有一方当事人（受益方）可以选择诉讼或仲裁的方式解决争议，而另一方当事人（弱势方）并无任何选择权利。

在受益方先启动争议解决程序的情形下，如果受益方选择了诉讼，弱势方倘若接受受益方提请的法院管辖，会进行应诉答辩；弱势方倘若不接受受益方提请的法院管辖，则会向法院提出管辖权异议。如果受益方选择了仲裁，弱势方倘若同意通过仲裁解决，则会按照当事人的约定，选任仲裁员参加仲裁程序；弱势方倘若不同意通过仲裁解决，则会向法院提起诉讼，主张该不对称仲裁协议无效。

在弱势方先启动争议解决程序的情形下，如果弱势方违反协议约定选择了诉讼，受益方倘若接受弱势方提出的法院管辖，则应进行应诉答辩；倘若不接受弱势方提出的法院管辖，则可以提出管辖权异议或径直向指定仲裁机构提出仲裁。如果弱势方违反协议约定选择了仲裁，受益方倘若同意通过仲裁解决，则可以按照当事人的约定，选任仲裁员参加仲裁程序；受益方倘若不同意通过仲裁解决，则可以向法院起诉要求中止仲裁程序。

通过上述梳理和推演我们发现，无论是哪种类型的不对称仲裁协议，弱势方都可以通过向法院主张该不对称仲裁协议无效进行抗辩，而这是受益方绝不会采取的方式，因为不对称仲裁协议主要服务的是受益方的利益，所以对受益方而言，他们无论如何都不会否定该协议的效力。此外，我们还注意到，在三种类型的推演中，法院与仲裁庭的管辖冲突问题较为明显，如果当事人在诉讼部分中约定了非排他管辖的法院选择条款的话，则情况会更为复杂。弱势方当事人如若无视约定，肆意启动程序，也会让整个局势更加扑朔迷离。

第三节　不对称争议解决协议的特征

　　意思自治原则的发展为不对称仲裁协议的成长提供了温和的土壤。不对称仲裁协议虽是在传统仲裁协议的基础之上嬗变而来的，但又表现出与传统仲裁协议截然不同的显著特征。这些特征不仅是烙刻在不对称仲裁协议上的印记，更是这类协议饱受争议的"原罪"。① 从广义上来讲，不对称争议解决协议的特征主要体现在三方面：当事人地位的不对称性、权利行使的单边性以及救济方式的混合性。由于协议性质的差异，不对称管辖协议与不对称仲裁协议所体现的特征并不完全相同。不对称管辖协议的特征主要表现在两方面，即当事人地位的不对称性和权利行使的单边性；而不对称仲裁协议的特征则相比不对称管辖协议多了一个方面，即救济方式的混合性。

一　主体地位的不对称性

　　无论是不对称管辖协议还是不对称仲裁协议，双方当事人在争议解决方式上的选择权利都具有明显的不对称性。在传统的争议解决协议中，双方当事人对于诉讼程序或仲裁程序的选择并不存在权利分配的不平衡。究其本质，不对称管辖协议中当事人权利与义务的不对称性来源于当事人地位的不对称性。② 正如纳夫所言："虽然合同自治原则默认当事人决定合同的条件以及条款的现实自由是存

---

　　① "原罪"一词是基督教的概念，是指人出生起就是有罪的，这是根源性的问题。此处引"原罪"的说法是为表述不对称仲裁协议的本质特征和独特性是本源性的问题，这一本源性问题也是各国司法实践评判其效力的关键所在。

　　② Draguiev Deyan, "Unilateral Jurisdiction Clauses: The Case for Invalidity, Severability or Enforceability", *Journal of International Arbitration*, Vol. 31, No. 1, 2014.

在的，但这种原则却忽视了来自社会的和经济上的压力，这样的压力会迫使一方当事人在签订合同时被迫接受一些对其不利的条款。"①

当事人地位问题是研究不对称争议解决协议的一个关键问题。根据当事人地位的差异可以大致分为两类以便讨论。一类是普遍被认为处于弱势地位的当事人，例如消费者、雇员以及被保险人。这类情形中的经营者、雇主以及保险公司都处于交易中的支配地位，所以弱势当事人往往不得不接受一些不利于自己的管辖条款。在这一领域内，国际社会普遍会采取立法的方式来平衡当事人地位的不对称性，以为弱势当事人提供保护。例如，《布鲁塞尔公约》中对被保险人、消费者和雇员的保护明确规定在第 12 条、第 15 条和第 17 条中。这样的精神也延续到《布鲁塞尔条例 I》（重订）中②，其中序言第 18 段提出："在有关保险合同、消费者合同和雇佣合同中，弱方当事人应受到相对于一般规则而言对其更有利的管辖权规则的保护。"③ 第 19 段提出："保险合同、消费者合同和雇佣合同的当事人只有有限的意思自治来决定管辖法院……"法国国内立法规定签订管辖协议的双方当事人均须具有商事身份才可以使管辖协议突破地域管辖的限制。德国也将管辖协议的主体限定在商事身份的当事人之间，以保护弱势当事人因地位的不对称而被迫签订不公正的协议。所以，对这类弱势当事人签订的有关不对称争议解决协议的情形，一国法院往往会在认定协议的效力问题上以身份角度为主要出发点，考量弱势一方当事人是否有机会对合同条款进行协商、这类条款是否包含在格式合同之中以及这类条款是否构成实质上的显失

---

① Peter Nygh, *Autonomy in International Contracts*, Oxford: Clarendon Press, 1999.

② 2012 年 12 月 12 日欧洲议会和欧洲理事会关于民商事案件管辖权和判决执行的第 1215/2012 号（欧盟）条例（重新发布）。

③ "In Relation to Insurance, Consumer and Employment Contracts, the Weaker Party Should be Protected by Rules of Jurisdiction more Favourable to His Interests than the General Rules."

公平。①

　　另一类则是平等主体的商事当事人。不言而喻，这个世界上不存在两位绝对平等地位的商事交易人，无论如何，一方当事人在议价能力上相比另一方当事人都有所差异。这就会导致当事人在签订交易合同时，不仅是在争议解决条款上，甚至在其他主要条款（价格、支付方式、履行时间等条款）上也会体现该方当事人议价能力的优越性与支配性。正是这种优越性与支配性，往往造就了当事人之间实质权利义务的不对称性。

　　因此，在分析商事当事人之间的不对称争议解决协议时，应保持更为谨慎的考量态度。一方面，不对称争议解决协议是当事人意思自治原则下的产物，意思自治原则的内在要求是法律主体的地位平等，否则会严重地触动正义规则。② 另一方面，当事人现实地位的不平等又会触动我们对于"实质正义"的深思，自由与正义之间的天平稍有偏颇都会损害当事人的利益。

　　民法学中存在"民事屈从"的法律概念③，这也是形成权理论发展中出现的法律名词，旨在说明一方当事人因其地位不平等服从于另一方当事人的状态，即处于"屈从状态"。这种屈从状态可能是来源于法律的规定或是来自当事人的约定，使得一方具有强势地位而另一方只能处于"屈从状态"。不对称争议解决协议中的弱势方实际就处于一种类似的"屈从状态"，但这种"屈从状态"来源于当事人约定而非法律创设。换言之，在不对称争议解决协议中，商事交易人通过约定的形式将彼此的权利与义务确认在合同上，不仅体现了当事人对于权利义务的自愿性，也体现了对不平衡权利义务的屈从性。与消费者、雇员、被保险人不同的是，商事交易人作为经济上的"理性人"对于自身将在争议发生处于何种境地是充分知晓

---

　　① Armendariz v. Foundation Health Psychcare Services, Inc.（2000）.

　　② 王吉文：《涉外协议管辖中的弱者保护问题》，《法学评论》2012 年第 3 期。

　　③ 申卫星：《对民事法律关系构成内容的反思》，《比较法研究》2004 年第 1 期；徐国栋：《论民事屈从关系——以菲尔麦命题为中心》，《中国法学》2011 年第 5 期。

的。因此，公平原则或是平等原则在何种程度上应当干预商事交易人之间的不对称争议解决协议更具有研究价值和意义。

二　权利行使的单边性

传统观点认为，参与民商事争议解决的当事人都具有"程序选择权"。"程序选择权"是一个本土化的概念，最早是由邱联恭在《程序选择权之法理》一文中提及的。一方面，这一权利意味着当事人可以选择不同的争议解决方式以解决争议。例如，可以选择仲裁程序，也可以选择诉讼程序。另一方面，它还表明当事人可以对程序中的某些规则进行选择。例如，通过协商选择某个法院作为诉讼的管辖法院，或可以选择法院调解来处理彼此之间的纠纷。①

从意思表示的角度来看，对于程序的选择也有单方选择与合意选择的区分。单方选择是指只要一方当事人作出的选择无须另一方当事人同意和参与，一经作出就发生一定法律效果。例如，诉讼程序中的上诉权、撤诉权等。而合意选择则要求双方当事人的共同参与，只有在协商一致的情况下，该选择才能视为双方合意的选择。例如，中国的《民事诉讼法》允许当事人共同协商选择与争议有实际联系的法院以管辖争议。②

另外，从选择权的权利来源角度来看，同样是单方的选择权还可以分为法定的单方选择权和约定的单方选择权。例如，在冲突法

---

① 李浩：《民事程序选择权：法理分析与制度完善》，《中国法学》2007 年第 6 期。

② 《全国人民代表大会常务委员会关于修改〈中华人民共和国民事诉讼法〉的决定》已由中华人民共和国第十三届全国人民代表大会常务委员会第三十二次会议于 2021 年 12 月 24 日通过，现予公布，自 2022 年 1 月 1 日起施行，中华人民共和国主席令第 106 号。《中华人民共和国民事诉讼法》第三十五条：合同或者其他财产权益纠纷的当事人可以书面协议选择被告住所地、合同履行地、合同签订地、原告住所地、标的物所在地等与争议有实际联系的地点的人民法院管辖，但不得违反本法对级别管辖和专属管辖的规定。

中，一国法律往往会在一些特定领域赋予一方当事人选择法律适用的权利。在侵权领域中，如《瑞士联邦国际私法》第 135 条规定：因产品瑕疵造成被侵权人损害的，被侵权人有权选择（1）侵权人营业地所在国法律，侵权人没有营业地的，适用其经常居所地法律；（2）产品购买地法律，但该产品可以让人证明系未经侵权人同意在该国流通的除外。又如，中国《涉外民事关系法律适用法》第 45 条规定了产品责任的被侵权人可以在侵权人的主营业地法律、损害发生地法律之间做出选择。① 这种单方的选择权的权利来源是法律的规定，并且只能在法律规定的范围之内行使才会有法律上的效力。② 约定的单方选择权的权利并不是来自法律规定，而是来自当事人在契约精神的基础上所达成的合意。例如，在足球俱乐部与球员之间的雇佣合同中可以经常看到"单方延期的选择条款"，这类条款允许俱乐部在球员合同到期前单方激活可以续约合同的选择权。不过这类条款在一定程度上限制了球员的转会自由，导致了俱乐部和球员之间的权益不平衡。因此，这类条款的有效性也常常遭受质疑。③

反观之，在不对称争议解决协议中，虽然协议将争议解决方式的选择权赋予了一方当事人，从而看似是一种单方选择，但是究其实质，这种选择权实则是当事人合意选择的结果。因此，对于不对称争议解决协议中权利行使的单边性问题的理解应当如下看待：第一，该协议是双方协商一致共同签订的，具有合意选择的属性；第二，该协议中争议解决方式的选择权是双方共同约定赋予一方当事

①　《中华人民共和国涉外民事关系法律适用法》第四十五条：产品责任，适用被侵权人经常居所地法律；被侵权人选择适用侵权人主营业地法律、损害发生地法律的，或者侵权人在被侵权人经常居所地没有从事相关经营活动的，适用侵权人主营业地法律或者损害发生地法律。

②　姜志腾、唐秋玲、黄莉：《论冲突法中的单方法律选择权》，《湖南工业大学学报》（社会科学版）2015 年第 20 卷第 1 期。

③　罗小霜：《论国际足联对单边延期选择条款效力的认定》，《西安体育学院学报》2013 年第 30 卷第 3 期。

人的；第三，具有选择权的一方当事人可以单方行使选择权而无须过问另一方当事人。

　　当然，每一枚硬币都有两面。不对称争议解决协议中单边性的选择权利确实有利于受益方"挑选"合适的争议解决方式，但这也往往会引发有关公平性的讨论。一方面，不对称争议解决协议中的约定是双方当事人的意思表示，双方当事人在结合了自身地位及风险因素后约定了一种不平衡的权利分配方式；另一方面，这种意思表示并非漫无边际，在国际实践中，往往遭受合同缺乏对价①、合同显失公平②或违反公共秩序③等方面的挑战。

三　救济途径的混合性

　　救济途径的混合性是不对称仲裁协议区别于不对称管辖协议的显著特征。④ 从上述不对称仲裁协议的三种类型中我们不难发现，不对称仲裁协议的救济途径既包含了诉讼又涉及仲裁，这与传统仲裁协议极为不同。传统的仲裁协议往往只涉及仲裁方面的要求，并不会将诉讼作为选项纳入其中。

　　不对称仲裁协议中双方选择争议解决方式的权利并不对称，只有受益方可以在争议发生时选择诉讼或者仲裁，因此受益方需要根据争议的具体情况来评估仲裁程序与诉讼程序的优劣，从而确定有利于自己的争议解决方式。

　　不言而喻，在国际贸易领域中，国际商事仲裁一直是商事主体们的首要选择。原因之一是仲裁有其得天独厚的"自治属性"，当事人可以根据自己的需要选择仲裁机构、仲裁程序规则以及仲裁地等

---

　　① Hull v. Norcom, Inc., 750 F. 2d 1547 (1985).
　　② Arnold v. United Companies Lending Corp., 204 W. Va. 229, 511 S. E. 2d 854 (1998).
　　③ Emmsons International Ltd. v. Metal Distributors [2005 (80) DRJ 256].
　　④ 在极个别情况下，也存在"交由甲方指定的仲裁机构仲裁"的条款，也属于不对称仲裁协议。

要素。另一个不可忽略的因素是，仲裁所体现的中立性极具吸引力。一般来说，国际贸易的当事人通常来自不同的国家，因此一方当事人的本国法院对于另一方当事人来说就是"外国法院"。在一个"外国法院"进行诉讼往往意味着诉讼的各个方面的因素也都是"外国的"，因为它会涉及外国的语言（而非合同的语言）、外国的法律、外国的法官甚至是外国的律师。① 如果一份国际商事合同并未选择仲裁作为其解决方式，那么对于一方当事人来说，将会面临在一个"外国法院"提起诉讼，雇佣一名"外国律师"，并将所有交易文件翻译成"外国法院"所需要的语言，甚至适用的是"外国法律"。如此看来，总有一方当事人需要在"客场"解决争议，而有一方当事人将在"主场"迎战。相比之下，仲裁则让双方当事人有机会在一个"中立"仲裁地解决争端，并且每一方都可以选择自己信任的仲裁员参与争议的解决。即便是独任仲裁庭的情形，也是根据当事人之间的协议约定加以选择。另一个不可忽视的因素是关于仲裁裁决的执行问题。《纽约公约》的巨大成功为仲裁裁决在世界范围内的执行提供了便利，执行的可靠保障可以让当事人依赖仲裁解决有关国际商事争议，当事人可以放心地拿着裁决书到另一方当事人的国内法院申请承认与执行。

当然，诉讼也并非没有优势可言，相比于仲裁，诉讼的救济途径更为多样。对于判决不服的可以提出上诉，而判决并不是"一判终局"。另外，如果争议相对简单，提起诉讼比诉诸仲裁更为合适。这在金融借贷合同中较为常见，如果贷款的债务已经确定且并无争议，金融机构作为借款人的最佳选择则是通过向借款人所在地的法院提起诉讼以收回债务。这样的解决方式远比通过仲裁来得高效，并且诉讼成本也相对低廉很多。毕竟仲裁费用的持续升高已成为目

---

① Nigel Blackaby, Constantine Partasides, et al., *Redfern and Hunter on International Arbitration (Sixth Edition)*, Oxford: Oxford University Press, 2015, p. 28.

前商事当事人最广为诟病的问题之一。①

　　综上所述，无论是仲裁程序还是诉讼程序，都有自身的优势与特点。不对称仲裁协议的受益方可以在争议发生后进行充分的衡量，以便选择最适合自己的争议解决方式。救济方式的混合性也体现了不对称仲裁协议中受益方所具有的议价优势，这种混合性是受益方彰显其优势的表现，同时也是弱势方抗辩协议效力的根源。

---

　　① See Queen Mary University of London, White & Case, "2018 International Arbitration Survey: The Evolution of International Arbitration", http://www.arbitration.qmul.ac.uk/media/arbitration/docs/2018 - International - Arbitration - Survey - report.pdf. 事实上，伦敦大学玛丽皇后学院在 2006 年的仲裁调查中也调查过这一问题，即仲裁的最大弊病是什么？受访者中回答最多的就是"费用"，而 2018 年的最新调查又一次地确认了这一结果，有 67% 的受访者认为费用是仲裁的最大弊端。

第 二 章

不对称争议解决协议的理论源起

　　不对称争议解决协议归根结底仍然属于当事人共同协商所达成的协议，在本质上脱离不了"契约"的属性。意思自治原则作为私法领域中最为重要的核心原则，推动着现代私法制度的建立与发展，为当事人之间所作之契约提供强大的哲学渊源与法律依据。虽然，不对称争议解决协议中当事人之间权利的分配有别于传统争议解决协议，但这依然体现着当事人自由意志的充分表达。本章将从意思自治原则的哲学源起开始，进一步探究意思自治原则背后所蕴含的哲学符号。此外，本章还将梳理意思自治原则在管辖协议与仲裁协议中的具体内容与适用限制，以期诠释意思自治原则对于不对称争议解决协议的影响。

第一节　意思自治原则的兴起

　　意思自治原则是"内在意志"的外在表达，可以追溯到哲学层面中所谓"人"的"意识"与"意志自由"方面。西方哲学家们对此问题从未停止过探讨，这也为意思自治原则在法律中的确立提供了哲学依据。不仅如此，意思自治原则还在国际私法的演变中扮演着尤为重要的角色。

一　哲学理念下的意思自治原则

意思自治原则在哲学视角下是人本位自由的体现。强调以"人"为中心不仅是讨论自由概念的哲学起点，更是法律自由中权利义务创设的来源。但同时应当注意到，人本位的自由绝非漫无边际，法律规定便是自由边界的轮廓。法律通过赋予自由并限制自由，以保障自由，从而实现真正意义上的自由。

（一）人本位的自由即自由

意思自治原则是私法领域中的核心原则，所体现的是私法的自由精神。正如黑格尔所言，法就是作为理念的自由。① 私法是以"人"为核心本位而构建的法律领域。近代私法发展的浪潮孕育于中世纪的欧陆地区，罗马法复兴、文艺复兴和宗教改革三大运动为"人"的权利与自由的解放开创了巨大的发展空间，其中所提出一系列自由、平等和公正等思想为后来私法的形成与推广奠定了基础。② 这些人文主义运动使人类自我意识获得了一次空前的大解放。逐渐发展起来的"人本主义"思想关注的是人的价值、权利与自由，摒弃了封建的宗教神学思想，发生了从神本到人本的转变，逐渐树立以"人"为核心的思想基调。③

私法主体的本质就是主宰自己的意志，选择自己的行为，谋求自己的利益，承担自己的责任。④ 不难看出，意思自治原则是一种法哲学理论，这种理论认为：人的意志可以依其自身的法则去创设自己的权利义务。当事人的意志不仅是权利义务的渊源，而且是其发

---

① ［德］黑格尔：《法哲学原理》，范扬、张在泰译，商务印书馆1979年版，第36页。

② 董学立：《民法基本原则研究——在民法理念与民法规范之间》，法律出版社2011年版，第29页。

③ 杨奕华：《人本法学方法论初探》，《北方法学》2017年第1期。

④ 邱本、崔建远：《论私法制度与社会法制》，《天津社会科学》1995年第3期。

生的根据。①

黑格尔认为，法的基地一般来说是精神的东西，它所确定的地位和出发点是意志。意志是自由的，所以自由就构成法的实体性和规定性。至于法的体系，是实现了的自由的王国，是从精神自身产生出来的、作为第二天性的精神的世界。② 所以，意思自治原则所体现的实质是"人"的"自由"，其核心是"人"的自治，是人本位思想的表现。

康德认为，所有权利中只有一种天赋的权利，就是与生俱来的自由。③ "自由"一直是几个世纪以来哲学家们所讨论的核心话题之一，"自由"也是人类学和社会科学领域中无法避忌的根源焦点。我们对于自由究竟如何理解，在一定程度上直接决定了我们如何去构建这个世界。④

在哲学体系中，自由观可以划分为两种，即肯定性自由和否定性自由。肯定性自由认为自由是做任何自己想做的事情，而否定性自由则认为自由是不存在对自由的限制。霍布斯被认为是否定性自由的支持者，他认为不存在外界的障碍就是自由。所以，霍布斯认为，自由的人是可以凭借自己的能力和才智去做事，而不会被妨碍做他想做的事。⑤ 这也与阿多诺的自由观相一致，其认为自由只能按不自由的具体形式在确定的否定中来把握。⑥

----

① 尹田：《契约自由与社会公正的冲突与平衡——法国合同法中意思自治原则的衰落》，《民商法论丛》（第 2 卷），法律出版社 1994 年版，第 253 页。

② 尹田：《契约自由与社会公正的冲突与平衡——法国合同法中意思自治原则的衰落》，《民商法论丛》（第 2 卷），法律出版社 1994 年版，第 10 页。

③ ［德］康德：《法的形而上学原理——权利的科学》，沈叔平译，商务印书馆 1991 年版，第 50 页。

④ Will Dudley, *Hegel, Nietzsche, and Philosophy: Thinking Freedom*, Cambridge: Cambridge University Press, 2004, p. 2.

⑤ 霍布斯在《利维坦》中将自由描述为"the absence of opposition（external impediments of motion）"，See Thomas Hobbes, *Leviathan*, Oxford: Oxford University Press, 1998, p. 139.

⑥ ［德］阿多诺：《否定的辩证法》，张峰译，上海人民出版社 2020 年版，第 227 页。

肯定性自由的界定在一定程度上较为模糊，这里的自由概念被认为是一种实施概念，强调一个人可以对自己的生活进行实际的控制。此外，肯定了"自我实现"是自由概念的核心，将否定性自由所关注的外界障碍转向了内在因素。更多地关注自我觉悟、自我理解、道德判断力与自我控制。[①] 换言之，自由是通过每一个个体根据自身的认知水平在社会生活中实现的。如洛克所认为，一个人如果有一种能力，可能按照自己心里的选择和指导，思想或不思想，运动或不运动，那么他可以说是自由的。[②]

意思自治原则强调的是当事人可以自由创设法律关系，设定权利与义务。这一法律原则本身就体现了法律对于"自由"的认可，也体现了所谓的人本位的自由。卢梭也认为法律与自由是一致的，唯有服从人们自己为自己所设定的法律才是真正的自由。[③]

（二）绝对的自由即非自由

自由是哲学范畴中的永恒命题，在法学领域中亦是如此。当然，自由并非绝对的、毫无限制的。卢梭也大声疾呼"人是生而自由的，但却无往不在枷锁之中"。黑格尔也曾言，"任性并不是合乎真理的意志，而是作为矛盾的意志"[④]。虽然"自由"之于人的价值位于核心地位，但是没有边界的自由并非真正意义上的自由。即便我们被赋予了选择与行动的权利，但是如果这样的权利并不能得到保障，那依然属于"空洞而无意义"的权利，这样的自由也终将归于"空洞与无意义"。自由是人的一种自然属性与需求，但是人所具有的社会属性又决定了人的自然属性。因此，自由的实现必将受制于社会

---

① ［美］H. 哈士曼：《认真对待各种自由——肯定性自由概念和否定性自由概念》，艾彦译，《国外社会科学》2005 年第 6 期。

② ［英］洛克：《人类理解论》（上册），关文运译，商务印书馆 1959 年版，第 208 页。

③ ［法］卢梭：《社会契约论》，何兆武译，商务印书馆 1963 年版。

④ ［德］黑格尔：《法哲学原理》，范扬、张在泰译，商务印书馆 1979 年版，第 26 页。

的制度与发展。①

从另一个角度来说，对自由的限制才是对自由真正的保障。正如美国的斯通大法官所言："人并不是孤立地活着，也不是仅为自己而活着，这样，一个复杂社会的组织就具有了重大意义，在这种社会中，个人主义必须服从交通规则，一个人为所欲为的权利必须服从市区规划法令，有时甚至还要服从限价规则。正是应在何处划定界线的问题——这条界线标志着个人自由和权利的适当范围同政府为更大的利益而采取行动的适当范围之间的分界线，以确保只在最低限度的范围内牺牲上述两种类型的社会利益——构成了宪法的一个永恒课题。"②

诚然，所谓"划定界限"正是法律对于自由的限制，但我们应当看到，除了需要在法律中明确基本的自由权利之外，还应同时为这些权利划分边界。法律对于自由的限制并不是妨碍自由的实现，而是为了更合理地保障自由。人本位的自由体现了真正的自由出发于人的意愿，可以依据实际情况自主创设权利与义务。这是一种从"内在自由"走向"外在自由"的过程，这一过程的实现不仅需要以意志自由为前提，更需要法律规则为保障。法律通过规定权利与义务以界定自由的范围，从这个角度来看，被赋予的权利就是被保护的自由。

如果辩证地看，限制一种自由的相对面都是对另一种自由的保护。举例来说，法律规定不得随意处分他人财物便是对于他人财物的保护；法律规定不得危害他人的安全便是对他人安全的保护。此外，我们应当看到，法律的价值就在于保护自由，法律就是为了保障自由而生，这是法律的终极归宿。③

---

① 周萍：《自由及其限度——关于自由的两种面相》，《湖南行政学院学报》2009年第5期。

② Harlan F. Stone, "The Common Law in the United States", *Harvard Law Review*, Vol. 50, 1936.

③ 付子堂：《关于自由的法哲学探讨》，《中国法学》2000年第2期。

法律对于自由的限制并非肆意为之。一般来说，法律亦是遵循了一定原则以限制自由。这些原则调整着法律限制自由的尺度，以确保不妨碍自由的实现。

其一，为防止对他人造成伤害而限制自由，这便是约翰·密尔最早提出的"伤害原则"，又被称为"密尔原则"。"任何权利都止于别人的鼻尖"更为贴切地描述了这一原则。法律作为维护社会秩序的重要调节机制，保护他人和社会的利益也正是法律的职责所在。例如，《中华人民共和国建筑法》第五条规定："从事建筑活动应当遵守法律、法规，不得损害社会公共利益和他人的合法权益。"

其二，为防止对自身造成损害而限制自由，这又称为"父爱主义"原则。法律不仅保护他人的利益，还保护行为人自身的利益，这种也被视为家长式的法律约束。即便并未损害他人利益，法律亦会对其自由进行限制。例如，中国制定了《中华人民共和国禁毒法》以预防和惩治毒品犯罪行为，保护公民的身心健康。又如，《中华人民共和国道路交通安全法》第五十一条规定"机动车行驶时，驾驶人、乘坐人员应当按照规定使用安全带，摩托车驾驶人及乘坐人员应当按规定戴安全头盔"。

其三，为实施道德而限制自由，这又称为"法律道德主义"。法律限制自由是基于对于道德的实施。一个社会所要贯彻的不仅是统一的规则，更是统一的道德观与价值观。道德本身具有多元性，法律可以通过立法的方式禁止任何违反道德的行为，将道德进行统一化和法律化。[①]

其四，为防止犯罪的发生而限制自由，这又称为"冒犯原则"。法律可以规制可能不损害他人行为的行为，但对这些行为进行一定的限制又合理且必要。例如，对于传播色情物品的行为的限制。由于这类行为与犯罪具有更为紧密的关系，法律亦可进行干预与限制。

---

① 陈卯轩：《法治的德性探析》，《西南民族大学学报》（人文社会科学版）2019年第12期。

二　国际私法下的意思自治原则

国际私法上的意思自治，指当事人可以选择合同所适用的法律以及可以选择管辖争议的法院或者仲裁庭。① 法国学者杜摩兰被学界公认为"意思自治之父"，他在《地方法则和习惯总结》的巨著中将法则和习惯分为了两类，一类是与形式有关的法则，包括程序规则；第二类是涉及法律事实的内容的法则。对于第二类法则又分为两个领域，一个是与当事人意愿有关的领域，另一个是只受法律支配的领域，其中又包括物的法则和人的法则。② 杜摩兰认为，对于与当事人意愿有关的法律关系，应当遵循当事人的意愿而适用法律。不过，杜摩兰所主张的法律并不是当事人主动提出的。杜摩兰在婚姻财产关系的法律适用问题上认为，应当对婚姻财产制适用共同住所地法，而非夫妻各自的财产所在地法。他认为婚姻财产关系是一种默示合同关系，如果婚姻的住所地选在巴黎，则默示地认为当事人将巴黎习惯法作为其准据法。尽管适用的法律不是当事人主动选择的，而是推断适用与当事人意愿相符的法律，这在当时依然是重大的突破，并为意思自治原则的后续发展奠定了基础。

随后，17 世纪时，荷兰学者胡伯率先提出了当事人的意思表示是合同准据法的决定因素，其认为合同缔结地法律是首要的适用规则，但是如果当事人在签订合同时有意于另一地的法律（the law of the place the parties had in mind），则不能适用合同缔结地的法律。③ 胡伯在其所著的《论罗马法与现代法》中指出：合同的形式与内容

---

① 许军珂：《国际私法上的意思自治》，法律出版社 2006 年版，第 5 页。

② Franz Gamillscheg, Der Einfluss Dumoulins auf die Entwicklung des Kollisionsrechts, Tuebingen: Mohr Siebeck, 1955. S. 20. 转引自杜涛《国际私法原理》，复旦大学出版社 2014 年版，第 211 页。

③ "The place, however, where a contract is entered into is not to be considered absolutely; for if the parties had in mind the law of another place at the time of contracting the latter will control. " See E. G. Lorenzen, "Huber's De Conflictu Legum", *Illinois Law Review*, Vol. 13, 1919, p. 412.

都应适用合同缔结地法，但当事人另有表示的除外。胡伯的理论对之后英美法的发展产生了很大影响。在 18 世纪的著名判例 Robinson v. Bland 中，法官认为合同缔结地法律是公认的适用合同的首要规则，但是本案中合同在法国签订而在英国履行，可以认定当事人有意选择英国法律，因而适用英国法律。① 又一次，合同履行地这一连接点被认为与当事人的期待与意图相契合。

直到 19 世纪，意思自治原则在法律适用的问题上依旧以客观推测为例外标准而存在。美国著名法官斯托里的观点与胡伯相似，其对合同缔结地法赋予了核心的法律适用地位。斯托里明确表示他主张合同适用"合同缔结地法"（Lex loci contractus）。但是，又说明了当合同因当事人明示或默示在合同缔结地以外的地方履行时，一般的规则是，为了与当事人的推定的意图相符，合同的性质、效力、义务和解释问题适用该合同履行地法律。② 同样，德国法学家萨维尼对于意思自治也有着自己的理解。他在著作《法律冲突与法律规则的地域和时间范围》中认为，每一种法律关系的地方法律都可能受到利益相关者的自由意志的广泛影响，他们可以自愿地将自己置于某一特定法律的权威之下，尽管这种影响不能被视为是无限的。③ 我们不难发现，上述法学家关于意思自治原则的理论都是停留在较为被动的例外情形，与我们现代意义上当事人主动创设自己的法律选择有着很大的区别。

第一个明确提出现代意义上"意思自治原则"学说的是意大利法学家孟西尼，他对属地主义提出了质疑，并认为国籍国法律才是决定私人关系的法律。就身份关系而言，应当适用国籍国法律，而

---

① Robinson v. Bland 96 ER 141.

② J. Story, *Commentaries on the Conflict of Laws, Foreign and Domestic, in Regard to Contracts, Rights, and Remedies, and Especially in Regard to Marriages, Divorces, Wills, Successions, and Judgments*, Boston: Hilliard, Gray and Co., 1834, S. 273.

③ ［德］萨维尼：《法律冲突与法律规则的地域和时间范围》，李双元等译，法律出版社 1999 年版，第 14 页。

不能由当事人决定适用法律。合同的方面应当适用当事人选择的法律，但是当事人选择的不能违反公共秩序或法院地的最高利益。孟西尼不仅明确了意思自治原则的范围，也说明其存在的适用边界——身份关系与公共秩序例外。① 1865 年，深受孟西尼的理论影响，第一部在立法上肯定意思自治原则的《意大利民法典》诞生了，其中对于与合同有关的争议明确规定，在任何情况下，如果当事人另有意思表示的，应当遵从当事人的选择。②

　　同一时期，在英国的判例中已经可以看到意思自治原则正逐渐得到认可。法官在 Lloyd v. Guibert 案中明确了当事人可以选择适用合同的法律。法官认为："有必要考虑什么法律才是当事人希望交易所适用的法律，或者什么法律才是在特定事项上可以推定为当事人自愿把自己放置于管辖之下的法律。"③ 又如，在 Chartered Mercantile Bank of India v. Netherlands Co. 案中，法官认为："关于合同是什么以及是由什么规则构成的由当事人的意图所决定，所以我们应当考虑所有与之有关的因素以确定当事人的意图。"④ 直到 1937 年，意思自治原则才真正从一个推定的理由上升为指导规则。在 R v. International Trustee for the Protection of Bondholders Akt 案中，法院认为："指导英国法院确定合同准据法的问题已经解决了，即适用当事人有意适用的法律。他们的意图将通过他们在合同的明示规定以确定，这具有决定性。如果没有明确表示，法院将通过合同条款和与之有关的其他因素以推定当事人的意图。"⑤

　　尽管意思自治原则在司法实践中得到了广泛的支持，但是也遭到了一些学者的强烈反对。其中最具影响力的当属哈佛法学教授比

---

　　① 许军珂：《国际私法上的意思自治》，法律出版社 2006 年版，第 19 页。

　　② Art. 9 (2) of the Preliminary Dispositions of Civil Code (1865).

　　③ Lloyd v. Guibert LR 1 QB 115. See also The Peninsular and Oriental Steam Navigation Company v. Shand 16 ER 103.

　　④ Chartered Mercantile Bank of India v. Netherlands Co. 10 QBD 521.

　　⑤ R v. International Trustee for the Protection of Bondholders Akt (1937) AC 500.

尔，他认为意思自治原则允许当事人去做一项立法性的行为，这也是他反对意思自治原则的根本原因。因此，在《第一次冲突法重述》中并未采用当事人意思自治原则，而是坚持了比尔的主权原则。此外，美国的汉德大法官在 Louis-Dreyfus v. Paterson Seamships 一案中也表明了自己对意思自治原则的抵触心理，他评论道："一份运输合同中某一条款的有效性问题应适用合同缔结地法律以确定，这是已确定好的规则，即使当事人明确表示所有争议应适用一些外国法，而这会产生另一个结果。"此外，汉德法官在另一个案件中也坚持了他的观点，认为人们不能通过协议替换另一地的法律，但能以并入的方式加入他们的协议之中。①

尽管对于意思自治原则的反对声不绝于耳，但是也并未在实质上影响意思自治原则逐渐深入人心的趋势。甚至在美国冲突法革命之前，美国各法院已在司法实践中先行认可了意思自治原则。美国法官爱德华·芬奇早就告诫过比尔："你永远不能要求法院去适用那样的规则（也就是合同缔结地法规则）。你可以把规则制定下来，但是你不能迫使法院去适用一个会在大多数案件中导致不公结果的一般规则，因为人性并非如此。"② 事实也证明了这一点，里斯所撰写的《第二次冲突法重述》正式将意思自治原则引入。并且《第二次冲突法重述》中关于第 187 款的评述也回应了比尔的早年质疑，认为当事人因意思自治原则而充当了立法者的角色的观点是过时的，当事人选择的一国法律应当得到适用，并不是因为他们是立法者，而仅仅因为这是法院地的冲突法规则所要求的结果。③

我们不难看到，意思自治原则从兴起到被广泛接受并非一帆风顺，其间对该理论的质疑更是此起彼伏。此外，当时的社会背景与经济基础也为意思自治原则的成熟创造的条件。19 世纪到 20 世纪正

---

① E. Gerli & Co v. Cunard SS Co. 48 F. 2d 115 (2d Cir. 1931).

② Joseph H. Beale, Discussion of Conflict of Law Tentative Draft No. 4, 6 A. L. I. PROC. p. 466.

③ 参见《第二次冲突法重述》评述关于第 187 款第五段。

是资本主义自由经济蓬勃发展的时期，意思自治原则突破了传统主权原则的僵化机械的限制，赋予当事人以自主权与决定权，使得当事人可以最大限度地积极参与全球化的贸易活动。与此同时，对法院来说，意思自治原则的应用使得在确定法律适用问题时更具可预见性，也有利于做出一致性的判决。

令人欣慰的是，在过去近半个世纪，有大约五十个国家在其颁布的法典中将意思自治原则作为合同领域的核心原则。① 如今，很多法典和国际公约将意思自治原则应用到更广泛的领域之中，如夫妻财产制、信托、物权、继承甚至家事法律和侵权等。

第二节　意思自治原则在管辖协议中的体现

在一定程度上，法律允许当事人在协议中选择管辖法院，但意思自治原则下的管辖协议并非全无限制。一般而言，各国对于涉及合同或其他财产性权益的争议允许当事人进行协议管辖，但对于涉及不动产、继承等方面争议则设置了专属管辖的规定以限制意思自治原则的适用，从而维护本国的公共秩序。

一　允许意思自治原则的协议管辖

允许当事人通过协议的方式约定争议发生时管辖的法院是意思自治原则在民事诉讼程序中最为突出的体现。现如今，协议管辖已成为争议解决中最为常见的形式。回顾历史，我们看到有着公权力属性的管辖权并非从一开始就允许私权触碰，而是经历了上百年才将这一权利逐渐让渡到当事人的手中。

---

① Symeon Symeonides, "Party Autonomy in International Contracts and the Multiple Ways of Slicing the Apple", *Brooklyn Journal of International*, Vol. 39, No. 3, 2014.

（一）公权与私权的角力

从某种意义来说，人类的整部法律演变史是一部公权与私权的斗争史。管辖权作为主权国家对其人或物进行统治、管理和支配的权利，一直被视为一个国家所当然享有的权力。例如，《国家权利义务宣言草案》就规定："各国对其领土以及境内之一切人与物，除国际法公认豁免者外，有行使管辖之权。"① 通常来说，国际管辖权代表着一国的主权，而国内管辖权则代表着一国的公共权力。所以，在 20 世纪之前，当事人对管辖权所进行的任何约定都被视为对国家主权的一种挑战。正如奈夫教授所说，意思自治原则对一国法院的管辖权产生了影响，因而被认为是对国家主权更为直接的威胁。② 在传统的管辖权理论中，无论是罗马法还是普通法都有一个共同点，就是国家都需要通过属地或属人的联系对被告或争议实行管制的权力。在那时，管辖权被视作一种国家权力，并不允许任何的个人自治。③

主权原则的支持者认为，当事人对于管辖问题进行约定会产生两种法律后果，即一方面赋予了某一特定法院以管辖权，另一方面剥夺了其他法院享有管辖权。这显然在他们看来是对司法主权的严重干预，不仅会危及一国的司法行政，更会造成很大程度上的司法混乱。④ 正如美国联邦最高法院所称："每一位公民有资格诉诸于国家的所有法院，并向所有法律或者所有法院提出保护……通过事先协议排除法院管辖权是无效和非法的。"⑤

---

① 参见《国家权利义务宣言草案》第 2 条的规定，联合国大会 1946 年 12 月 6 日第 375（IV）号决议通过。

② Peter Nygh, *Autonomy in International Contract*, Oxford：Clarendon Press, 1999, p. 15.

③ Alex Mills, *Party Autonomy in Private International Law*, Cambridge：Cambridge University Press, 2018, p. 33.

④ 王吉文：《我国统一协议管辖制度的适用问题研究》，中国政法大学出版社 2016 年版，第 6 页。

⑤ *Insurance Company v. Morse*, 87 U. S. 445（1874）.

　　意思自治原则的支持者则认为，从自然法的角度来说，每个人都有使用自己的权利、按照本人的意愿保卫自己本性的自由。① 而且，一国的司法主权源于人民，司法权与国家的其他权利一样是皆来源于人民的同意，而且行使司法权需要对人民负责。当事人的意思自治是以自愿原则为基础的，当事人作为民事活动的主体可以自主决定民事活动的内容，不受他人干预。正如《法国民法典》明确表达了当事人意思自治等同于国家主权的性质："依法成立的契约，在缔结契约的当事人间有相当于法律的效力。"②

　　随着经济与社会的不断发展，僵硬的管辖制度越来越不能满足现实的多样化需求。各国逐渐放弃了对于"司法主权不容剥夺"原则的绝对坚持，开始纷纷承认当事人的意思自治在管辖问题上的适用，建立了不同程度的约定管辖权的制度。在大陆法系中，也例如在中国的司法实践中，多被称为"协议管辖"③，是指当事人对于管辖权问题进行约定的一种制度。在中国台湾地区一般则被称为"合意管辖"④，而这类的协议在西方国家中，又被称为"选择法院协议"。不难看出，协议管辖从产生到被逐渐认可经历了漫长的司法实践与立法发展。即便在协议管辖被广泛认可的今天，这种公权与私权的角力依旧存在，各国在此问题上所把握的尺度与考量依旧在随着时代的脉搏发生着微妙的变化。

---

　　① ［英］霍布斯：《利维坦》，黎思复、黎廷弼译，商务印书馆 1964 年版，第 97 页。

　　② 参见《法国民法典》第 1134 条。

　　③ 陈翠银：《协议管辖初探》，《法学》1985 年第 3 期。占善刚：《论协议管辖及我国立法之完善》，《学术界》1996 年第 1 期。张兰兰：《国际民事诉讼协议管辖制度的发展趋势》，《法学杂志》2000 年第 3 期。王霖华：《国际民事诉讼中的协议管辖问题研究》，《河北法学》2002 年第 2 期。戴曙：《我国涉外协议管辖制度的理解与适用》，《法律适用》2019 年第 17 期。

　　④ 吕晓莉：《台湾国际民事诉讼中的合意管辖制度》，《当代法学》2002 年第 12 期。孙玮、牛玥、徐传蕾：《台版〈法律评论〉国际私法问题研究综述》，《朝阳法律评论》2016 年第 2 期。

（二）英美法系中的司法演变

早期的英国实践并不认可意思自治原则可以适用于管辖协议，尤其是当事人试图在协议中选择一个外国法院进行争议解决时。在1856年的 Scott v. Avery 案中①，法院就确立了当事人不可以通过协议排除法院的管辖权。该案的当事人之间存在一份约定仲裁作为诉诸诉讼先决条件的协议。但法官认为："毫无疑问，一般原则是当事人不能通过协议剥夺正常法院的管辖权。"不难发现，管辖权所具有的"不可剥夺"性根深蒂固。

在之后的 Fehmarn 案中②，英国法院依然排除了当事人的约定，但却从另一个角度做出规定。该案涉及一份约定争议交由苏联法院管辖的协议，英国买方在发现他们所购买的松脂受到污染后向英国法院提起诉讼，但另一方的德国船主则认为合同争议应由苏联法院管辖（供货商来自苏联），并提出了中止程序的请求。一审法院驳回了德国船主的请求，上诉法院丹宁法官则从另一个视角来审视管辖权的归属问题，他认为应当考虑哪一个国家具有更为紧密的联系。结合该案，丹宁法官认为英国比苏联与该争议的联系更为紧密，所以认为法院可以继续审理该案，驳回了中止程序的请求。不过，若现在客观地来看这一案件，我们可以发现英国和苏联与争议的紧密程度其实旗鼓相当。正如法官所梳理的一样，进口商是英国人，供货商是苏联人，货物往返于两国之间，英国并未比苏联具有其他更紧密的因素。该案的裁判原则在学界仍饱受质疑。③考虑到当时处于冷战时期，这一判决也有受政治因素影响之嫌。④

---

① Scott v. Avery（1855）5 H. L. Cas 81.

② The Fehmarn（1958）1 W. L. R. 159（C. A.）.

③ L. Collins, "Arbitration Clauses and Forum Selecting Clauses in the Conflict of Laws: Some Recent Developments in England", *Maritime*, Vol. 2, 1971; A. Bissett-Johnson, "The Efficacy of Choice of Jurisdiction Clauses in International Contracts in English and Australian Law", 1970, 19 L. C. L. Q., Vol. 19, 1970, p. 546.

④ Trevor C. Hartley, *International Commercial Litigation: Text, Cases and Materials on Private International Law*, Cambridge: Cambridge University Press, 2009, p. 182.

在英国的司法实践中，真正意义上支持当事人协议选择法院管辖的案件是 1969 年的 Eleftheria 案①。该案的管辖协议约定了希腊法院管辖。争议发生后，原告在英国法院提起诉讼，被告以管辖协议为由向法院提出中止程序。布兰登法官提出了关于如何看待管辖协议的几点要求，他认为：（1）对于原告违反协议中交由外国法院管辖的约定而向英国法院起诉，被告申请中止程序的事宜，英国法院对于准予中止程序不具有义务，但具有决定是否准予中止程序的裁量权。（2）除非能够证明存在拒绝中止程序的强烈理由，否则裁量权应当以同意中止程序的形式作出。（3）强烈理由的举证责任在于原告。（4）在履行这一裁量权时，法院应当对于案件的所有情形予以考虑。（5）尤其，在不违反（4）之规定时，以下因素可能会被适当考虑：（a）关于事实问题的证据位于哪一国家，或者在哪一国家更容易获得，以及英国法院与外国法院之间的审判的成本与方便性的影响；（b）是否适用外国法院的法律，如果适用，其与英国法律是否存在任何实质性的差异；（c）哪一方当事人与哪一国存在联系，联系的紧密程度如何；（d）被告是否真实愿意在外国接受审判，或者只是寻求程序上的优势；（e）原告是否会在接受外国的审判时受到不公，如（i）因该请求而有损安危；（ii）不能执行任何判决，（iii）遭受不适用英国的时效限制，或（iv）因政治、宗族、宗教或其他因素而不太可能接受公正的审判。

法官在依照上述要求审查完整起案件后发现，原告并不能举证出在本案中存在强烈的理由而不适用当事人之间的管辖协议，因此同意了被告中止程序的请求。*Eleftheria* 案对于协议管辖的确立有着重要的意义，对于排除当事人协议管辖的情形提出十分严格的要求，这对原告而言加重了举证的责任。英国法院并不会轻易否定当事人之间管辖协议的效力，但是英国法院对于是否执行当事人的管辖协议具有自由裁量权，并强调除非原告能够证明存在强烈的理由而不

---

① The Eleftheria (1969) 1 Lloyd's Rep 237.

适用约定的法院管辖，否则英国法院应当尊重当事人的意思自治。

　　美国的早期的司法实践与英国相类似，都不认可当事人可以通过协议随意排除法院的管辖权，同样经历了从严格限制到逐步认可的过程。在传统的美国实践中，虽然大多数法院对管辖协议采取了反对的态度，但各个法院拒绝这类协议的理由却各不相同。*Nute v. Hamilton Mut. Ins. Co.* ① 案的主审法官认为："决定一起诉讼应当在哪个国家和在哪个法院提起的规则，是由法律在考虑到一般的方便与权宜后确定的。如果允许当事人通过协议变更，会妨碍法律的对称性，也会干扰便利性。"② 而在 1874 年的 Home Insurance Co. v. Morse 的案件中，美国联邦最高法院就表示，每一位公民有资格诉诸国家的所有法院，并向所有法律或者所有法院提出保护……通过事先协议排除法院管辖权是无效和非法的。依照美国法院的态度，公民虽然有权享受主权国家中的一切保护，但是不得私自对实体性的权利作出约定以排除法院的管辖权。此外，在 Mutual Reserve Fund Life Association v. Cleveland Woolen Mills 案中，美国法院还曾以公共政策为由对管辖协议进行了否定。勒顿法官在该案中论道："保险政策中包含只交由美国巡回法院管辖的约定，这有意将美国所有州法院排除在管辖之外，这显然是无效的。任何当事人之间签订的关于区分美国不同法院的规定是违反公共政策的，不应得到执行。"③

　　直到 1972 年，管辖协议的有效性才正式在美国联邦法律中确定下来。美国联邦最高法院在 Bremen v. Zapata Off-Shore Co. ④ 案中对当事人的协议管辖赋予了充分的效力。德国公司 Bremen 与美国公司

---

　　① Nute v. Hamilton Mut. Ins. Co. , 6 Gray (Mass.) .

　　② also Amesbury v. Bowditch Mutual Fire Ins. Co. 6 Gray, 596, 603; Internat. Travelers' Asso. v. Branum, 212 S. W. 630 (Tex. 1919) .

　　③ Mutual Reserve Fund Life Association v. Cleveland Woolen Mills, 27 C. C. A. 212, p. 214. See also Gough v. Hamburg Amerikanische Packetfahrt Aktiengesellschaft, 158 Fed. Rep. 174; Kuhnhold v. Campagnie Generale Transatlantique, 251 id. 387. Prince Steam-Shipping Co. v. Lehman, 39 id. 704; Slocum v. Western Assur. Co. , 42 id. 235.

　　④ The Bremen v. Zapata Off-Shore Co. , 407 U. S. 1 (1972) .

Zapata 签订了关于将钻井平台从路易斯安那州运输到意大利的合同。此外，合同中包含了争议交由英国伦敦法院管辖的管辖协议。在运输过程中，设备受到损坏并拖至佛罗里达州。争议发生后，美国公司 Zapata 并未依据管辖协议的约定，而是在佛罗里达州提起了诉讼，Bremen 公司认为佛罗里达州地区法院并没有管辖权，并要求法院执行当事人签订的管辖协议。与此同时，Bremen 公司向伦敦法院提起诉讼，Zapata 公司提出了管辖权的抗辩，但伦敦法院认为依据当事人的协议伦敦法院具有管辖权。随后，地区法院和上诉法院都做出了美国法院具有管辖权的判决，Bremen 公司上诉至美国联邦最高法院。

美国联邦最高法院在审理该案时深刻意识到，国际贸易的巨大发展已突破了传统的地域限制，如果美国法院像以往一样坚持案件必须适用美国法并在美国法院审理的话，这将阻碍美国的商业与工业的发展。

回顾历史，管辖协议在美国法院中并不受欢迎，很多联邦或者州法院均以"违反公共政策"或"排除法院管辖"为由拒绝执行当事人对于管辖所作的约定。但这些曾经在其他案件中所坚持的管辖权不容侵犯的原则已经在当下的国际贸易形势中举步维艰，因为美国法院不能对整个世界的商业市场坚持自己的管辖并适用自己的法律。① 最高法院指出，对于管辖协议的效力而言，法院应当依据表面证据认定有效，除非反对的一方能够举证管辖协议具有"不合理性"。② 法院认为，这不仅反映了古老的契约自由的精神，也体现了美国商人对于开拓世界贸易的宽广视野。

美国联邦最高法院发现，对于本案中所涉及的相当远距离的跨国运输而言，风险时时刻刻存在着，设备可能在途中的任何地点遭遇问题，而将设备拖至本案中的坦帕市只是偶然事件。所以，对于

---

① The Bremen v. Zapata Off-Shore Co., 407 U. S. 1 (1972), p. 9.

② National Equipment Rental, Ltd. v. Szukhent, 375 U. S. 311 (1964).

当事人将案件争议诉诸中立的法院无可厚非。因为，通过事先协议约定法院管辖以消除所有的这些不确定性风险，是国际贸易和国际合同中不可缺少的因素。这正是管辖协议作为合同中的重要组成部分的原因。基于此，美国联邦最高法院认为正确的做法是，应当认可当事人约定伦敦法院管辖的协议，除非反对方 Zapata 公司能够明确证明执行这样的管辖协议是"不合理""不公正"的，或者"严重不方便的"，或者协议因为欺诈等原因归于无效。① 由于本案系双方自由签订的国际贸易合同，有理由相信在合同签订时，当事人对于约定的管辖法院具有明确的可预见性，因此很难说这样的管辖协议是不合理或不公正的。另外，对于是否应当适用不方便法院原则时，最高法院认为，地方法院要求违反管辖协议的一方当事人举证在协议约定之外存在更为方便管辖的法院，这种举证分配有失偏颇。具体而言，法院不应当让管辖协议的违反者（Zapata 公司）证明其违反管辖协议的行为是合理的（即让美国法院管辖），而应当让违反者（Zapata 公司）举证证明其遵循当事人管辖协议（即让英国法院管辖）是明显地、严重地不方便的。

　　显然，美国联邦最高法院采取了与英国法院在 Eleftheria 案中一样的审查理念，由违反协议的一方承担对于不方便法院原则的举证责任，这样做可以使作为例外原则的不方便法院原则的适用更加严格，从而能够最大限度地保障当事人的意思自治。

　　另外，美国联邦最高法院在 Carnival Cruise Lines v. Shute 案中也确认了当事人之间签订的管辖协议在格式合同中的有效性。该案涉及的管辖协议包含在船票之中，其中规定所有争议由佛罗里达州法院管辖。美国联邦最高法院认为上诉法院不加分析地适用 Bremen 案中关于"合理性"的规定是不恰当的。美国联邦最高法院认为，与 Bremen 案中从路易斯安那州出发经由墨西哥湾、大西洋和地中海最后到达亚得里亚海的情形不同的是，本案中的航线是国内的常规短

---

　　① The Bremen v. Zapata Off-Shore Co. , 407 U. S. 1（1972），p. 13.

途线路，所以要求游客与船公司在这样一份普通的商业游船票中对管辖协议进行协商是完全不合理的。因此，法院认为并不是未经谈判的管辖协议就必然无效。并且约定佛罗里达州法院管辖有其合理性：其一，游船线路与被限制为潜在的管辖地有着特殊利益；其二，事先确定争议管辖的法院可以消除争议发生后启动诉讼程序的混乱，节省时间与成本；其三，消费者也会通过因船公司有这样管辖协议而节省费用从而享受船票的优惠。除此之外，法院还发现当事人之间的管辖协议并不存在欺诈或强迫的情形，并且船公司也履行了向乘客说明这一条款的告知义务。所以，美国联邦最高法院一改上诉法院认定协议无效的判决，认可了格式合同中管辖协议的效力。

（三）大陆法系中的立法演变

不同于英美法系国家，大陆法系的法律渊源以制定法为主，因此对于管辖协议的研究，主要集中在相关立法的修订与更迭。即便是在意思自治原则兴起于欧洲大陆的时期，其在管辖权领域中却始终未能获得相应的法律地位。这一现状一直持续到 20 世纪 50 年代前后，大陆法系国家才开始在立法中认可意思自治原则在管辖权中的地位，《德国民事诉讼法》《法国民事诉讼法》《瑞士联邦国际私法》和《意大利国际私法改革法》纷纷作出相应的规定。①

例如，《瑞士国际私法》第 5 条对于当事人约定的管辖进行了规定，即对一个已经产生或将来可能产生的特定法律关系的有关经济利益的争议，当事人可以选择解释争议的法院。并且该条还规定了协议的形式可以以书面、电报、电传或者其他能够证明协议存在的通信方式。

1877 年的《德国民事诉讼法》对当事人意思自治原则给予了充分的肯定，当事人不仅可以约定司法管辖权，而且还可以对事项管

---

① 王吉文：《我国统一协议管辖制度的适用问题研究》，中国政法大学出版社 2016 年版，第 20 页。

辖权和国内管辖权进行约定。而对于管辖协议的限制也仅限于：须针对一个特定法律关系；须遵守专属管辖的规定；须是金钱诉讼。① 但在实践中，德国学界对于这种意识自治原则的滥用提出了严厉批评，因为法律中对于签订管辖协议的当事人并无周全的保护。法官只能在合同法领域下审查管辖协议，除非当事人能够证明存在欺诈行为或违反道德，而这类救济的门槛十分高，以至于在实践中很难被适用。②

修改之后的《德国民事诉讼法》第 38 条中关于协议管辖的规定区分了两种当事人主体。第一，只要当事人满足《商法典》第 4 节中所指的商人、公法上的法人或是公法下创制的独立财产，可以随时通过明示或默示的协议使得本身并无管辖权的初审法院获得管辖权。第二，对于至少一方在国内无一般管辖联系的当事人，也可以签订管辖协议赋予初审法院以管辖权。但该协议必须是书面的，或至少应以书面形式进行确认。另外，还应满足：（1）在争议后签订；或（2）被告在签订合同后将住所地或经常住所地迁至国外，或者在其住所或经常住所地在起诉时不明确的。③ 当然，《德国民事诉讼法》还规定了专属管辖的范围从而排除了协议管辖的适用，例如在不动产物权、继承、租赁、再审、执行和破产领域中规定了专属管辖权。④

随着欧洲经济一体化的不断发展，法律系统的一体化也逐渐应运而生。在国际私法领域中最著名的就是《布鲁塞尔关于民商事案件管辖权及判决执行的公约》（以下简称"《布鲁塞尔公约》"），公

---

① 参见 1879 年《德国民事诉讼法》第 40 条。
② ［美］阿瑟·冯迈仑：《国际私法中的司法管辖权之比较研究》，李晶译，法律出版社 2015 年版，第 184—186 页。
③ 吕晓莉：《德国国际民事诉讼中的协议管辖制度》，《华中科技大学学报》（社会科学版）2003 年第 3 期。
④ 李双元、谢石松：《国际民事诉讼法概论》，武汉大学出版社 1990 年版，第 196 页。

约旨在为实现判决的自由流动，为实现这个目的，必须首先确定法院的管辖权。① 其中《布鲁塞尔公约》第 17 条对于当事人协议约定管辖的情形作出了规定："如果一方或多方居住于缔约国的当事人，约定将与特定法律关系有关的已经发生或可能发生的争议交由某一缔约国的某一法院或多个法院时，该法院或被指定的多个法院应当对此具有排他性管辖权。管辖协议应当以书面或者有书面证明的方式，或者在国际贸易中，以当事人知悉或应当知悉的交易惯例的方式。如果管辖协议是在缔约国没有住所地的当事人所签订的，除非被指定的法院拒绝管辖该争议，否则其他缔约国的法院不得管辖他们之间的争议。"当然，公约在第 16 条中也明确了对于涉及不动产物权或租赁权、公司决议效力、公共登记效力、有关知识产权的诉讼以及判决执行的事项由特定法院专属管辖。值得注意的是，1999年《布鲁塞尔公约》第 17 条作出了修改，将"排他性"一词删除，取而代之的是"这种管辖权应当是排他性的，除非当事人另有约定"，而之后颁布的《布鲁塞尔条例 I》② 第 23 条中关于协议管辖的规定，与上述表述同出一辙。

随后，2015 年生效的《布鲁塞尔条例 I》（重订）③ 第 25 条对于上述 23 条的内容进行了调整，其中规定："当事人无论住所位于何地，如果已经通过协议约定某一成员国的某一法院或某些法院有管辖权以解决因某种特定法律关系而产生的或可能产生的任何争端，则被指定的一个或多个法院应有管辖权，除非根据该成员国法律该协议在实体上无效。除当事人另有约定，该管辖权应当是排他性的。

---

①　参见公约前言："Considering that it is necessary for this purpose to determine the international jurisdiction of their courts, to facilitate recognition and to introduce an expeditious procedure for securing the enforcement of judgments, authentic instruments and court settlements."

②　2000 年 12 月 22 日《欧共体关于民商事管辖权和判决承认与执行的第 44/2001 号理事会条例》，2002 年 3 月 1 日生效。

③　2012 年 12 月 12 日《欧洲议会和欧盟理事会关于民事案件管辖权和判决承认与执行的第 1215/2012 号条例》（重订），2015 年 1 月 10 日生效。

赋予管辖权的协议应当：（1）以书面形式或有书面证明；或（2）以当事人之间已确立实践相符合的形式；或（3）在国际贸易或商业中，采用与当事人知悉或应当知悉的惯例相符合的形式，且这一惯例在所涉的特定贸易或商业中，被当事人所广泛知悉并一贯遵守。"此外，第 25 条第 2 款明确了能够对管辖协议提供持续记录的电子方式也被视为"书面形式"。在第 25 条第 4 款和第 5 款分别规定了协议管辖不得违反有关保险人、消费者、劳动者以及专属管辖之相关规定①，和管辖协议应当具有独立性的问题。②

《布鲁塞尔条例 I》（重订）对《布鲁塞尔条例》进行了一些条款的完善与修正，以更好地促进判决的自由流通，使得欧盟司法统一化又向前迈了一步。《布鲁塞尔条例 I》（重订）对于协议管辖也作出了十分全面的规定。首先，相对之前的《布鲁塞尔条例》，第 25 条对于管辖权的适用范围作出了适当的扩张，重订中对于当事人的住所不做区分，一定程度上突破了原《布鲁塞尔条例 I》第 23 条中当事人住所应位于成员国境内的限制。其次，明确了管辖协议在无相反规定时应视为排他性管辖协议的基本态度。再次，肯定了管辖协议在无成员国实体法上无效情形时应当具有赋予法院以管辖权的效力。最后，条例将对被保险人、消费者和劳动者的保护确定为当事人意思自治原则的限制范围，并重申了当事人的协议管辖不得排除专属管辖的规定。

二　排除意思自治原则的专属管辖

如果说以当事人意思自治的范围为标准对管辖权进行划分的话，

---

① 《布鲁塞尔条例 I》（重订）第 25 条第 4 款：赋予管辖权的协议或信托文书条款如果违反第十五、第十九或第二十三条的规定，或者其所要排除管辖权的法院根据第二十四条的规定具有专属管辖权，则无法律效力。关于专属管辖的规定，《布鲁塞尔条例 I》（重订）第 24 条。

② 《布鲁塞尔条例 I》（重订）第 25 条第 5 款：赋予管辖权的协议若为合同的一部分，应当被视为独立于其他合同条款。赋予管辖权的协议的效力不能仅因合同无效而受到质疑。

那么协议管辖范围之外的领域便是不可进行协议管辖的领域，即是专属管辖的范围。与协议管辖所代表的私权相比，专属管辖则是一国主权的体现，与一国的政治、经济或公共秩序有着紧密的联系。但由于各国法律制度各有差异，因此专属管辖的范围也不尽相同。

（一）专属管辖的定义

英美法系国家通常将诉讼划分为对人的诉讼和对物的诉讼，管辖权的标准十分弹性，法官拥有较大的自由裁量权，所以这些国家并无专属管辖权的规定。专属管辖更多的是一个大陆法系国家的概念，大陆法系国家一般是通过立法直接规定专属管辖的类型，法官在此问题上的自由裁量权微乎其微。[①] 专属管辖是相对于协议管辖而言的，通常是指法律规定的某些特定案件只能由特定法院管辖，并不允许当事人通过协议方式约定其他法院管辖的情形。[②] 中国《民事诉讼法解释》第 529 条规定："属于中华人民共和国法院专属管辖的案件，当事人不得协议选择外国法院管辖，但协议选择仲裁的除外。"[③] 德国学者奥特马·尧厄尼希认为："某法院的专属管辖指这种管辖不能通过当事人协议或者无责问地对主诉辩论而变更，并且应当在权利争议的任何状态依职权注意之。"[④] 日本学者三月章认为："专属管辖即法定管辖中，公益性较强的专由特定的法院掌握管辖权的管辖。"中国台湾地区学者陈荣宗、林庆苗认为："基于公益之要求，法律明文规定某种诉讼事件属于固定之法院管辖，得排除其他一切之管辖权，不容许法院或当事人任意变更者，称

---

① 何其生：《比较法视野下的国际民事诉讼》，高等教育出版社 2015 年版，第 112 页。

② 李浩、刘敏主编：《新编民事诉讼法学》，中国人民公安大学出版社 2003 年版，第 75 页。

③ 根据 2022 年 3 月 22 日最高人民法院审判委员会第 1866 次会议通过的《最高人民法院关于修改〈最高人民法院关于适用《中华人民共和国民事诉讼法》的解释〉的决定》第二次修正，该修正自 2022 年 4 月 10 日起施行，法释〔2022〕11 号。

④ ［德］奥特马·尧厄尼希：《民事诉讼法》，周翠译，法律出版社 2003 年版，第 56—57 页。

为专属管辖。"①

由于一国管辖制度的划分差异，导致各国对于专属管辖的理解有所不同。因此，专属管辖有广义与狭义之分。我们通常所理解的专属管辖属于狭义的专属管辖，即第一审案件的地域专属管辖。但大陆法系国家中的专属管辖是一种广义的专属管辖，涉及法院的分工和职权。例如，德国、法国和日本的管辖制度中涉及职能管辖、事物管辖和地域管辖的划分，而德国和日本的专属管辖并不从属于地域管辖的范畴。②

毋庸置疑的是，专属管辖是国家主权原则在国际民事案件管辖问题上的突出表现。涉及专属管辖的案件都是与一国的政治、经济或公共秩序息息相关。例如，在涉及不动产问题时，各国实践在该问题上都一致适用专属管辖。但又由于各国对于公共秩序的界定有所差异，所以专属管辖的范围也尺度不一。

专属管辖针对法院和当事人分别产生两种效力，即排他效力与排除效力。排他效力指只有某些特定法院具有管辖权，指定的法院以外的其他任何法院不具有管辖权。例如，中国《民事诉讼法》规定不动产纠纷由不动产所在地法院管辖。专属管辖最显著的特征就是其管辖具有排他性，但是并不是排他性管辖都属于管辖。排除效力是指排除当事人意思自治，即当事人不得通过协议约定管辖权的归属。这种排除效力体现在由法律直接规定而产生效力，不属于当事人意思自治的范围。③

（二）专属管辖的范围

对以大陆法系为代表的欧盟而言，《布鲁塞尔条例 I》（重订）第 24 条中对于专属管辖作出了明确规定：（1）以不动产物权或其租

---

①　陈荣宗、林庆苗：《民事诉讼法》（上），三民书局 2006 年版，第 130 页。

②　王次宝：《我国民事专属管辖制度之反思与重构——以大陆法系国家和地区的一般规定为参照》，《现代法学》2011 年第 5 期。

③　李浩：《民事诉讼专属管辖制度研究》，《法商研究》2009 年第 2 期。

赁权为标的的诉讼，由财产所在地成员国法院管辖；（2）以公司或其他法人组织或自然人社团或法人社团的章程有效性、无效或解散为标的，或以其机关之决议的有效性为标的的诉讼中，由公司、法人组织或社团所在地的成员国法院管辖；（3）以确认公共登记效力为标的的诉讼，由保管登记簿的成员国法院管辖；（4）有关专利、商标、外观设计或必须备案或注册的其他类似权利的注册或效力的诉讼，由已经申请备案或注册或已经备案或注册，或依据共同体法律文件或国际公约之规定被视为已经备案或注册的成员国法院管辖；（5）有关判决执行的诉讼，由业已执行或将要执行判决的成员国法院管辖。这与 1968 年《布鲁塞尔公约》和 1999 年海牙《民商事管辖权和外国判决公约（草案）》中关于专属管辖的内容基本一致。所以上述范围在国际公约和欧洲大陆中很具有代表性。

中国的《民事诉讼法》也对专属管辖作出了明确的规定，其中第 34 条规定了三类性质的诉讼适用专属管辖：（1）因不动产纠纷而引起的诉讼；（2）因港口作业中纠纷而引起的诉讼；（3）因继承遗产纠纷而引起的诉讼。并且对于专属管辖的法院也作出了明确，排除了当事人对于管辖法院的选择。这三类诉讼分别由不动产所在地法院、港口所在地法院以及被继承人死亡时住所地或主要遗产所在法院管辖。《海事诉讼特别程序法》第 7 条中规定了海事法院专属管辖的三类诉讼：（1）沿海港口作业纠纷而引起的诉讼（上文第 34 条已提及）；（2）因船舶排放、泄露、倾倒油类或者其他有害物质，海上生产、作业或者拆船、修船作业造成海域污染损害而引起的诉讼；（3）在中国有管辖权的海域履行海洋探勘开放合同引起的诉讼。除此之外，《民事诉讼法》在第 273 条中又针对三类投资合同作出了专属管辖的规定，即规定"因在中华人民共和国履行中外合资经营企业合同、中外合作经营企业合同、中外合作勘探开发自然资源合同发生纠纷提起的诉讼，由中华人民共和国人民法院管辖"。这三类合同纠纷的专属管辖属于涉外专属管辖的内容，或者称之为"国际专属管辖", 因为这类管辖是相对外国法院而言的专属管辖, 是国家主权原则的一种体现。①

值得注意的是, 2023 年 9 月 1 日, 第十四届全国人民代表大会常务委员会第五次会议通过了关于修改民事诉讼法的决定, 新法自 2024 年 1 月 1 日起施行。② 其中将第 273 条改为第 279 条, 并在原来的"三资企业"纠纷之外增设了两类专属管辖的内容, 其一, 因在中华人民共和国领域内设立的法人或者其他组织的设立、解散、清算以及该法人或者其他组织作出的决议的效力等纠纷提起的诉讼; 其二, 因与在中华人民共和国领域内审查授予的知识产权的有效性有关的纠纷提起的诉讼。可以看出, 中国此次修改更好地顺应了国际趋势, 有利于维护中国在涉外民商事案件管辖中的公共利益。

（三）中国专属管辖存在的问题

通过上文对于专属管辖范围的梳理, 我们不难发现, 相比于以海牙公约还是以布鲁塞尔公约为代表的布鲁塞尔条例体系, 中国对于专属管辖的规定都过于宽泛。其中最为突出的是原《民事诉讼法》第 279 条将三类特殊投资合同列入了专属管辖的范围, 这种中国特色的法律规定在其他国家的立法之中根本找不到类似规定, 与国际实践有很大的出入。

因此, 一直以来, 这三类合同纠纷被列入专属管辖的范围饱受学界争议。有学者认为, 这条规定起初是计划经济的产物, 在如今强调契约自由和自由贸易的环境下不应当继续保留。③ 也有学者在谈及内地与香港的管辖权冲突时提出, 对于像中港合资经营企业合同、中港合作经营企业合同以及中港合作勘探开发自然资源合同应当专

---

① 王次宝:《我国民事专属管辖制度之反思与重构——以大陆法系国家和地区的一般规定为参照》,《现代法学》2011 年第 5 期。

② 中华人民共和国主席令第 11 号。

③ 何其生:《比较法视野下的国际民事诉讼》, 高等教育出版社 2015 年版, 第 129 页。

属管辖的规定应逐步放弃。①

　　诚然，专属管辖这三类投资合同也并非全无好处。专属管辖强调排除外国法院的管辖，在国际民事诉讼中，对于违反一国的专属管辖而在其他法院获得的判决，通常不会获得承认与执行。此外，专属管辖关注"国家利益"，凸显了对于本国利益的保护，因此中方投资者在三类合同中能够获得巨大的诉讼优势。但这也是外国投资者所最为忌惮的问题。②

　　首先，中外合资经营企业合同和中外合作经营企业合同与一般的涉外合同并无区别，是由平等的中外双方自由签订的合同。属于私人之间的契约行为，并不涉及重大的国家利益。③ 一国通过专属管辖来干预私人之间的契约行为，有违私法自治的精神。另外，发展中国家为吸引外资，都会引导双方通过仲裁解决争议，以避免一国法院对于本国公民提供本地化的司法保护。除此之外，国家对于自然资源享有永久主权的原则已成为国家公认的基本原则，因此也无须额外考虑专属管辖中外合作勘探开发自然资源合同所引起的纠纷，因为外国法院也不会获得相应的管辖权。④

　　其次，外商独资企业、外商合资企业和外商投资股份制企业的成立也是直接投资的形式，但中国法律只针对中外合资经营、中外合作经营和中国合作勘探开发自然资源合同设置了专属管辖，对其他形式却未予以规定，缺乏法理基础。⑤

---

　　① 陈力：《内地与香港民事管辖权的冲突与协调》，《中国国际私法与比较法年刊》2001年第00期。

　　② 何其生：《比较法视野下的国际民事诉讼》，高等教育出版社2015年版，第127页。

　　③ 刘懿彤：《国际民事诉讼管辖权与和谐国际社会构建》，中国人民公安大学出版社2017年版，第46页。

　　④ 何其生：《比较法视野下的国际民事诉讼》，高等教育出版社2015年版，第134页。

　　⑤ 何其生：《比较法视野下的国际民事诉讼》，高等教育出版社2015年版，第129页。

最后，即便针对这三类投资合同不设置专属管辖，关于此类的诉讼也通常会在中国法院进行。因为合同的签订和履行很可能在中国境内、约定管辖时诉讼成本考虑也很可能选择中国、不动产问题的涉及更会导致中国法院的管辖介入。因此没有必要特意对此再进行规定，成为国际实践中的另类规定。

在"一带一路"倡议的支持下，中国与世界各国的合作日趋紧密。截至2023年1月，中国已与151个国家和32个国际组织签署了200余份合作协议。[①] 2020年以来，针对国内国际形势新变化，中国提出加快构建新发展格局的战略部署，而在立法上通过硬性规定以凸显单方面的司法保护不仅不能帮助中国吸引更多外资，反而会影响外资的顺利引进。因此，取消对这三类投资合同的专属管辖更符合经济贸易全球化的大潮以及全球发展倡议的理念。

第三节　意思自治原则在仲裁协议中的体现

仲裁是由私人实体或个人以仲裁协议为依据所发起的争议解决方式。为了支持这一自治性的争议解决机制，一方面，各国纷纷通过立法或实践对仲裁给予支持，例如，尽可能地认可仲裁协议的效力、大力完善仲裁裁决的承认与执行制度等。另一方面，各国试图尽量减少对于仲裁不必要的司法限制，例如对否定仲裁协议效力和撤销仲裁裁决设置严格的要求等。毋庸置疑的是，各国立法早已认可并允许意思自治原则贯穿整个仲裁程序的始末。[②]

---

① 陈恒、张雁：《共建"一带一路"十周年：成就与展望》，《光明日报》2023年6月27日第11版。

② Nigel Blackaby, Constantine Partasides, et al., *Redfern and Hunter on International Arbitration* (Sixth Edition), Oxford：Oxford University Press, 2015.

一　仲裁的性质归属

仲裁的性质归属问题是仲裁理论中不能回避的根本问题，与一国仲裁制度的设计有着紧密联系。一般来说，主流理论认为关于仲裁性质的讨论主要集中在契约性、司法性、混合性和自治性四个学说。

（一）契约性归属

如若追溯国际商事仲裁的发展史，我们发现仲裁最早起源于商人们对于争议解决的自我摸索。早在中世纪的欧洲，法律规则尚未成熟建立，不同地区的商人进行贸易交往时除了受不成熟的成文法所规制外，还深受长期商业习惯形成的"商法"（Lex Mercatoria）所影响。相比于更为僵硬的司法审判程序，商人们则更倾向寻找有经验的商人作为裁判者以解决彼此之间的贸易纠纷。商人们对于裁判的规则、程序以及运作模式都通过约定进行。① 由此可知，国际商事仲裁的契约性由来已久。因此，有学者认为契约性才是仲裁的根本属性。②

此外，仲裁被认为具有契约性还体现在仲裁管辖权的取得。换言之，仲裁员或仲裁庭所具有的仲裁管辖权并非来源于法律授权，而是来自当事人之间的契约。仲裁的契约属性贯穿于整个仲裁程序，这不仅包括仲裁员的管辖权问题，还包括了仲裁程序、仲裁地、仲裁语言以及仲裁规则的约定也均来自当事人之间的约定，而仲裁裁决则属于仲裁协议的一个自然结果。不难看出，契约性归属与意思自治原则更为贴合。因此，契约性归属的理论更像是对于意思自治原则的一种背书。《国际商事仲裁示范法》（以下简称"《示范法》"）之中有多项条款体现了这种契约性③。例如，《示范法》第

① 康宁：《契约性与司法化——国际商事仲裁的生成逻辑及对"一带一路"建设的启示》，《政法论坛》2019 年第 4 期。

② 宋连斌：《仲裁的契约性新探——以国际商事仲裁为例》，《仲裁与法律》2000 年第 4 期。

③ 应当注意的是，此处援引《示范法》相关条文旨在说明在契约性理论下当事人所具有的意思自由，但并非意在说明《示范法》的立法是基于"契约性"理论。

10 条规定当事人可以约定仲裁员的人数、第 19 条规定当事人可以约定仲裁时遵循的程序规则、第 20 条规定当事人可以自由约定仲裁的地点以及第 21 条规定当事人可以约定仲裁的语言等。

不过，也有观点认为，仲裁的契约性并不能反映仲裁的全部性质。因为仲裁管辖权除了来源于当事人的合意之外，也有可能来自仲裁地法律的规定或是所选仲裁规则的规定。① 此外，法院对于仲裁庭的干预也在一定程度上说明契约性并不能成为仲裁的最终性质归属。毕竟，仲裁庭所作出的仲裁裁决仍需要受到法院的司法监督。例如，中国《仲裁法》第 6 条规定，当事人对于仲裁协议的效力有异议的，可以请求仲裁委员会作出决定或者请求人民法院作出裁定。一方请求仲裁委员会作出决定，另一方请求人民法院作出裁定的，由人民法院裁定。此外，例如仲裁裁决的撤销以及仲裁裁决的承认与执行都需要法院根据《民事诉讼法》中的相关规定作出决定。由此可见，虽然仲裁制度以当事人之间的契约关系作为出发点，但是仲裁程序的完整进行仍需要司法机关的协助与监督，因此并不能简单地将仲裁的性质全部归属于契约性。

（二）司法性归属

不同于契约性理论，司法性理论强调的是国家对于其所管辖范围内的国际商事仲裁的完全领导与监督。② 在这一理论下，公权对于仲裁的介入是仲裁协议具有效力并且能够有效执行的原因。不过司法性理论也分为三种不同派系，分别是判决论（the judgment theory）、代表论（delegation theory）和国内法论（the municipal law theory）。其中坚持判决论的学者认为，仲裁员的审判职能不是来自当事人之间的仲裁协议，而是与法官有着类似的司法属性，所以仲裁员在仲裁裁决

---

① A. Asouzu, "Arbitration and Judicial Powers in Nigeria", *Journal of International Arbitration*, Vol. 6, 2001, p. 617.

② Lynch, K., *The Forces of Economic Globalization: Challenges to the Regime of International Commercial Arbitration*, The Hague; New York: Kluwer Law International, 2003, p. 67.

时替代了法官所履行的职责。① 代表论则认为仲裁员的权力在于扮演临时的法官角色。其代表者 Motulsky 认为仲裁员履行其职责并非来自当事人之间仲裁协议的授权，而是来源于不同国家法律制度对仲裁员的委托。在这一关系下，仲裁程序和仲裁员的工作则依赖于相关国家机构所委托的范围。② 关于司法性学说的派系便是国内法论学说，Francis Mann 是这一学说的主要代表人，他认为任何仲裁都属于国内仲裁，也就是说，均受制于一国的法律制度。③ 当事人的行为并不会产生任何仲裁上的法律效果，除非这个法律效果是法律制度所赋予的。Francis Mann 举例说，我们在冲突法中规定合同适用于当事人选择的法律，是因为这一规定本身属于一个特定法律制度中的一部分。

我们可以看出，无论是哪个司法性学说的派系都主张仲裁是一国司法权中的一部分，来源于国家法律制度和司法机关的授权与认可。例如，司法监督在可仲裁性和公共政策的问题上体现得尤为突出。因此，《纽约公约》第五条第二款中规定，如若承认与执行地所在国的主管机关认为依据该国法律，争议事项不具有可仲裁性的裁决，或者承认与执行这一裁决违反该国公共政策的，那么可以拒绝承认与执行该仲裁裁决。

但不得不说，司法性理论的缺陷亦十分明显。其一，将仲裁完全归属于一国司法制度和司法机关的授权而全然不顾当事人协议的重要性，这与仲裁协议本身作为"协议"所体现的内在契约性不符；其二，仲裁权与司法权无论在概念上还是在权利来源上并不相同，仲裁权所具有的民间性与司法权所具有主权性的巨大差异就决定了将仲裁

---

① Antoine-Louis Pillet, *Traité Pratique de Droit International Privé*, Imprimerie J. Allier, 1924.

② Adam Samuel, *Jurisdictional Problems in International Commercial Arbitration: A Study of Belgian, Dutch, English, French, Swedish, Swiss, U. S., and West German Law*, Zurich: Schulthess Polygraphischer Verlag, 1989, p. 57.

③ Mann, F. A., *Lex Facit Arbitrum'*, in International Arbitration: *Liber Amicorum for Martin Domke, Pieter Sanders*, The Hague: Martinus Nijhoff, 1967, pp. 157 – 183.

归属于司法性的论断并不具有说服力。仲裁员既不是国家司法机关的代理人，仲裁庭管辖权也绝非司法权的替代品。我们知道，任何权利的救济都离不开司法制度和司法机关的保障。因此，不能因为仲裁程序的进行接受了监督并受其规制，就认定仲裁具有司法性，这是对于司法性的片面解读，也是对仲裁性质归属的片面断定。

（三）混合性归属

混合性学说兼顾了契约性和司法性两方面的观点，将其融会贯通成为两者和谐混合的学术理论。该理论由 Surville 教授开创，并得到了 Sauser-Hall 教授的支持与发展。一方面，仲裁的契约性因素反映在仲裁协议当中，因其来源于私人之间签订的合同，在协议中当事人有权约定仲裁事项、仲裁员以及仲裁规则。另一方面，Sauser-Hall 教授也同意司法性理论的观点，即国际商事仲裁需要在国内法律制度下进行，以确定仲裁当事人的权利、仲裁协议的效力以及仲裁裁决的执行性问题。

由于这一理论同时吸收了契约性和司法性理论的精髓之处，因此也得到了众多学者的认可。Robert Hunter 认为："国际商事仲裁是具有混合性的，其开始于当事人之间的私人协议。过程也是依照私人程度所进行，其中当事人的意愿至关重要。然而其结束于具有法律效力的仲裁裁决，而这一裁决在满足合适条件的情况下，具有在世界上大多数法院得以承认与执行的可能。因此，这一私人程序具有公共效果，并由各国本国法所明确规定的公共机构执行。"① 另外，Sanders 教授也认为混合性理论比契约性和司法性理论更能完整地诠释国际商事仲裁的性质归属，而任何基于单一理论来定性国际商事仲裁都是片面且不妥的。他认为："其一，仲裁必须是基于当事人约定仲裁的协议，没有仲裁可以在不存在有效仲裁协议的前提下进行。如果把焦点放在仲裁的出发点和过程，那么可以归纳出仲裁的契约性归属。其

① Alan Redfern Et Al., *Law and Practice of International Commercial Arbitration* (2nd), London: Sweet & Maxwell, 1991.

二，焦点也可以放在仲裁的准司法属性上。仲裁程序是一个司法程序，一旦选任了仲裁员，那么他们就如同法官一般，应当对提交给他们的争议作出最终裁决。这一裁决在原则上应当与法院所做出的判决具有同样的效力。仲裁的双重属性导致了这一介入两者的理论的形成，称之为混合性理论。"① Jean Robert 则从仲裁程序和仲裁地之间关系的角度论证了混合性理论的合理性，即仲裁规则和仲裁员权限需基于当事人的协议，而该协议的有效性和裁决的可执行性则需要符合相关法律的公共政策或强制性规范的要求。除此之外，Lynch 在讨论到混合性理论时说道："这一理论为国际商事仲裁提供了一个更为合理的概念，并且强调了国际法律制度在确保国际商事仲裁得到有效地控制与监督的必要性。"②

我们应该看到，混合性理论糅合了契约性和司法性两种对立的理论，在肯定仲裁权来源于当事人之间的契约性协议的同时，又认为仲裁权需要接受仲裁地的强制性规范以及裁决执行地法律的监督。可以说，混合性理论下的仲裁裁决既不是合同的结果又不是法院的判决，而是介于这两者之间的产物。毫无疑问，这一理论相比单一理论而言具有明显的优势。其一，混合性理论尊重了仲裁的本质属性，即契约性。这不仅是仲裁作为民间救济发展的起点，也是仲裁得以区别传统诉讼的显著特征。其二，司法权是一国主权的体现，仲裁的进行并不能脱离也不可能脱离任何主权国家，一味地否认司法监督的存在并不现实，也不符合国际实践。

（四）自治性归属

自治性理论抛弃了传统学说理论的方法，将其研究的方向聚焦于国际商事仲裁的目的。Rubellin-Devichi 认为国际商事仲裁的优势

---

① Pieter Sanders, "Trends in the Field of International Commercial Arbitration", *Recueil des Cours*, Vol. 145, No. 2, 1975, p. 233.

② Lynch, K., *The Forces of Economic Globalization*: *Challenges to the Regime of International Commercial Arbitration*, The Hague; New York: Kluwer Law International, 2003, p. 69.

在于程序的高效性与灵活性，因此合适的理论归属应当建立在仲裁的目的和用途之上。她认为契约性理论和司法性理论都不能够回应国际商事仲裁的现实需求，并且两者彼此矛盾，而混合性理论也因为其不确定的适用范围遭到她的否定。这一理论并未将仲裁放在任何现存的法律框架中，而是将其视为一种自治性的活动，认为仲裁不应受到仲裁地法律的限制，而仲裁活动的参与人对于仲裁程序究竟应当如何行使具有无限的自治权。①

自治性理论是将国际商事仲裁放置在一个"超国家"的层面上而主张其自治属性的。Rubellin-Devichi 主张："为了让仲裁能够得到其应有的发展，并置于合理的限制之内。我们必须认识到仲裁的性质既不是契约性、也不是司法性、更不是混合性，而是具有自治性。"② 为了满足仲裁事业的发展和需求，当事人应当享有完全的意思自治，也就是说，无论是仲裁地的选择还是程序问题的准据法，乃至实体问题的准据法，当事人的选择都应当被尊重与支持。

在自治性理论下，仲裁协议和仲裁裁决应当在任何国家都具有可执行性。当然，为了确保当事人能够在仲裁进程中的每一个细节都拥有完全的意思自治，该理论的支持者否认仲裁地法律对于仲裁的监督与限制作用，并将"非内国法化"的理想化观点用于支持自治性理论。由于当事人具有完全的意思自治，其约定的仲裁协议的效力自然也不会受到任何法律的影响。关于准据法的选择，自治性理论主张当事人可以选择任何法律规则、国际法、商人法，乃至法律原则、习惯法。自治性理论的支持者还认为国际社会应当创立自己的规则以适用于国际商事仲裁。Goldman 作为自治性理论的支持者之一，认为商人法应当是国际商事仲裁最合适的准据法，因为当事人通过选择商人法作为准据法排除了国内法律制度的程序性要求，

---

①　Honglin Yu, "A Theoretical Overview of the Foundations of International Commercial Arbitration", *Contemporary Asia Arbitration Journal*, Vol. 1, No. 2, 2008, p. 257.

②　J. Rubellin-Devichi, *L'arbitrag: Nature Juridique: Droit Interne et Droit International Privé*, Librairie Generale de Droit et de Jurisprudence, 1995.

可以避免适用不适合的国际合同规则。

这样一个理想化的仲裁理论自然遭到了众多批评之声。一是，自治性理论缺乏一定的合理性。Ralf Michaels 认为"没有国家的法律是充满梦幻、幻想和错误的"，并用这种方式来"掩盖理论基础的匮乏"。① 二是，自治性理论缺乏现实性，虽然说自治性理论试图为商人们打造一个充分自由的理想国，但过于理想主义的制度构想将仲裁置于一个法律真空的地带，这显然与国际实践背道而驰。

然而不可否认的是，商人们都渴求一个高效且利己的仲裁环境。但如果想要其利益能得到切实的保障，还需要司法程序对于仲裁程序进行一定程度的干预与协助。这不仅可以为仲裁程序的顺利进行保驾护航，还可以对违反裁决执行的情形提供救济途径。总的来说，"理想化"的自治性理论难以在司法实践中找到落脚之处。

二　仲裁程序的自由选择

意思自治原则是决定国际商事仲裁程序的指导性原则。这一原则不仅体现在国内法中，还体现在国际仲裁机构和国际组织的文件之中。②《示范法》第 19 条规定当事人可以对于仲裁庭进行仲裁时所应遵循的程序进行自由约定。当事人可以作出符合自己意愿、适合涉案争议和满足交易需要的程序选择，这些程序问题包括但不限于：争议事项的选择、仲裁庭的组成方式、仲裁规则的选择、仲裁协议准据法的选择、仲裁地的选择以及仲裁语言的选择等。

---

① Michaels, R., "Dreaming Law Without a State: Scholarship on Autonomous International Arbitration as Utopian Literature", *London Review of International Law*, Vol. 1, 2013, pp. 35 – 62.

② Alan Redfern, Martin Hunter, Nigel Blackaby, Constantine Partasides, *Law and Practice of International Commercial Arbitration*, 4th ed., London: Sweet & Maxwell, 2004, p. 315.

（一）机构仲裁与临时仲裁的选择

一般而言，当事人在选择仲裁作为争议的解决方式后，第一个需要考虑的问题就是仲裁将以何种方式进行，是通过机构仲裁的方式还是临时仲裁的方式？顾名思义，机构仲裁是指当事人通过仲裁协议约定将仲裁交由某一特定机构进行。一般而言，仲裁以该仲裁机构的仲裁规则进行，仲裁庭的组成和费用由该仲裁机构统一管理。国际上有众多著名的仲裁机构，如国际商会仲裁院、伦敦国际仲裁院、美国仲裁协会以及新加坡国际仲裁中心等。① 相比之下，临时仲裁是指不在仲裁机构主持下进行的仲裁活动。当事人只需要选择一位或多位仲裁员进行仲裁，而无须仲裁机构进行监督与管理。通常来说，当事人可以选择适用自己认为最合适的规则进行仲裁，也可以选择联合国国际贸易法委员会制定的《联合国国际贸易法委员会仲裁规则》②，该规则不仅适用于普通法系国家还适用于大陆法系国家，而且也是临时仲裁中被广泛适用的规则。

机构仲裁与临时仲裁相比各有优劣。一方面，相对于临时仲裁，机构仲裁由专业的仲裁机构主持，并且具有成熟与完善的仲裁规则和程序保障仲裁可以及时且不拖延地进行。此外，仲裁机构通常会将各领域的仲裁专家纳入其仲裁员名册中，这也为当事人选任仲裁员提供了更为专业而优质的选择。另一方面，临时仲裁可以为当事人提供更加灵活的仲裁规则和程序，仲裁当事人可以根据实际情况进行"量体裁衣"。并且临时仲裁的仲裁费用更低，这对于给付能力有限的当事人来说，无疑可以节省高昂的机构管理费用。无论机构仲裁还是临时仲裁都有其利弊，当事人应当根据实际需要和特定案件情况进行有针对性的选择。

在中国，临时仲裁一直以来并没有生存和成长的空间，《仲裁

---

① ［美］加里·B.博恩：《国际仲裁法律与实践》，白麟、陈福勇、李汀洁等译，商务印书馆 2015 年版，第 37—46 页。

② 1976 年 12 月联合国大会通过，于 2010 年进行了修订。

法》也只是对机构仲裁作出了相关规定。中国对于仲裁协议的有效性设置了机构仲裁的前提条件，其中《仲裁法》第16条规定有效的仲裁协议需要包含选定的仲裁委员会，因而排除了临时仲裁的适用。而与此同时，中国是《纽约公约》的缔约国，公约项下不仅涉及机构仲裁还涉及临时仲裁。因此，中国不仅需要承认与执行外国机构仲裁裁决，还应承认与执行外国的临时仲裁裁决。所以，囿于《仲裁法》的立法现状，造成了外国当事人与中国当事人在临时仲裁问题上的不对等待遇。①

但是在2016年底，中国不承认临时仲裁的法律环境迎来了令人欣喜的转变。2016年12月30日，最高人民法院发布了《关于为自由贸易试验区建设提供司法保障的意见》②，其中第9条明确规定临时仲裁可以在自贸区有限开放。其中规定："在自贸试验区内注册的企业相互之间约定在内地特定地点、按照特定仲裁规则、由特定人员对有关争议进行仲裁的，可以认定仲裁协议有效。"虽然，文件中对临时仲裁进行了"三个特定"的限制，但这无疑是中国对于临时仲裁进行开放的积极信号。截至2021年底，中国一共批准设立了21个自由贸易区。③ 可以看到，临时仲裁在自贸区的先行先试为中国临时仲裁的发展创造了新机遇，并且随着自贸区的不断扩大以及自贸区制度的逐渐完善，中国在临时仲裁的推行路线上也势必会取得

---

① 袁杜娟：《上海自贸区仲裁纠纷解决机制的探索与创新》，《法学》2014年第9期。

② 法发〔2016〕34号。

③ 从2013年8月22日开始至今的21个自由贸易试验区包括：中国（上海）自由贸易试验区、中国（广东）自由贸易试验区、中国（天津）自由贸易试验区、中国（福建）自由贸易试验区、中国（辽宁）自由贸易试验区、中国（浙江）自由贸易试验区、中国（河南）自由贸易试验区、中国（湖北）自由贸易试验区、中国（重庆）自由贸易试验区、中国（四川）自由贸易试验区、中国（陕西）自由贸易试验区、中国（海南）自由贸易试验区、中国（山东）自由贸易试验区、中国（江苏）自由贸易试验区、中国（广西）自由贸易试验区、中国（河北）自由贸易试验区、中国（云南）自由贸易试验区、中国（黑龙江）自由贸易试验区、中国（北京）自由贸易试验区、中国（湖南）自由贸易试验区、中国（安徽）自由贸易试验区。

收获。值得注意的是，司法部在 2020 年 7 月 30 日发布的《中华人民共和国仲裁（修订）（征求意见稿）》（以下简称“《仲裁法征求意见稿》”）中规定了“专设仲裁庭”的内容，这也是中国结合本国国情而构建的中国化的“临时仲裁”制度。其中第 91 条规定：“具有涉外因素的商事纠纷的当事人可以约定仲裁机构仲裁，也可以直接约定由专设仲裁庭仲裁。”此外，第 92 条还规定：“专设仲裁庭仲裁的案件，无法及时组成仲裁庭或者需要决定回避事项的，当事人可以协议委托仲裁机构协助组庭、决定回避事项。当事人达不成委托协议的，由仲裁地、当事人所在地或者与争议有密切联系地的中级人民法院指定仲裁机构协助确定。”当前，上述对于临时仲裁的规定仍处于立法前的征求意见阶段，如若此项规定得以通过，不仅可以弥补中国现行制度中对于临时仲裁的缺失，还可以与国际先进仲裁实践进行接轨，从而推动中国仲裁事业实现更高层次的飞跃。

（二）仲裁事项的选择

除了选择仲裁的形式以外，当事人还可以对需要仲裁的事项进行选择，即提交何种争议给仲裁庭进行公断。但是，并非所有争议都可以通过仲裁解决，而可以进行仲裁的事项范围，称为可仲裁性（Arbitrability）。简而言之，当事人拥有选择仲裁的自由，但并非所有提交的争议都可以进行仲裁。如若当事人选择了不具有可仲裁性的仲裁事项，这样的仲裁协议也不具有效力。例如，中国《仲裁法》第 17 条规定仲裁协议无效的情形包括约定的仲裁事项超出法律规定的仲裁范围。而对于就不具可仲裁性作出的裁决，《纽约公约》中也明确规定承认与执行地可以将其作为拒绝承认与执行外国仲裁裁决的理由。

通常而言，被认定“不可仲裁”的争议往往涉及公共政策或重大社会公共利益，从而需要国家将其排除在仲裁范围之外。[①] 因此，

---

① 于喜福：《论争议可仲裁性司法审查之启动程序》，《法学评论》2016 年第 3 期。

各国对于可仲裁性的争议范围的规定往往与本国的公共政策相关。虽然《纽约公约》中并未对可仲裁性的范围予以明确，不过《示范法》却在其第一条的适用范围中给予了较为详细的列举，认为《示范法》适用于国际商事仲裁，其范围涉及契约或非契约性的一切商事性质所引起的事项。① 此外，中国也在《仲裁法》第二条明确规定了仲裁的范围，即"平等主体之间的合同或其他财产权益的纠纷"。不过需要注意的是，各国对于反垄断争议、证券法争议、破产争议以及知识产权争议是否具有可仲裁性存在较大分歧，这也跟各国对于公共政策的解读存在差异有关。随着商事仲裁在国际争议解决中所扮演的角色日趋重要，可仲裁的范围也在逐步扩大，上述曾被排除在仲裁范围之外的争议事项有些也被逐步交由仲裁进行调整。②

以反垄断争议为例，在司法实践中，美国法院曾在 1968 年以"国家安全原则"明确将反垄断争议认定为不具有可仲裁性。③ 但之后美国在 1985 年的"三菱汽车公司案"④ 中一改之前口径，转而确立了反垄断争议的可仲裁性。1997 年欧洲法院在"Eco Swiss 案"⑤ 中也间接认可了反垄断案件的可仲裁性。几十年间，各国对于公共政策的审慎态度日益凸显，为仲裁事项范围的扩大创造了的机遇。但反观我国对于反垄断的态度，却是另一番景象。中国最高人民法院于 2019 年 8 月在"壳牌有限公司案"⑥ 中对垄断纠纷不具有可仲

---

① 商事性质的关系包括但不限于下列交易：供应或交换货物或服务的任何贸易交易；销售协议；商事代表或代理；保理；租赁、建造工厂；咨询；工程；使用许可；投资；筹资；银行；保险；开发协议或特许；合营和其他形式的工业或商业合作；空中、海上、铁路或公路的客货载运。

② 赵学清、王军杰：《国际商事仲裁可仲裁性问题的历史演进及发展趋势》，《国际经济法学刊》2008 年第 4 期。

③ American Safety Corp. V. J. P. Maguire & Co. , 391 F. 2d at 827–828 (2d Cir. 1968) .

④ Mitsubishi Motors V. Soler Chrysler-Plymouth, 473 U. S. 614 (1985) .

⑤ Eco Swiss China Time Ltd. v. Benetton International N. V. , 1126/ 97, 999 E. C. R. I – 3055.

⑥ 参见 (2019) 最高法知民辖终 47 号。

裁性作出了裁定。在判决书中，最高人民法院认为反垄断法具有明显的公法性质，虽然双方当事人约定通过仲裁解决，但是对于垄断的认定已经超出了合同当事人的权利义务关系，不属于仲裁法中的可仲裁的范围。此外，中国《仲裁法征求意见稿》第2条规定"自然人、法人和其他组织之间发生的合同纠纷和其他财产权益纠纷，可以仲裁"。相比现行《仲裁法》的规定，征求意见稿删除了"平等主体"的限定，从而扩大了可仲裁事项的范围，为投资仲裁、体育仲裁等提供了适用可能。

总的来说，仲裁事项不仅有赖于当事人的选择，同时也与一国的公共政策相关联。当事人在选择仲裁时应当对争议事项是否在仲裁地具有可仲裁性进行深入研究，应当对不同国家的可仲裁性的范围有明晰的认识，以免导致仲裁协议无效或裁决不能得到承认与执行。

（三）仲裁地的选择

虽然在协议管辖中，当事人可以约定选择意思自治范围内的法院对争议进行管辖，但是一旦选择某一法院就只能到该法院所在地点进行诉讼答辩。相比之下，在具有更高自治程度的仲裁程序中，当事人还可以对仲裁地进行选择。

仲裁地（seat of arbitration）的概念在国际商事仲裁中具有极为重要的意义。这里的仲裁地是指法律意义上的仲裁地，而非地理意义上的仲裁地点（venue）。换句话说，法律上的仲裁地与实际的开庭地点并不相同。例如，当事人的仲裁协议中约定仲裁地为纽约，但仲裁员和仲裁当事人分别来自不同国家，因此可以根据实际需要约定在伦敦进行开庭审议并作出裁决。在国际商事仲裁中，即便仲裁裁决作出的实际地点并非在纽约，但如若当事人在仲裁协议中约定纽约为仲裁地，那该裁决也将视为在纽约作出。例如，《伦敦国际仲裁院仲裁规则》中第16条对此问题进行了说明，其中第1款规定当事人可以在仲裁庭组成之前书面约定法律意义上的仲裁地（legal place）①，第 3 款规定仲裁庭可以与当事人协商，选择在任何方便的地理位置（geographical place）进行审议。如果该地点不在仲裁地，则在任何情况下仲裁裁决或任何命令都应被视为在仲裁地作出。② 类似的规定在《美国仲裁协议国际仲裁规则》《新加坡国际仲裁中心仲裁规则》以及《中国国际经济贸易仲裁委员会仲裁规则》中都能找到。毫无疑问，法律意义上的仲裁地比实际开庭地点更具法律意义，主要体现在以下几个方面。

首先，仲裁地是仲裁裁决国籍确定的主流标准。《纽约公约》第 1 条第 1 款中就明确了公约适用于在承认与执行所在国之外的国家领土之内作出的裁决。此类"地域标准"确定了在一国领土内所作裁决属于该国裁决，因此可以适用公约在缔约国之间进行承认与执行。不过遗憾的是，中国现行《仲裁法》中并未对仲裁地概念进行规定，取而代之的是"仲裁机构"的认定标准。③ 由于与国际实践严重不符，因此在实践中对于外国仲裁机构在中国仲裁的情形出现了较多的司法混乱与学术争议。④

其次，仲裁地的法律决定了仲裁协议的效力。《纽约公约》第 5 条第 1 款中规定了在承认与执行仲裁裁决时，如果当事人未约定仲

---

① LCIA Rules, article 16. 1: The parties may agree in writing the seat (or legal place) of their arbitration at any time before the formation of the Arbitral Tribunal and, after such formation, with the prior written consent of the Arbitral Tribunal.

② article 16. 2: The Arbitral Tribunal may hold any hearing at any convenient geographical place in consultation with the parties and hold its deliberations at any geographical place of its own choice; and if such place (s) should be elsewhere than the seat of the arbitration, the arbitration shall nonetheless be treated for all purposes as an arbitration conducted at the arbitral seat and any order or award as having been made at that seat.

③ 参见中国《民事诉讼法》第283 条："国外仲裁机构的裁决，需要中华人民共和国人民法院承认和执行的，应当由当事人直接向被执行人住所地或者其财产所在地的中级人民法院申请，人民法院应当依照中华人民共和国缔结或者参加的国际条约，或者按照互惠原则办理。"

④ 张炳南：《"非内国裁决"概念之刍议——从境外机构入驻上海自贸区谈起》，《仲裁与法律》2017 年第 135 辑。

裁协议准据法，该仲裁协议在仲裁地法律中被认定无效的，那么承认与执行地法院可以拒绝承认与执行该裁决。因此，当事人一般倾向选择对仲裁持友好态度的国家作为法律意义上的仲裁地。

最后，仲裁地法院对仲裁程序起到司法监督的作用。不同于仲裁裁决的承认与执行，裁决的撤销需要在裁决作出地提出申请。此外，仲裁地的法院还会对仲裁程序中涉及的临时措施、取证等提供司法协助。

由此可见，仲裁地的选择对于当事人而言至关重要。一般而言，当事人可以首先通过约定进行选择。如果当事人未能达成约定的，通常由仲裁庭进行确定。① 在实践中，当事人在选择仲裁地时通常会考量：第一，仲裁地国是否为《纽约公约》的缔约国；第二，仲裁地所在国对仲裁的态度是否友好；第三，仲裁地是否具有中立性。根据伦敦大学玛丽皇后学院与伟凯律师事务所发布的《2021 年国际仲裁调查》显示，目前全球最受欢迎的十个仲裁地分别为：伦敦、新加坡、中国香港、巴黎、日内瓦、纽约、北京、上海、斯德哥尔摩和迪拜。②

一直以来，中国《仲裁法》中并未引入"仲裁地"这一核心概念，因而饱受法学界和律师界的批评。随着中国仲裁事业的蓬勃发展，中国曾在部分法律法规中涉及过仲裁地的概念，但内容分散，未成体系。③ 司法部发布的《仲裁法征求意见稿》终于回应了长久以来引入了"仲裁地"概念的呼声。其中第 27 条规定："当事人可

---

① 参见《示范法》第 20 条。

② Queen Mary University of London, White & Case, 2021 International Arbitration Survey: Adapting Arbitration to a Changing World, at https://arbitration.qmul.ac.uk/media/arbitration/docs/LON0320037 - QMUL - International - Arbitration - Survey - 2021_19_ WEB. pdf.

③ 例如《中华人民共和国涉外民事关系法律适用法》《仲裁法司法解释》《最高人民法院关于审理仲裁司法审查案件若干问题的规定》《最高人民法院关于内地与香港特别行政区相互执行仲裁裁决的安排》以及《最高人民法院关于内地与澳门特别行政区相互认可和执行仲裁裁决的安排》等。

以在仲裁协议中约定仲裁地。当事人对仲裁地没有约定或者约定不明确的，以管理案件的仲裁机构所在地为仲裁地。仲裁裁决视为在仲裁地作出。仲裁地的确定，不影响当事人或者仲裁庭根据案件情况约定或者选择在与仲裁地不同的合适地点进行合议、开庭等仲裁活动。"

（四）仲裁庭组成的选择

国际商事仲裁中的仲裁庭与诉讼中的法庭在解决争议纠纷时的功能相类似，但在组成上差异很大。诉讼中的法庭是由一国司法机关中的法官所组成，由于涉及司法主权，因此排除了当事人的意思自治。而仲裁庭则是根据当事人之间签订的仲裁协议所组建的具有公断功能的私法性组织，因此当事人对于仲裁庭的组成拥有极大的话语权。

通常，当事人可以通过直接约定的方式选择仲裁庭的组成。《示范法》第11条第2款规定，当事人可以自由约定指定一名或多名仲裁员的程序。这一权利不仅明确规定在世界各国的仲裁法之中，而且各国还通过制定国际公约的形式保障实施。例如，《纽约公约》第5条第1款d项将仲裁庭组成与当事人仲裁协议不符的情形视为可以拒绝承认与执行仲裁裁决的理由。此外，当事人也可以通过间接的方式确定仲裁员。如果当事人选择机构仲裁，在当事人未能有效选任仲裁员的情形下，仲裁规则通常会允许仲裁机构进行指定。例如，《国际商事仲裁规则》第12条中规定如果申请方不能在收到选任仲裁员通知起的15条内选任仲裁员，那么国际商会仲裁院将进行选择。中国《中国国际经济贸易仲裁委员会仲裁规则》《上海国际仲裁中心仲裁规则》以及《深圳国际仲裁院仲裁规则》中也有类似规则，只不过在中国仲裁机构中，由仲裁委员会主任进行指定。①

---

① 参见《中国国际经济贸易仲裁委员会仲裁规则》第26、27条；《上海国际仲裁中心仲裁规则》第21、22条；《深圳国际仲裁院仲裁规则》第30条。

　　一般而言，仲裁员的人数由当事人自由决定。① 不过一些国家明确规定仲裁员的人数不能为偶数，例如比利时、荷兰、法国等国，这是为了防止偶数仲裁员情形陷入仲裁僵局。在仲裁实践中，国际商事仲裁庭通常由一名或三名仲裁员组成，称为"独任仲裁员"或"三人仲裁庭"。独任仲裁员的情形一般适用于涉案金额较小、事实情况简单的案件。独任仲裁员可以更为容易地确定开庭时间，并且能够更为高效快捷地解决争议。② 相比之下，在三人合议庭的情形中，双方当事人各自选择一名仲裁员，再共同选择首席仲裁员。在此情形下，当事人具有平等选择仲裁员的权利，这不仅体现了对当事人意思自治的尊重，还能够提升当事人对仲裁裁决结果的信赖程度。③

　　当然，当事人对于仲裁员的选择并非"一选终局"。如果当事人对仲裁员的公正性与独立性产生质疑，可以申请仲裁员进行回避。例如，《联合国国际贸易法委员会仲裁规则》第 12 条中规定在存在"可能对任何仲裁员的公正性或独立性产生有正当理由怀疑的情况，均可以要求该仲裁员回避"。各国对于仲裁员回避的规定大致相同，其核心是仲裁员是否满足公正性和独立性的要求。不过也存在一些其他被撤职的理由，如无行为能力或者无法参加仲裁程序等。

---

　　①　参见《示范法》第 10 条："当事人可以自由决定仲裁员的人数"。
　　②　马占军：《我国仲裁庭组成方式的修改与完善》，《法学》2009 年第 1 期。
　　③　郭晓文：《商事仲裁中仲裁员的独立性》，《国际经济法学刊》1999 年第 00 期。

第 三 章

不对称争议解决协议的准据法

　　无论是仲裁协议还是管辖协议，争议解决协议的准据法将决定协议的成立和效力，是国际私法中不能回避的关键问题。在国际商事实践中，当事人为争议解决协议专门做出法律选择的情况并不常见。在这种情况下，如何确定争议解决协议的准据法对于协议的效力认定至关重要。一般而言，无论是管辖协议还是仲裁协议，其本身均具有独立性，即争议解决协议独立于主合同，二者间的效力并不互相影响，其准据法也可有所不同。

第一节　争议解决协议的独立性

　　争议解决协议是当事人将私权纠纷交由司法机关或私人仲裁庭管辖的"核心凭据"，兼具契约性与程序性的双重属性。因此，争议解决协议的性质与其他合同条款相比十分特殊。为了保障当事人充分地得到法律的救济，各国普遍赋予争议解决条款以独立地位，称为"独立性原则"，或称为"可分性"（*Severability or Separability*）原则，将其与主合同的其他条款相独立。

一　仲裁协议的独立性原则

诚然，当事人可以选择在合同之外另行签订一份争议解决协议，但是这在实践中并不常见，而常见的情形则是当事人在主合同中约定有关争议解决的条款。因此，争议解决协议的独立性原则意味着争议解决协议即使表现为合同中的条款，但是并不当然受合同准据法的调整，可以有自己的法律适用规则。除此之外，争议解决协议的有效性也独立于主合同。主合同的变更、解除甚至无效的情形都不会影响争议解决协议的效力。当然，即便争议解决协议被认定无效也不一定意味着主合同同样无效。

美国最早关于仲裁协议的独立性原则被确立在判例之中，在 Prima Paint Corp. v. Flood & Conklin Manufacturing Co. [1] 一案中，美国联邦最高法院认为"如果关于欺诈的请求是基于对仲裁协议本身的……联邦法院可以继续对此进行审理"，但是联邦仲裁法"并不允许联邦法院对整个合同进行欺诈请求的审理"。从此之后，仲裁条款的独立性原则正式在美国确立，并在之后的司法实践之中得到了确认。[2] 英国法院在 Harbour Assurance Co. (UK) Ltd. v. Kansa General International Insurance Co. Ltd. 案中认为仲裁条款是一个独立的协议，合同的无效并不直接影响仲裁条款的效力。此外，在 Fiona Trust and Holding Corporation v. Privalov[3] 案中，法院认为除非有特殊理由能够说明受贿行为使仲裁条款无效，否则受贿行为并不足以使整个合同全部无效。

此外，我们能够在国际社会中找到大量与之相关的明确规定。例如，《联合国国际贸易法委员会示范法》在第 16 (1) 条作出规

---

[1]　Prima Paint Corp. v. Flood & Conklin Manufacturing Co. 388 U. S. 395 (1967).

[2]　Buckeye Check Cashing, Inc. v. Cardegna, 546 U. S. 440 (2006); Nitro-Lift Techs., L. L. C. v. Howard, U. S., 133 S. Ct. 500 (2012).

[3]　Fiona Trust and Holding Corporation and others v. Privalov and others (2007) UKHL40, (2007) All ER (D) 233 (Oct).

定，"仲裁庭作出关于合同无效的决定，在法律上不导致仲裁条款无效"。《联合国国际贸易法委员会仲裁规则》第 23（1）条规定："仲裁庭有权力对其自身管辖权作出裁定，包括对与仲裁协议的存在或效力有关的任何异议作出裁定为此目的，构成合同一部分的仲裁条款，应视为独立于合同中其他条款的一项协议。仲裁庭作出合同无效的裁定，不应自动造成仲裁条款无效。"

中国在此问题上也与国际实践相一致。中国《仲裁法》第 19 条规定："仲裁协议独立存在，合同的变更、解除、终止或者无效，不影响仲裁协议的效力。仲裁庭有权确认合同的效力。"在实践中，中国最高人民法院也在 2022 年发布的指导性案例中就仲裁条款的独立性问题进行了确认并进行了详细的说明。在"运裕有限公司、深圳市中苑城商业投资控股有限公司申请确认仲裁协议效力案"中①，法院指出"仲裁协议独立性是广泛认可的一项基本法律原则，是指仲裁协议与主合同是可分的，相互独立，它们的存在与效力，以及适用于它们的准据法都是可分的"。此外，还强调了仲裁条款的意义所在，即"由于仲裁条款是仲裁协议的主要类型，仲裁条款与合同其他条款出现在同一文件中，赋予仲裁条款独立性，比强调独立的仲裁协议具有独立性更有实践意义，甚至可以说仲裁协议独立性主要是指仲裁条款和主合同是可分的"。

由此可见，仲裁协议的独立性原则已然是一项被各国所公认的基本原则，这不仅意味着仲裁协议的效力不因主合同的效力瑕疵而被否定，还意味着仲裁协议的准据法可与主合同的准据相分离。

二　管辖协议的独立性原则

管辖协议与仲裁协议一样，同属于争议解决协议的范畴。因此，对于独立性原则的适用应当一视同仁，而这一点在国际实践中也得

---

① 参见最高人民法院（2019）最高法民特 1 号。

到了广泛认可。在 Scherk v. Alberto-Culver Co. ① 一案中，美国法院决定将仲裁协议的独立性原则类推适用到管辖协议上，尽管任何联邦法律中并没有相关的规定。管辖协议的独立性原则的确立保护了当事人的救济权利，能有效防止一些当事人为了拖延诉讼程序而向法院提出一些"无聊的"理由以主张主合同无效。② 在 Deutsche Bank AG v. Asia Pacific Wireless Broadband Wireless Communications③ 案中，英国法院则重申了这一原则在实践中已被广泛接受，即对主合同有效性的抗辩并不足以使管辖协议无效，除非该管辖协议本身无效。

事实上，将仲裁协议的独立性原则类推适用到管辖协议上具有许多正当性理由：第一，当事人意思自治原则对于管辖协议所赋予的效力与对仲裁协议的并无差异，管辖协议与仲裁协议均作为当事人解决争议的诉求方式在司法功能上也并无差异；第二，独立性原则在国际社会中已经获得广泛认可，该原则已成为保护当事人权益中不可以忽视的重要支柱；第三，争议解决协议在实践中的表现形式十分多样，可能会包含当事人在诉讼和仲裁之间的单独选择或组合形式。例如，本书所讨论的不对称争议解决协议在国际实践中存在众多可变化的类型，因此，无论是管辖协议还是仲裁协议具有独立性，均能够有利于全面维护当事人的合法权益。④

在立法层面上，无论是国际公约还是各国立法亦有体现。例如，海牙《选择法院协议公约》第 3 条第 4 款规定："构成合同一部分的排他性选择法院协议应被视为独立于合同其他条款的一项协议。排他性选择法院协议的有效性不能仅因合同无效而受到影响。"《布鲁

---

① Scherk v. Alberto-Culver Co. 417 U. S. 506 (1974) .

② Jason Webb Yackee, "Choice of Law Considerations in the Validity & Enforcement of International Forum Selection Agreements: Whose Law Applies?" *UCLA J. INT'L L. & FOREIGN AFF*, Vol. 9, No. 1, 2004, pp. 43 – 96.

③ Deutsche Bank AG v. Asia Pacific Wireless Broadband Wireless Communications (2008) EWCA Civ 1091; (2008) 2 Lloyd's Rep at 24.

④ Mukarrum Ahmed, *The Nature and Enforcement of Choice of Court Agreements: A Comparative Study*, Portland: Hart Publishing, 2017, p. 40.

塞尔条例 I》（重订）第 25 条第 5 款规定："赋予管辖权的协议若构成合同的一部分，应被视为独立于合同的其他条款。"

此外，中国《民法典》第 507 条也对管辖协议的独立性作出规定："合同不生效、无效、被撤销或者终止的，不影响合同中有关解决争议方法的条款的效力。"[①] 中国的司法实践中对于管辖协议独立性问题与立法规定相一致。[②] 例如，成都中级人民法院在"朱俊嘉、四川久大制盐有限责任公司、自贡市中小企业融资担保有限公司等民间借贷纠纷案"中对于独立性问题进行了重申。法院认为："管辖条款属于有关争议解决方法的条款，故本案中以管辖条款的形式存在于《借款合同》中的管辖协议独立存在，其效力并不依附于《借款合同》。根据《补充协议》的内容，该协议是当事人对因《借款合同》而形成的实体权利义务关系所作的变更，该协议中既没有新的管辖协议，也没有约定废止原《借款合同》中的管辖协议。基于管辖协议的独立性，应当认定《补充协议》并未变更原管辖协议，故当事人关于'各方的一切权利义务以本协议的约定为准'的约定并不属于废止《借款合同》中的管辖协议的意思表示。"

第二节　不对称管辖协议的准据法

不对称管辖协议是否有效或者能否得以执行都需要依据法律来认定其效力，法院都需要从形式要件与实质要件综合审查一份协议能否成为约束双方当事人的合法协议。所以，适用哪一种法律作为准据法就成了审查协议效力环节中尤为关键的问题。不对称管辖协

---

① 原为《中华人民共和国合同法》第 57 条："合同无效、被撤销或者终止的，不影响合同中独立存在的有关解决争议方法的条款效力。"

② 例如，最高人民法院（2014）民二终字第 114 号；四川省高级人民法院（2016）川 04 民终 1193 号；黑龙江省高级人民法院（2018）黑民辖 10 号；海口市中级人民法院（2019）琼 01 民辖终 50 号。

议作为管辖协议的一种特殊形式，与一般管辖协议的准据法适用规则并无二致。由于管辖协议一方面属于私人协议，具有契约性；另一方面又存在程序效果，具有程序性，[1] 因此，有关管辖协议的准据法确定在各国司法实践中存在很大的差异。

一　适用法院地法

无论是在大陆法系国家还是普通法系国家，程序性问题适用法院地法（lex fori）与实体性问题适用合同准据法（lex cause）都是不争的事实。[2] 正如法律格言"法院地法管辖程序事项"（forum regit processum）所体现的，法院地法对于管辖协议的适用代表了一国法院对于其司法权力的行使。[3] 在司法实践中，一国法院对于管辖协议适用法院地法的可以分为两种情形：一是"整体论"的判定方法，即将管辖协议在内的所涉管辖之问题适用法院地法；二是"分割论"的判定方法，即对管辖协议分割为程序性问题（enforceability）和解释性问题（interpretation），针对程序性问题适用法院地法。[4]

德国法院将管辖协议看作是"诉讼法上契约"，认为协议的效果具有程序性，因此适用法院地法。[5] 中国的司法态度与德国法院的态度相一致，通常将管辖权问题进行整体考量，一律作为程序问题论处，因而适用法院地法加以解决。

---

① Trevor Hartley, *Choice-of-court Agreements under the European and International Instruments: the Revised Brussels I Regulation, the Lugano Convention, and the Hague Convention*, Oxford: Oxford University Press, 2013.

② George Panagopoulos, "Substance and Procedure in Private International Law", *Journal of Private International Law*, Vol. 1, 2005, pp. 69 – 92.

③ Koji Takahashi, "Law Applicable To Choice-of-Court Agreements", *Japanese Yearbook of International Law*, Vol. 58, 2015, p. 392.

④ Symeon C. Symeonides, "What Law Governs Forum Selection Clauses", *La. L. Rev*, Vol. 78, 2018; Kevin M. Clermont, "Governing Law on Forum-Selection Agreements", *Hastings Law Journal*, Vol. 66, No. 3, 2015, pp. 643 – 674.

⑤ Michael Huber, "Grundwissen-Zivilprozessrecht: Prorogation", *Jus Juristische Schulung*, 2012, p. 974.

例如，在塞维休斯公司与麦斯特波克私人有限公司货物运输合同纠纷一案①中，双方当事人约定了诉讼由英国高等法院管辖，并使用英国法。上海海事法院认为："管辖权属于诉讼程序问题，应适用法院地法即中华人民共和国法律进行审查。"又如，在上海衍六国际货物运输代理有限公司与长荣海运股份有限公司海上货物运输合同纠纷案中，② 衍六公司和长荣公司签署的提单背面有选译选择条款，该条款规定："当本提单所记载的运输是开往或驶离美国时（包括其地域、区域和属地），所有与该运输有关的纠纷必须且只能在美国纽约南区联邦法院提起诉讼和审理，若该法院无权审理所诉纠纷，那么此时就理应由纽约县的其他有管辖权的法院受理案件。本提单项下的所有纷争引发的诉讼适用美国法律，除非本条款有其他的规定。"中国最高人民法院认为，本案为海上货物运输合同管辖权纠纷，管辖权属于诉讼程序问题，应适用法院地法进行审理。因此，应适用中华人民共和国法律判断涉案管辖条款能否排除中国法院的司法管辖权。

在山东聚丰网络有限公司诉韩国 MGAME 公司、第三人天津风云网络技术有限公司网络游戏代理及许可合同纠纷管辖权异议上诉案中，原被告双方签订的《游戏许可协议》约定："本协议应当受中国法律管辖并根据中国法律解释。由本协议产生或与本协议相关的所有的争议应当在新加坡最终解决，且所有本协议产生的争议应当接受新加坡的司法管辖。"最高人民法院认为："协议选择适用法律与协议选择管辖法院是两个截然不同的法律行为，应当根据相关法律规定分别判断其效力。对协议选择管辖法院条款的效力，应当依据法院地法进行判断。"③ 案中的管辖条款在中国是否被承认并排除中国法院的管辖权，这是程序问题，原《民事诉讼法》第 242 条

---

① 上海海事法院（2018）沪 72 民初 516 号。
② 最高人民法院（2011）民提字第 301 号。
③ 最高人民法院（2009）民三终字第 4 号裁定。

和新《民事诉讼法》第 34 条都是关于管辖权协议在中国是否被承认的规定，应依照其进行判断。"

从主流观点来看，在以往的司法实践中，美国法院更倾向适用法院地法解决所有管辖问题。① 例如，在 Manetti-Farrow，Inc. v. Gucci Am.，Inc. 案中②，涉及意大利生产商和美国经销商之间的合同，合同中约定意大利的佛罗伦萨法院作为解决由合同解释或履行所引起的任何争议的管辖地。本案中涉及对一个问题的回答，即该条款是否能够涵盖除合同请求以外的侵权请求。法院在回答这一问题时并没有对意大利法律进行任何的考量，认为该条款属于程序性条款，应当适用联邦法律。这样的做法引来了学界诸多批评，正如雅基克教授所言："美国法院并不会进行明确的法律适用分析，相反地，即使合同包含了明确的法律选择条款以选择另一国家的法律管辖整个合同，法院还是会条件反射地适用法院地法。"③ 还有学者认为这种情况已然是一种常见情形，认为"几乎所有的美国法院都适用自己的法律，即法院地法"，"而且绝大部分都是不加考虑地适用法院地法"。④

从上述论述可见，适用法院地法的倾向在美国是不容置疑的事实。不过仍有一些法院采用了"分割论"的方法，仅针对涉及管辖协议的执行问题适用了法院地法。早在著名的 The Bremen v. Zapata

---

① Kevin M. Clermont，"Governing Law on Forum-Selection Agreements"，*Hastings Law Journal*，Vol. 66，No. 3，2015，pp. 643 – 674；Caldas & Sons，Inc. v. Willingham，17 F. 3d 123，127 – 128（5th Cir. 1994）；Spradlin v. Lear Siegler Mgmt. Servs. Co.，926 F. 2d 865，867（9th Cir. 1991）；Jones v. Weibrecht，901 F. 2d 17，18（2d Cir. 1990）；Manetti-Farrow，Inc. v. Gucci Am.，Inc.，858 F. 2d 509，513 – 514（9th Cir. 1988）.

② Manetti-Farrow，Inc. v. Gucci Am.，Inc.，858 F. 2d 509，514（9th Cir. 1988）.

③ J. Jason Webb Yackee，"Choice of Law Considerations in the Validity & Enforcement of International Forum Selection Agreements：Whose Law Applies？"，*UCLA J. INT'L L. & FOREIGN AFF*，Vol. 9，No. 1，2004，pp. 43 – 96.

④ Kevin M. Clermont，"Governing Law on Forum-Selection Agreements"，*Hastings Law Journal*，Vol. 66，No. 3，2015，pp. 643 – 674.

Off-Shore Co. 案中就论及这一问题，法官认为："联邦法作为法院地法应当适用以解决这一问题……因为管辖协议的执行是重要的程序性事项……而法律选择条款一般涉及被选择法院地的实体法。"① 此外，Weber v. PACT XPP Technologies，AG 案也针对管辖协议的执行问题适用了法院地法，该案合同中选择了德国作为法院地，法院认为管辖协议的执行问题不同于管辖协议的解释问题，只有法院在回答了该协议是排他性协议还是许可性协议之后，才能开始讨论协议的执行问题。② 因此，经过了一番分析，法院认为德国法应当适用管辖协议的解释性问题，而作为法院地法的联邦法律应当适用管辖协议的执行性问题。③

二　适用主合同准据法

一般来说，管辖协议通常作为主合同中的一项条款出现在合同中。因此，作为合同组成的一部分当然适用管辖主合同的法律。值得注意的是，管辖协议独立性原则的存在并不意味着管辖协议就绝对不能适用合同的准据法，只是在适用结果上可能会有所差异。因为管辖协议独立于主合同，因此需要对其法律适用进行单独的分析。对于管辖协议的准据法问题早在 1960 年的海牙国际私法会议上就有过激烈讨论，一方认为法院地法是管辖协议的最好选择；而另一方则认为作为合同的一部分，应当适用合同准据法。④

李浩培认为："关于直接国际管辖权的合意是否成立的问题，包括当事人是否对该合意表示同意的问题，适用本事件准据法解决。所以，如果该合意以主契约的一个条款构成，适用该主契约的契约

---

① The Bremen v. Zapata Off-Shore Co. , 407 U. S. 1 (1972) .

② Weber v. PACT XPP Techs. , AG, 811 F. 3d 758 (5th Cir. 2016), at 770.

③ Symeon C. Symeonides, " What Law Governs Forum Selection Clauses ", *La. L. Rev.* , Vol. 78, 2018.

④ Ronald H. Graveson, "The Ninth Hague Conference of Private International Law", *International & Comparative Law Quarterly*, Vol. 10, 1961.

准据法解决。如果该合意是另行订立的，适用该合意的准据法解决；而由于这种合意也是一种契约，实际上也适用契约准据法解决。"①若论述其优势，适用合同准据法的法院更加重视案件审理的一致性，确保合同的所有条款在法律适用上的一致性，从而满足当事人对于适用结果的可预见性与合理期待以当事人尊重意思自治。②另外，亦有学者认为，尊重当事人的意思自治原则并不简单意味着管辖协议的有效性和可执行性问题适用当事人在法律选择条款中选择的法律。③

正如上文所述，在"分割论"的判定方法下，法院对于管辖协议的解释性问题仍选择适用合同的准据法。管辖协议的解释性问题多见于对于其性质的判定，即该协议是属于许可性（permissive）还是排他性（mandatory）协议。④

例如，Yavuz v. 61 MM, Ltd. 一案⑤就是其中的一例，该案合同中约定了选择瑞士法的条款，法院所面临的问题是："法院地是弗里堡"的管辖协议是一项排他性协议还是许可性协议的问题。在审理这一有关管辖协议的解释问题，美国第十巡回上诉法院注意到一些法院有径直适用法院地法的倾向，但对这一方法并不满意。该上诉法院法官认为管辖协议是合同的一部分。因此，至少在国际层面上，并未找到特别的理由不适用合同当事人选择的法律来解释这一条款。又如，在 Enquip Technologies Group v. Tycon Techn-

---

① 李浩培：《国际民事诉讼程序法概论》，法律出版社1996年版，第59页。

② 许军珂：《国际私法上的意思自治》，法律出版社2006年版，第146页。

③ Symeon C. Symeonides, *Oxford Commentaries on American Law：Choice and Law*, Oxford：Oxford University Press, 2016.

④ Collins L. Dicey, *Morris and Collins on the Conflict of Laws*, 15th edn. London：Sweet & Maxwell, 2012. 相关案例参见 1st Source Bank v. Neto, 861 F. 3d 607（7th Cir. 2017）；Cent. Petroleum, Ltd. v. Geoscience Res. Recovery, L. L. C., 2017 WL 6374694（Tex. App. Dec. 14, 2017）；Am. Finasco, Inc. v. Thrash, 2017 WL 391377（Tex. App. Jan. 26, 2017）.

⑤ Yavuz v. 61 MM, Ltd., 465 F. 3d 418（10th Cir. 2006）.

oglass 一案涉及一份意大利生产商和美国销售商之间的合同纠纷，其中合同包含一项选择意大利法律的法律选择条款和一项约定："威尼斯法院对任何争议具有管辖权"的法院选择条款。争议发生后，美国公司在意大利生产商的母公司所在地俄亥俄州对该公司提起了诉讼。俄亥俄州法院认为，正如被选择的法律（意大利法律）解释合同的其他条款一样，该法律也应当用来解释法院选择条款。随后法院根据意大利法律认定威尼斯法院就本案具有排他性管辖权。① 再如，在 Albemarle Corp. v. AstraZeneca UK Ltd. 案②中，一家美国公司与一家英国公司签订的合同中约定"合同适用英国法，受英国高等法院管辖"，美国第四上诉巡回法院认为在合同中存在法律选择的情况下，法院必须适用当事人约定的法律对法院选择条款进行解释。法院通过适用英国法最终认定英国法院对该争议具有排他性管辖权。

另外，香港高等法院在 China Railway 一案中遵循了英国最高法院具有里程碑意义的 Enka 案来确定管辖条款的准据法。③ 该案件中涉及一份不对称管辖条款，即"在执行本协议及相关补充协议过程中发生的任何争议，可通过协商解决；协商不成的，贷款人有权向第三方担保人所在地的仲裁委员会申请仲裁或者向该担保人所在地的人民法院提起诉讼"。随后，贷款人向香港法院起诉，而借款人向担保人所在地的武汉法院申请中止诉讼。因此，香港法院需要先确定管辖协议的准据法来判断该条款是否属于排他性管辖条款，从而确定是否排除香港法院的管辖。香港法院认为，一般来说，适用于主合同的明确约定的适用法律也将适用于争议解决条款。本案中债务协议的法律适用条款是当事人对法律选择问题的意思表示的最好证明，并且没有被之后有关法律适用的明示或默示协议所取代。因

---

① Enquip Techs. Grp. v. Tycon Technoglass, 986 N. E. 2d 469（Ohio Ct. App. 2012）.

② Albemarle Corp. v. AstraZeneca UK, Ltd., 628 F. 3d 643（4th Cir. 2010）.

③ China Railway（Hong Kong）Holdings Limited v. Chung Kin Holdings Company Limited（2023）HKCFI 132.

此，争议解决条款的准据法是香港法，而根据香港法的规定，本案的争议解决条款是非排他性的。最终，法院驳回了被告中止香港法院程序的请求。

三　适用被选择法院地法

随着管辖协议实践的不断发展，对于管辖协议适用被选择法院地法成为法院审查效力的新的准据法选择。这一做法首先来源于海牙《选择法院协议公约》第5条第1款的规定："在一项排他性选择法院协议中指定的某缔约国的一个或者多个法院对于该协议适用的争议有管辖权，除非根据该国法律该协议是无效的。"根据公约的解释报告，该被选择法院地的法律还包括该国的冲突法规则，也就是说，如果被选择法院依据其冲突法规则指向了另一国法律，那么将适用另一国法律。[①] 因为，如果第5条的规定并不意在包含一国的冲突法规则，那么不会使用"该国法律"（the law of the State）而会使用"该国的内国法"（internal law of the State）。[②] 事实上，这样的情况是有可能发生的。例如，如果被选择法院的冲突法规则中规定管辖协议的有效性适用合同作为一个整体所适用的法律，而当事人在合同中又约定了合同的准据法，那么适用合同的法律就应该适用该管辖协议。值得注意的是，这里法院并不是以管辖协议作为合同的一部分为理由适用的主合同准据法，而是依据其本国的冲突法规则得到这一巧合的适用结果。此外，需要说明的是，被选择法院的法律对于管辖协议的无效（null and void）的认定只能限于对于协议的

① Trevor Hartley & Masato Dogauch, Convention of 30 June 2005 on Choice of Court Agreements, Explanatory Report by Trevor Hartley & Masato Dogauch, Hague: The Hague Conference on Private International Law, 2014, para. 125.

② Trevor Hartley & Masato Dogauch, Convention of 30 June 2005 on Choice of Court Agreements, Explanatory Report by Trevor Hartley & Masato Dogauch, Hague: The Hague Conference on Private International Law, 2014, para. 125.

实质性无效，并不及形式要件，例如欺诈、误解、虚假陈述、胁迫和缺乏缔约能力。①

　　欧洲议会和欧洲理事会为了欧盟能在民事管辖权和判决执行方面与海牙《选择法院协议公约》相一致，于2012年12月12日对《布鲁塞尔条例Ⅰ》进行了重新修订，其中增加了一条管辖协议的准据法规定。《布鲁塞尔条例Ⅰ》（重订）第25条1款规定："当事人无论住所位于何地，如果已经通过协议约定某一成员国的某一法院或某些法院有管辖权以解决因某种特定法律关系而产生的或可能产生的任何争端，则被指定的一个或多个法院应有管辖权，除非根据该成员国法律该协议在实体上无效。除当事人另有约定，该管辖权应当是排他性的。"我们不难看出，这与《法院选择协议公约》中的规定相同。比公约中的规定更为直接的是，条款中已经明确了协议的无效指的是"实体上的无效"。另外，该条例的序言第20段也说明了被选法院的法律包括了其本国的冲突法规则。②

　　将被选择法院地的法律作为管辖协议的准据法可以避免受理案件的法院依据其本国法律否定当事人之间管辖协议的效力。这可以有效防止当事人在争议发生之后通过挑选有利于自己的法院达到规避管辖协议的目的。但是，应该注意的是，无论是《法院选择协议公约》还是《布鲁塞尔条例Ⅰ》（重订）都要求管辖协议的范围限于排他性管辖协议。因此，对于非排他性管辖协议的法律适用并无明确规定。

　　2017年9月12日，中国驻荷兰大使吴恳代表中国政府签署了《选择法院协议公约》正式成公约的缔约国。截至目前，公约已有

---

　　① Trevor Hartley & Masato Dogauch, Convention of 30 June 2005 on Choice of Court Agreements, Explanatory Report by Trevor Hartley & Masato Dogauch, Hague：The Hague Conference on Private International Law, 2014, para. 126.

　　② "当涉及一项选择了某一成员国的一个或多个的法院选择协议是否在实质上无效时，这一问题应当依据协议中选择的一个或多个法院所在成员国的法律决定，该法律包括该成员国的冲突法规则。"

35 个缔约国。① 可以预见的是，随着《选择法院协议公约》缔约国的不断增多，被选择法院地法的适用也会更加普及，也会成为更多国家立法修订的参考模版。

第三节　不对称仲裁协议的准据法

不对称仲裁协议的准据法解决的是不对称仲裁协议的效力应当适用哪种法律进行认定的问题。一般而言，在国际商事仲裁中，仲裁协议的效力受多种因素影响，例如当事人的行为能力和可仲裁性问题等。② 例如，《纽约公约》中也对此进行了区分，其中对于当事人行为能力适用了属人法，而可仲裁性问题则适用申请承认与执行国的法律。③ 本节所讨论的准据法并不涉及当事人行为能力和可仲裁性等问题，仅限于讨论仲裁协议效力、解释问题的法律适用。

一　适用当事人选择的法律

当事人具有对合同准据法进行选择的自由在全世界几乎都得到了认可，这一原则甚至达到了超国家的程度。④ 毫无疑问，仲裁本身就是一种意思自治下产生的私法性救济方式，允许适用当事人想要选择的准据法无可厚非。不过在仲裁实践中，当事人针对仲裁协议进行准据法的选择并不常见。但一经选择，通常都会成为各国立法或国际公约首先推崇的准据法。

---

① Status Table of Convention of 30 June 2005 on Choice of Court Agreements, https：//www. hcch. net/en/instruments/conventions/status – table/? cid = 98.

② 陈卫佐：《国际性仲裁协议的准据法确定——以仲裁协议的有效性为中心》，《比较法研究》2016 年第 2 期。

③ 参见《纽约公约》第 5 条。

④ Peter Nygh, *Choice of Forum and Laws in International Commercial Arbitration*, Hague：Kluwer Law International, 1997, p. 19.

《纽约公约》在第 5 条第 1 款 a 项关于拒绝承认与执行仲裁裁决的情形中，充分肯定了对当事人选择的准据法的尊重。其中该条文对于仲裁协议的效力认定包含两个层次，其一，适用当事人选择的法律；其二，在未作出选择时，才考虑仲裁地法律的适用。另外，《示范法》第 34 条第 2 款 a 项和第 36 条第 1 款 a 项、《关于国际商事仲裁的欧洲公约》第 6 条第 2 款以及《美洲国家关于国际商事仲裁公约》第 5 条第 1 款 a 项中也体现了对当事人所选择法律的认可。

在中国，1995 年《仲裁法》中对于仲裁协议的准据法适用问题并未作出任何规定。直到最高人民法院在 2006 年《关于适用〈中华人民共和国仲裁法〉若干问题的解释》（以下简称"《仲裁法司法解释》"）中明确规定对涉外仲裁协议适用当事人约定的法律，未约定适用法律但约定仲裁地的，适用仲裁地法律；未约定适用法律也没有约定仲裁地或仲裁地不明的，适用法院地法。虽然中国对于仲裁协议准据法的认定有三个层次，但是核心思路与国际主流实践相一致，都以当事人意思自治原则为首要原则。同样地，2011 年颁布的《涉外民事关系法律适用法》（以下简称"《法律适用法》"）第 18 条首次以立法的形式将当事人选择的法律确定为仲裁协议准据法的第一选择。

二　适用仲裁地法

由于"仲裁地"概念在仲裁中所具有的重要意义，因而仲裁地法成为各国国内法律或国际公约中对于当事人未明示选择仲裁协议准据法情形下的适用法律。例如，《纽约公约》第 5 条第 1 款 a 项中"在当事人未予约定的情况下，适用仲裁地法"。当然，这里的"仲裁地"是指法律意义上的仲裁地（seat），应当与仲裁庭开庭地或庭审地相区分。有学者认为，在当事人未对仲裁协议准据法进行选择的情形下，应当适用与之具有最密切联系的法律作为准据法，而仲裁地通常与案件联系最为密切，因而适用仲裁地法律。①

在 C v. D 案②中，法院认为仲裁协议的准据法与当事人选择仲裁地的法律不一致是很少见的事情。这是因为"相比主合同准据法所在地，当事人提交仲裁的协议通常会与当事人选择仲裁的地点具有密切和真实的联系。"英国法院在 Sulamerica Cia Nacional De Seguros S. A. V. Enesa Engenharia S. A. 案中③明确了如何认定仲裁协议准据法的"三步分析法"（three-step approach）。该案中的当事人签订的保险合同中选择巴西法律作为合同准据法，并约定争议交由仲裁解决，仲裁地在伦敦。为了防止被告在巴西起诉，原告方向英国法院申请禁诉令。在这样的申请下，法院首先需要审查仲裁协议的效力应当由哪一法律确定。如果适用巴西法律，仲裁协议无效；如果适用英国法律，仲裁协议有效。上诉法院在讨论仲裁协议的准据法时提出，在确定仲裁协议准据法时，应当审查：（1）当事人是否明示约定，如存在，该法律为仲裁协议准据法；（2）如果没有明示约定，是否存在默示约定，如存在，该法律为仲裁协议准据法；（3）不存在明示和默示约定时，与仲裁协议具有密切联系的法律为仲裁协议准据法。④

英国法院认为，当不存在明示选择时，当事人对主合同准据法的约定本身就足以使法院推定当事人默示选择了主合同准据法，除非存在相反的证明。本案中当事人选择巴西法作为主合同准据法，可以视为对仲裁协议准据法的默示选择，但是法院发现存在两个因素可以推翻该论断，一是当事人选择伦敦作为仲裁协议表明仲裁地法有作为当事人默示选择的可能；二是适用巴西法律很可能会导致

① Gary B. Born, *International Arbitration*: *Law and Practice*, Hague: Kluwer Law International, 2012, p. 55.

② C v. D (2007) EWCA Civ 1282.

③ Sulamerica Cia Nacional De Seguros S. A. V. Enesa Engenharia S. A. (2012) EWCA Civ 638.

④ Sulamerica CIA Nacional De Seguros SA & Ors v. Enesa Engenharia SA & Ors (2012) EWCA Civ 638, para 25.

仲裁协议无效，与合同中约定仲裁的内容存在冲突。因此，法院认为当事人不可能存在选择巴西法律作为仲裁协议准据法的合意。根据第三步的内容，以及考虑到仲裁协议的性质与目的，法院认为仲裁地与仲裁协议之间具有最为密切的联系，所以本案的仲裁协议的准据法为仲裁地法。

再看中国的情况，中国对于仲裁地法作为仲裁协议准据法的规定与《纽约公约》相一致。即便在中国《仲裁法》未明确约定仲裁协议应如何适用准据法的情形下，中国法院多次通过复函的形式将仲裁地法作为当事人未明示约定准据法时的首要选择。例如，在《最高人民法院关于德国旭普林国际有限责任公司与无锡沃可通用工程橡胶有限公司申请确认仲裁协议效力一案的请示的复函》[1] 中，最高人民法院认为适用仲裁地法律确定仲裁条款效力是仲裁条款准据法的一般原则。此外，在答复"沧州东鸿包装材料有限公司一案"的复函[2]中，最高人民法院认为根据多年司法实践和第二次全国涉外商事海事审判工作会议纪要所确定的原则，当事人在合同中明确约定了仲裁条款效力的准据法的，应当适用当事人明确约定的法律；未约定仲裁条款效力的准据法但约定了仲裁地的，应当适用仲裁地国家或地区的法律。而在该案中，当事人约定的仲裁地在中国北京，因此中国法是仲裁条款的准据法。

随后中国涉及仲裁协议准据法的相关法律逐步更新，在2006年《仲裁法司法解释》以及2010年《法律适用法》中都明确规定，在当事人未明示选择仲裁协议准据法时，应当适用仲裁地法。[3] 在

---

[1] （2003）民四他字第23号。

[2] （2006）民四他字第6号。

[3] 《仲裁法司法解释》第16条："对涉外仲裁协议的效力审查，适用当事人约定的法律；当事人没有约定适用的法律但约定了仲裁地的，适用仲裁地法律；没有约定适用的法律也没有约定仲裁地或者仲裁地约定不明的，适用法院地法律。"《法律适用法》第18条："当事人可以协议选择仲裁协议适用的法律。当事人没有选择的，适用仲裁机构所在地法律或者仲裁地法律。"

"中轻三联国际贸易有限公司案"① 中，双方在销售合同中签订了仲裁条款，其中规定"因执行本合约或与本合约有关的发生的一切争议应由合约双方友好协商解决。如果不能协商解决，应提交新加坡国际贸易仲裁委员会按照美国的仲裁规则进行仲裁，仲裁裁决的是终决的，对双方都有约束力"。在争议发生后，中轻三联请求确认仲裁协议因仲裁机构约定错误而无效。法院在审理后发现，当事人并未在仲裁条款中约定其所适用的准据法。虽然仲裁机构的名称约定有错误，但是可以推断出当事人认可在新加坡的法律框架内进行仲裁。因此，法院认为仲裁地应认定为新加坡，所以根据《法律适用法》第 18 条的规定，仲裁协议准据法为新加坡法律。值得注意的是，中国《仲裁法征求意见稿》中依然将仲裁地法视为当事人未约定情形下的准据法，其中第 90 条规定："涉外仲裁协议的效力认定，适用当事人约定的法律；当事人没有约定涉外仲裁协议适用法律的，适用仲裁地法律；对适用法律和仲裁地没有约定或者约定不明确的，人民法院可以适用中华人民共和国法律认定该仲裁协议的效力。"

三　适用主合同法律

在实践中，是否对于仲裁协议适用主合同的法律存在不同意见。持"整体论"观点的认为，仲裁条款作为合同中的一部分，应当适用与主合同相同的准据法。同时，有些学者持"分割论"的观点，该观点以仲裁协议的独立性原则作为着手点，认为主合同与仲裁协议虽然可能出现在同一合同中，但是彼此独立，所以准据法应当分别适用。另外还认为，仲裁协议中的各个要素也应当进行分割，对于不同要素应当适用不同法律。② 不过英国摩碧克法官指出，承认独立性原则并不意味着在没有默示选择准据法的情形下，主合同

① （2017）京 04 民特 23 号。

② 寇丽：《国际商事仲裁协议法律适用若干问题探析——从仲裁条款的独立性角度出发》，《仲裁研究》2004 年第 1 期。

准据法就适用于仲裁协议。他认为："独立性原则本身是指当事人约定的争议解决方式不因实体合同无效而无效。其目的是赋予争议解决协议以效力，而并不是在任何情况下将仲裁协议与主合同隔离起来。"①

英格兰和威尔士高等法院在 Enka 案中将 Sulamérica 案中确立的"三步分析法"做出了进一步的诠释与发展。② 在该案件中，当事人之间签订了一份适用俄罗斯法的建筑合同，其中所涉仲裁协议并未约定仲裁协议的准据法，仅规定了仲裁适用《国际商会仲裁院仲裁规则》，并且约定仲裁地为伦敦。争议发生后，被告在俄罗斯法院提起诉讼。而原告则向英国法院申请禁诉令以要求依据仲裁协议进行仲裁。因此，该案的争议焦点问题之一是，仲裁协议的准据法是英国法还是俄罗斯法，这对于是否颁发禁诉令十分重要。

英国最高法院认为，如果当事人已经明示或默示地选择了主合同的准据法，那么该准据法也应作为对仲裁协议的默示选择；在不存在明示或默示的选择时，应适用于仲裁协议具有最密切联系的法律，通常会是仲裁地法。除此之外，英国最高法院认为主合同的准据法适用于仲裁协议具有很多合理性：其一，可以提供一定程度的确定性，因为当事人可以确信主合同的准据法对于其所有合同权利和义务以及所有争议而言是一种有效的选择。其二，可以提供一定程度的一致性，即当事人的所有权利与义务的问题适用同一法律解决。其三，可以避免一定程度的复杂性和不确定性，如果仲裁协议的准据法与主合同的准据法不同，那么仲裁启动前的协议或谈判等前置程序的规定会导致潜在的难题，即前置程序应当适用仲裁协议的准据法还是主合同的准据法？其四，可以避免人为的因素，对于商事当事人来说，合同就是合同，并不是附带内部仲裁协议的合同，

---

① Sulamerica Cia Nacional De Seguros S. A. V. Enesa Engenharia S. A. (2012) EWCA Civ 638.

② Enka Insaat Ve Sanayi AS v. OOO Insurance Company Chubb & Ors (Rev 1) (2020) EWCA Civ 574.

所以他们的合理期待是由一部法律管辖合同的全部内容。其五，可以保证一定程度的一致性，这与其他类型的条款具有相同的待遇，例如管辖条款，因为管辖条款的准据法往往也是主合同的准据法。[①]

此外，Sulamérica 案中确立的"三步分析法"也在其他司法辖区中得到了认可。尽管新加坡法院在 FirstLink Investments Corp Ltd. v. GT Payment Pte Ltd.[②] 案中认为仲裁地法律因具有密切联系而被视为仲裁协议的准据法。但是，2016 年的 BCY v. BCZ 案[③]一改之前的做法，认为主合同所适用法律属于当事人默示选择的准据法。该案争议涉及公司股份的出售和购买协议，双方交换了七次合同，但最终版本并未签署。其中，协议中涉及一份仲裁条款，当事人约定交由国际商会仲裁院在新加坡仲裁，合同的准据法是纽约法，但对仲裁协议的准据法并未作出约定。在原告决定不购买股份时，被告向国际商会提起仲裁，原告则抗辩称并不存在有效的仲裁协议。仲裁庭认为纽约法适用仲裁协议，因此仲裁协议有效。原告将仲裁裁决上诉到高等法院，高等法院则需要将仲裁协议的准据法问题作为首要问题加以确定。高等法院重申了 Sulamérica 案的"三步分析法"的标准，在未发现当事人明确约定的准据法时，法院将寻找是否存在默示选择的准据法。高等法院认为对于仲裁协议构成主合同一部分的情形，主合同的准据法应视为仲裁协议的准据法，除非当事人有相反规定。

此外，法院还对独立的仲裁协议与主合同中的仲裁条款进行了区分。对于独立的仲裁协议而言，在当事人未明示约定仲裁协议准据法的前提下，仲裁地法律很可能是仲裁协议的准据法；对于主合同的仲裁条款而言，在当事人未明示约定仲裁协议准据法的前提下，

---

① Enka Insaat Ve Sanayi AS v. OOO Insurance Company Chubb & Ors （Rev 1）（2020）EWCA Civ 574，para 53.

② FirstLink Investments Corp Ltd. v. GT Payment Pte Ltd. and others （2014）SGHCR 12.

③ BCY v. BCZ （2016）SGHC 249.

我们可以合理地假定合同当事人希望将整个法律关系，包括仲裁条款交由同一个法律进行调整，因此主合同法律将被视为仲裁协议的准据法。

中国的司法实践中通常将主合同准据法与仲裁协议准据法相区分。最高人民法院在 2007 年关于中国恒基伟业集团有限公司案的复函中认为，"当事人对确定仲裁协议条款效力的准据法是可以在合同中约定的，但这种约定必须是明确约定，合同中约定的适用于解决合同争议的准据法，不能用来判定涉外仲裁协议的效力"。此外，根据中国《仲裁法司法解释》以及《法律适用法》中的相关规定，中国立法更倾向将仲裁地法律作为在当事人未明示选择情形下的仲裁协议的准据法。

四　适用于法院地的法律

众所周知，一国司法机关都有适用本国法律的倾向，这不仅因为本国法官更为熟悉本国法律，还在于适用本国法可以节约大量的司法资源，减少适用与查明外国法导致的风险。中国相关立法与司法解释并没有摒弃法院地法，而是将其作为兜底条款进行补充适用。2006 年《仲裁法司法解释》第 16 条中规定了法院地法作为仲裁协议准据法的兜底条款，但在 2011 年《法律适用法》中，又移除了法院地法的适用条款。随后在 2012 年《法律适用法解释》中，"法院地法"的兜底条款又重新进入公众的视野，立法态度上的摇摆也从侧面反映出立法者的"纠结"心态。①

2006 年《仲裁法司法解释》第 16 条和 2012 年《法律适用法解释》第 12 条中均约定了适用法院地法的情形。其中《仲裁法司法解释》第 16 条规定，对涉外仲裁协议的效力审查，适用当事人约定的法律；当事人没有约定适用的法律但约定了仲裁地的，适用仲裁地

---

① 陈迈、徐伟功：《论我国仲裁协议法律适用制度的完善》，《商事仲裁与调解》2023 年第 2 期。

法律；没有约定适用的法律也没有约定仲裁地或者仲裁地约定不明的，适用法院地法律。《法律适用法解释》第 12 条规定，当事人没有选择涉外仲裁协议适用的法律，也没有约定仲裁机构或者仲裁地，或者约定不明的，人民法院可以适用中华人民共和国法律认定该仲裁协议的效力。虽然上述两个条款均将法院地法作为兜底条款，但根据《仲裁法司法解释》中的表述，在不满足前款要求时，"应当"适用法院地法；而《法律适用法解释》中则为"可以"适用法院地法。不过，值得注意的是，《仲裁法征求意见稿》第 90 条的规定同样采用了"可以"适用的表述，其中规定"涉外仲裁协议的效力认定，适用当事人约定的法律；当事人没有约定涉外仲裁协议适用法律的，适用仲裁地法律；对适用法律和仲裁地没有约定或者约定不明确的，人民法院可以适用中华人民共和国法律认定该仲裁协议的效力"。

"可以"适用的表述能够在一定程度上反映司法机关在适用"法院地法"问题上的审慎态度。此外，将法院地法律放置在最后的顺位能够体现法院地国不愿过多介入仲裁的态度，有利于保护仲裁当事人对仲裁裁决公正性的信赖。毕竟，很多涉及跨国贸易的商人担心在一方当事人国籍国内进行诉讼会存在地方保护主义，导致作出对其不公的判决。也正因此，国际商事仲裁以其所具有的中立性与自治性受到了各国商人们的青睐。

纵观国际实践，法院地法的适用并不是当下的主流选择，各国对于法院地法作为仲裁协议准据法的观点持谨慎态度。在"中轻三联国际贸易有限公司案"① 中，由于仲裁协议中约定"新加坡国际贸易仲裁委员会"并不存在，因此申请人认为在当事人并未选择明示准据法，又不存在仲裁地和明确仲裁机构的情形下，应当适用法院地法，即中国法进行认定仲裁协议的效力。依据中国法，未选择有效的仲裁机构的仲裁协议应当无效。但是中国法院并未采纳适用

---

① （2017）京 04 民特 23 号。

法院地法的主张，而是认为当事人将仲裁提交至新加坡进行仲裁，可以推断出当事人愿意接受新加坡法律对仲裁提供司法协助，因此仲裁地可以推断为新加坡。所以，在能够确定仲裁地的情形下，法院认为应当适用仲裁地的法律，即新加坡法律，对仲裁协议的效力进行分析。而根据新加坡法律，只要当事人存在明确的仲裁意思表示，无机构参与的临时仲裁应当是有效的。

我们不难看出，中国法院同样对适用法院地法作为仲裁协议准据法持审慎态度。在能够确定仲裁机构或仲裁地的情况下，一般不轻易以适用法院地法对仲裁协议的效力进行"干预"。当然，从另一个角度来看，在明示或默示选择都不能确定的情形下，适用法院地法可以体现法院地国对于仲裁活动的司法保障，从而避免出现无法可依的情况。

第 四 章

不对称争议解决协议之正当性困境

不对称争议解决协议的正当性问题是该协议得以执行的基础。在法哲学的视角下，凯尔森所认为的现代社会的正当性与合法性同出一辙。在表现形式上，合法性为正当性提供了依据。[①] 换言之，正当性来源于合法性。这与自然法学下因正当而合法的理念不同。实证主义下的正当性需要在本质上符合实在法，即因合法而正当，这也正是本章中正当性所指之意。由于不对称争议解决协议在不同法域下的正当性讨论往往涉及其自身法域的实体法内容，因此表现形式各有不同，主要体现在"恣意处分性""程序平等性""合同相互性"和"显失公平"四个方面。应当注意到，上述类型的正当性困境均代表着特定法域的司法裁判倾向，从而具有明显的本国烙印。

第一节 "恣意处分性"之博弈

法律所保护的是契约关系中双方当事人的权利义务关系。如果一方当事人所具有的恣意性直接导致另一方当事人的利益遭受损失

---

① 唐丰鹤:《通过合法性的正当性——实证主义法学的正当性思想研究》,《北方法学》2013 年第 1 期。

或者无法行使本应具有的权利,那么法律将否定这种契约关系所赋予的权利义务关系。

一   法国法下的"恣意处分性"

在司法实践当中,法国法院对于不对称争议解决协议的有效性进行了实体性的审查,并援引法国民法中关于"恣意处分性"(potestative)概念对不对称争议解决协议的效力予以驳斥。

根据法国民法典第 1170 条规定:"恣意处分的情形是指协议的执行取决于只有一方合同当事人才能引起或阻止的事件。"[①] 这样的规定是为了防止合同义务的承担取决于义务当事人的意愿。[②] "恣意处分性"条件的满足意味着合同当事人之间的权利义务并不一致,有违合同中的平等原则。因此,第 1174 条规定:"约束一方当事人以恣意处分条件的所订立的义务均为无效。"[③] 在法国法律中,无效的情形仅限于"绝对恣意处分条件"(pure potestative condition)的情形,即指合同的履行只取决于合同义务人的意愿,义务人的法律自由不存在任何的限制。换句话说:"如果义务人不约束自己,那么将没人可以约束于他。"[④]

举例来说,甲乙双方约定:在甲愿意的情况下,甲承诺将房屋出售于乙。这样的约定就是无效的,因为只有甲方表明了他愿意卖的时候,甲方的义务才会存在。与此同时,如果义务的承担不仅仅取决于债务人的意愿,那么即使义务的履行可能会因为债务人的其

---

①   法国民法典第 1170 条:"A potestative condition is one which makes the execution of the agreement depend upon an event that one or the other of the contracting parties has the power to bring about or to prevent."

②   Smith, "The Principle of Mutuality of Obligation and its Juridical Utility in Enforcing Contractual Fair Dealing", *Festschrift Fr Ernst Rabel*, 1954.

③   法国民法典第 1174 条:"Any obligation is null when it has been contracted subject to a potestative condition on the part of the party who binds himself."

④   William Shelby McKenzie, "Obligations-Potestative Conditions-Right to Terminate In Employment Contracts", *La. L. Rev.*, Vol. 22, 1962.

他先前行为而暂停，这样的合同不应归于无效。举例而言，甲乙双方约定：如果甲搬家至丙地，甲承诺将出售房屋于乙。这样的约定就不具有"绝对的恣意处分性"，因为甲作为承诺人并不具有绝对的法律自由。事实上，通常对于这样的合同一般被称作"附条件的合同"，其效力并不会被认定无效，而还受法律的明示保护。例如，《中华人民共和国民法典》（以下简称《民法典》）第158条就规定了这样的情形："民事法律行为可以附条件，但是根据其性质不得附条件的除外。附生效条件的民事法律行为，自条件成就时生效。附解除条件的民事法律行为，自条件成就时失效。"① 随后第159条也对所附条件作出限制规定，即，"当事人为自己的利益不正当地阻止条件成就的，视为条件已经成就；不正当地促成条件成就的，视为条件不成就。"

一般而言，"恣意处分性"条件的规定是为了保护债权人而设定的，防止债务人恣意处分而不履行义务，从而损害债权人的合法权益。然而，有意思的是，在审查不对称争议解决协议时，我们发现通常是协议中的债权人（大多数为银行）具有"恣意处分性"，可以对争议解决的方式和地点做任意性的选择，而借款人作为义务人却更为"被动"。

二　不对称争议解决协议相关实践

"恣意处分性"是法国法律中的概念，旨在规制一方当事人所具有的专断性权利。因此，法国法院在面对不对称争议解决协议时通过援引"恣意处分性"以否定不对称争议解决协议的效力。但是这一判定标准并未得到学界认可，甚至招致了众多的批评之声。因此，在eBizcuss案中我们并未发现法国法院适用"恣意处分性"的痕迹，反而提出了"可预见性"的标准以缓解看待不对称争议解决协议的

---

① 《中华人民共和国民法典》已由中华人民共和国第十三届全国人民代表大会第三次会议于2020年5月28日通过，自2021年1月1日起施行。

严苛态度。

（一）X 女士诉罗斯柴尔德银行案①

本案是一起涉及"共一单任"类型的不对称管辖协议的案件。2006 年 12 月 20 日，居住在西班牙的法国籍 X 女士将其继承的 1700 万欧元存入了罗斯柴尔德集团的一家卢森堡银行，集团下的另一家坐落在法国的银行协助完成了该笔交易。在 X 女士开户时签订了一系列文件，其中就包含了本文所讨论的不对称争议解决协议。其中第 27.2 条规定："卢森堡法院对于客户与银行之间产生的任何争议具有排他性的管辖权。银行仍然保留可以向客户住所地法院起诉的权利或者可以在未选择上述法院时向任何其他具有管辖权的法院提起诉讼的权利。"

2009 年 10 月 16 日，由于 X 女士遭受了巨大的投资损失，她在巴黎初审法院向上述两家银行提起了诉讼程序。X 女士认为银行应当对她的资产损失承担责任，因为银行在她投资时未尽到合理的建议与注意义务，并认为巴黎初审法院具有本案的管辖权，因为法国银行的营业地在巴黎。被告银行则认为，从管辖协议第 27.2 条中的第一句来看，巴黎初审法院不具有管辖权，卢森堡法院应当管辖本案。初审法院在拒绝被告的请求，并否定了整个管辖协议的效力，认为："……该条款规定 X 女士只能在卢森堡法院起诉，而银行具有'非常大的自由裁量权'。因此，该条款与《布鲁塞尔条例 I》第 23 条②的宗旨和目的相违背。第 23 条明确了管辖协议的直接结果是法律确定性。这一原则是条例的基本原则，因此该条款应当无效。"③

---

① Ms. X. v. Banque Privée Edmond de Rothschild, No. 11 – 26. 022 (2013).

② "If the parties, one or more of whom is domiciled in a Member State, have agreed that a court or the courts of a Member State are to have jurisdiction to settle any disputes which have arisen or which may arise in connection with a particular legal relationship, that court or those courts shall have jurisdiction. Such jurisdiction shall be exclusive unless the parties have agreed otherwise."

③ Tribunal de grande instance, Paris, 18. 01. 2011, RG n°09/16659.

银行不服初审法院的判决，将本案上诉至上诉法院，认为《布鲁塞尔条例 I》第 23 条并未规定只有被指定法院具有管辖权才符合有效要求，并且既允许双边的管辖协议也允许单边的管辖协议。上诉法院拒绝了被告的上诉请求，支持了初审法院的判决。认为"即使《布鲁塞尔公约》第 17 条①中的原则支持该条款的有效性，但是这一原则并不允许条款赋予一方当事人可以授予任何其愿意的法院以管辖权的完全裁量权（complete discretion）……因此，在这基础上，初审法院的观点是正确的，因为初审法院发现该条款并不符合《布鲁塞尔条例 I》第 23 条的宗旨和目的。"②

随后，银行上诉至法国最高法院，认为《布鲁塞尔条例 I》允许当事人制定有利于一方当事人的条款，这与条例中的可预见性和确定性原则相符。并且，银行认为法院不能从字面上解释该条款的表述，该条款并非授予一方当事人选择任何法院的权利，而是任何具有管辖权的法院。最高法院认为："该条款意味着，银行保留向 X 女士住所地法院起诉或任何具有管辖权法院起诉的权利，而 X 女士只能在卢森堡法院提起诉讼。上诉法院认为该条款具有'恣意处分性'的认定是正确的，并且该条款与《布鲁塞尔条例 I》第 23 条的宗旨和目的相违背，因此该条款不具有法律效力。"③

（二）ICH 诉瑞士信贷银行案④

本案是一起涉及"共数单任"类型的不对称管辖协议的案件。一家位于法国的公司 Danne 通过英国的代理人 NJRH 公司与瑞士信贷银行（Crédit Suisse）签订了两份融资协议，而位于巴黎的法院兴

---

① 《布鲁塞尔公约》第 17 条第四段提及了有利于一方当事人的管辖协议的情形："If an agreement conferring jurisdiction was concluded for the benefit of only one of the parties, that party shall retain the right to bring proceedings in any other court which has jurisdiction by virtue of this Convention. "

② Cour d'appel, Paris, 18. 10. 2011, RG n°11/03572.

③ Cour de cassation, Arrêt n° 983 du 26. 9. 2012.

④ Cass. civ., 1ère, 25. 3. 2015, ICH v. Crédit Suisse, n° 13 – 27264.

业银行（Société Générale，SG）作为担保人为贷款协议提供了见索
即付的担保。Danne 与 Crédit Suisse 签订的融资协议选择了瑞士法作
为准据法，并且包括了如下不对称管辖条款："借款人认可苏黎世法
院或与当事人建立合同关系的银行分行所在法院对诉讼程序具有排
他性管辖权。银行仍然保留对借款人向任何其他有管辖权的法院提
起诉讼程序的权利。"

　　由于投资情形十分糟糕，回报率很低，Danne 在法律上的继承
人 Société civile immobilière（ICH）在昂热初审法院对 Danne 的代理
人 NJRH 和两家银行提起侵权诉讼。ICH 认为他们提供的融资方案
在结构上不可行以至于不能产生足够的回报用以归还贷款，因而银
行未能尽到合理的建议和通知义务。Crédit Suisse 和 SG 对于法院的
管辖权提出了抗辩，初审法院认为 ICH 的请求应当属于合同请求，
并且裁定他们并不具有本案的管辖权，因为 NJRH 和两家银行的营
业地都不在管辖地内，而且该法院也不是当事人在管辖条款中所选
择的法院。

　　ICH 随后上诉至昂热上诉法院，主张其请求应当属于合同请求，
而非侵权请求，并认可了初审法院认为其依据合同条款而不具有管
辖权的观点。尽管合同中的不对称管辖条款不适用于 NJRH 和 SG，
上诉法院认为由于双方并未对适用于 Crédit Suisse 的管辖条款中选择
的法院提出异议，所以认为所有当事人应当在瑞士法院提起诉讼。
此外，上诉法院并未支持 ICH 认为贷款协议属于《卢加诺公约》中
关于消费者合同的观点，并且认为"来自不同国家的当事人所签订
的备受指责的不平衡管辖条款并不违反《卢加诺公约》的规定"[1]，
而且 ICH 也并未否认其在合同签订时已经知晓具有这一管辖条款。

　　ICH 将此案上诉至法国最高法院，认为《卢加诺公约》要求管
辖条款能够明确地指定选择的法院，而且上诉法院应当考虑本案的

------

① Cour d'appel, Angers, Chambre commerciale, section A, 10. 9. 2013, RG n°12/
01827.

管辖条款是否具有"恣意处分性",以至于违反了公约第 23 条关于法律确定性和可预见性的目的。法国最高法院撤销了上诉法院的判决,认为上诉法院在没有分析管辖条款中的不平衡性的情况下,就认为该条款并不违反公约第 23 条关于可预见性和确定性的法律目的没有法律依据,最高法院认为本案中的管辖条款并未明确银行享有的管辖选择权所基于的客观因素①,因此有违公约精神。

（三）苹果国际销售公司诉 eBizcuss 案②

本案是一起涉及"共一单数"类型的不对称管辖协议的案件。eBizuss 公司是苹果公司产品的授权经销商,与注册在爱尔兰的Apple Sales International 签订了合同,合同的准据法是爱尔兰法律。合同中包括了一条款不对称管辖协议:"eBizcuss 公司应当将本合同引起的任何争议提交爱尔兰法院,Apple 公司可以选择保留将争议提交至有管辖权的法院,有管辖权的法院应当是爱尔兰法院、eBizcuss 公司总部所在地法院,或者侵权发生地的法院。"③ 随后,双方就该合同发生争议,尽管合同规定 eBizcuss 公司只能在爱尔兰法院起诉,但争议发生后 eBizcuss 公司还是在法国法院提起程序。Apple 公司主张法国法院没有管辖权,认为爱尔兰法院应当管辖本案。eBizcuss 公司则主张不对称管辖协议不可执行。该案最后被提交至法国最高法院。

法国最高法院认为,只要当事人能在司法程序开始之前确定有管辖权的法院,该不对称管辖协议就可以在法国法下被认为是有效的,并且认为不对称管辖协议符合可预见性的要件,因此是可以执行的。

---

① 这是欧盟法院判例中的表述,一般是指当事人自治应当满足的确定性要求。

② Apple Sales International v. eBizcuss Cass. 1ere Civ, 7. 10. 2015, No. 14 – 16. 898.

③ "The company eBizcuss shall bring any claims arising from the present contract before the Irish Courts, while Apple reserves the right to bring such claims before the competent courts of its own choice and those shall be either the Irish Courts, or the Courts of the State where eBizcuss is headquarted, or the Courts of the State where the tort occurred."

三 分析与评述

事实上，在 Rothschild 案作出判决之后，就引来了学界的众多批评，其中不乏对法律适用的质疑以及对"恣意处分性"适用的质疑。① 无论是 Rothschild 案还是 ICH v. Credit Susse 案，法国法院都未针对不对称争议解决协议如何满足法国民法中的"恣意处分性"要件做出任何说理与解释。

另外，保加利亚法院在一起涉及"单选诉仲"类型的案件中同样以协议具有"恣意处分性"为由否定了当事人之间不对称仲裁协议的效力。② 案件中涉及一份由两个自然人签订的国内的借款合同，其中合同约定："双方应当以友好协商的方式解决由合同引起的任何争议，如未能通过友好协商方式解决争议，出借人可以针对借款人在保加利亚工商会仲裁法庭或任何其他仲裁机构，或者在索菲亚地区法院提出程序。"争议发生后，出借人在保加利亚工商会仲裁法庭提起仲裁，仲裁庭认为根据争议解决协议其具有管辖权，并作出了有利于出借人的裁决。与此同时，出借人则向最高上诉法院提起诉讼，主张 BCCI 不具有管辖权，还主张仲裁条款因违反了善意原则（a contract contra bonos mores）而无效，此外还违反了当事人平等原则（保加利亚民事诉讼法中的基本原则）。

保加利亚与大部分大陆法系国家相同，将管辖权问题看作是程序性问题，因此争议解决协议的效力依据国内法而认定。保加利亚最高上诉法院认为，争议解决的主体（法院或仲裁庭）通过行使公

---

① Draguiev Deyan, "Unilateral Jurisdiction Clauses: The Case for Invalidity, Severability or Enforceability", *Journal of International Arbitration*, Vol. 31, No. 1, 2014; Anthony Mrad, International Overview of Hybrid Arbitration clauses in Financial Transactions: Challenges and Practical Solutions, https://docplayer.net/155644681 - International - overview - of - hybrid - arbitration - clauses - in - financial - transactions - challenges - and - practical - solutions. html.

② Decision No. 71 under Commercial Case No. 1193/2010, Second Commercial Chamber of the Supreme Court of Cassation, 2 Sep., 2011.

共权力以管辖案件，本案中的出借人有权依据其裁量权选择争议解决的主体构成了"恣意处分性"的条件。法院认为赋予一方当事人恣意处分性的权利只能由法律作出规定，不属于当事人意思自治的范围。并且认为这样的约定因违反了保加利亚《合同义务法》第26（1）条有关善意原则而无效。①

保加利亚法院与法国法院对"恣意处分性"条件的认定同出一辙，但是将这一法律概念适用于不对称争议解决协议之上十分牵强，理由如下。

首先，恣意处分性权利要求合同义务的履行需要具有附条件的义务，但是不对称争议解决协议中并不包含任何附条件的义务，而仅是涉及一方当事人的选择权。因此，将具有不对称的选择权与恣意处分权相等同并没有说服力。

其次，"恣意处分性"权利的立法初衷是为保护债权人而设定，以免债务人的恣意行为而使合同目的落空。但是争议解决协议中并不存在债权人和债务人的关系，约定的是关于争议解决的程序事项，而非合同法下的实体性权利。

最后，"恣意处分性"的适用并未得到广泛支持。法国最高法院在 eBizcuss 案中已忽略之前两起案件中对不对称争议解决协议构成"恣意处分性"的认定。此外，卢森堡法院在处理一起同样属于"共—单任"类型的不对称管辖协议案件中认定这类协议有效且符合《布鲁塞尔条例 I》的规定，并提及法国 Rothschild 案的判决已备受批评不应适用。②

值得注意的是，我们可以从上述三份案例比较清晰地看出法国法院对于不对称争议解决协议（管辖协议）的司法态度。不同于

①　Gilles Cuniberti, Bulgarian Court Strikes Down One Way Jurisdiction Clause, 2012, http：//conflictoflaws. net/2012/bulgarian - court - strikes - down - one - way - jurisdiction - clause/.

②　Tribunal d'Arrondissement of Luxembourg in a Commercial Case in 2014（Commercial judgments 127/1214 and 128/1214, 29 January, 2014）.

Rothschild 案和 ICH v. Credit Susse 案，法国最高法院以全新的视角重新审视了不对称管辖协议的效力。即便合同当事人在法院的选择上并不享有同等的权利，但是在客观上可以确定哪些法院具有管辖权，因此该不对称管辖协议仍然符合可预见性的要件。由此可见，法国法院正在摒弃之前严格的对等性要求，将管辖协议的审查思路转向不对称管辖协议是否满足"可预见性"的要求之上。

Rothschild 案中当事人可以选择在"任何有管辖权的法院提起诉讼"，而在本案当中，取而代之的是可以在"爱尔兰法院，eBizuss 公司总部所在地法院，或者侵权发生地的法院"提起诉讼。这样的表述使得"有管辖权的法院"的范围更为缩减，从而增强了其可预见性。因此，法院认为这样的管辖协议，即便具有不对称性，依然能够满足《布鲁塞尔条例 I》第 23 条的宗旨与目的。[①] 所以，将 Rothschild 案与 eBizcuss 案结合到一起分析，我们不难看出法国对于不对称管辖协议态度的转变。应当说，只要协议的表述能够满足可预见性的要求，不对称管辖协议就是有效的管辖协议。

第二节 "程序平等性"之考量

"程序平等性"是平等原则在民事诉讼中的体现，旨在强调民事诉讼活动的当事人应平等地享有同等的诉讼权利和履行同等的诉讼义务。"程序平等性"不仅仅是程序正义的要求，更是保障实体公正的必要前提。

一 平等武装原则的适用

平等武装原则（Principle of equality of arms）与德国法律中

---

① Mukarrum Ahmed, *The Nature and Enforcement of Choice of Court Agreements*, Portland, Oregon：Hart Publishing, 2017, p. 65.

"*Waffengleicheit*"（"平等"）一词相对应。① 该原则被认为是《欧洲人权公约》第 6 条关于"公平审判"（fair trial）中必不可少的一部分内容，并且无论是在民事还是刑事领域均适用该原则。在内容上，平等武装原则与抗辩原则十分相似。平等武装原则要求在当事人之间保持一个"公正的平衡"（fair balance）。也就是说，诉讼程序中的每一方当事人都有能够被给予合理的机会以陈述自己观点的权利，一方当事人不能比另一方当事人处于更为优势的地位，双方当事人享有能为自己进行抗辩的权利应当是平等的。②

平等武装原则是针对当事人的身份地位而言的，强调的是当事人所具有的程序性权利应当平等。当然，并不是任何情况下的"不平等"都会被认为违反平等武装原则。一方面，并不存在绝对意义上的平等，平等并不意味着双方当事人被赋予的程序规则完全一样，例如，双方当事人证人证据的采纳方式不同并不违反该原则。③ 另一方面，如果要认定违反平等武装原则，一般需要举证证明一方当事人相比另一方当事人处于"显著劣势"的地位。

根据欧洲人权法院的司法实践，违反平等武装原则的情形包括但不限于以下列举之情形：（1）当事人的上诉申请并未送达另一方当事人，导致没有机会对上诉进行回应；④（2）在存在两位关键证人的情况下，只有一位证人被允许出庭；⑤（3）一方当事人对于相关信息的获取享有显著优势，在程序中具有支配性地位从而在很大程度上影响了法院的审查；⑥（4）拒绝向其中一方当事人提供法律

① Marin Mrčela, Adversarial Principle, The Equality of Arms and Con Frontational Right-European Court of Human Rights Recent Jurisprudence, *EU and Comparative Law Issues and Challenges Series*, Vol 1, 2017, p. 16.

② Harris, D., O'Boyle, M. &Warbick, C., *Law of the European Convention of Human Rights*, New York: Oxford University Press, 2009, p. 251.

③ Ankerl v. Switzerland, Appl. No. 17748/91.

④ Beer v. Austria, Appl. No. 30428/96.

⑤ Dombo Beheer B. V. v. the Netherlands, Appl. No. 14448/88.

⑥ Yvon v. France, Appl. No. 44962/98.

援助，以至于使他们失去了在面对一个更富有的对手时向法院陈述案情的机会。①

值得注意的是，在下文所讨论的案例当中，俄罗斯法院在审查不对称争议解决协议时援引了《欧洲人权公约》关于平等武装原则的内容，从而引发了对该原则适用的讨论。

二 不对称争议解决协议相关实践

以"程序平等性"为切入点对不对称争议解决协议进行效力审查是俄罗斯法院的独特视角。俄罗斯法院在 Piramida LLC 案中得出与 Sony Ericsson 案相反的结论并非对前判决的否定，而是因为在该案中享有"不对称"选择权的当事人主体发生了从"特定"到"任意"的变化，这种变化让本不"平等"的争议解决协议变得具有"平等性"。

（一）俄罗斯电话公司诉索尼爱立信移动通信公司案②

本案是一起涉及"共仲单诉"类型的不对称仲裁协议的案件。2009 年俄罗斯公司 Russkaya Telefonnaya Kompaniya（RTK）和 Sony Ericsson Mobile Communications Ru（Sony Ericsson）公司签订了一份有关移动手机交付的合同。合同中的争议解决条款约定："因本协定引起的或与本协定有关的任何争议，如不能友好解决，应依据国际商会仲裁规则，由根据上述规则任命的三名仲裁员最终解决。仲裁地应为伦敦，仲裁程序应以英语进行。本仲裁条款应保持完全效力，并在本协议终止后继续有效，且不得限制双方向有管辖权的法院寻求临时或禁令救济的权利……此外，仲裁条款不应限制 Sony Ericsson 公司向任何有管辖权的法院提起诉讼以追偿所提供产品的债务的权

---

① Steel and Morris v. the United Kingdom, Appl. No. 68416/01.

② Russian Telephone Company vs. Sony Ericsson Mobile Communications Rus Ltd., Decision No. 1831/12 of Supreme Commercial Court of the Russian Federation, June 19, 2012.

利。"争议发生后，RTK 公司向莫斯科仲裁法院提起诉讼，主张替代货物的履行。Sony Ericsson 公司根据合同中的争议解决条款主张法院并无管辖权，该主张得到了法院的认可。RTK 公司进行了上诉，认为争议解决协议违反了俄罗斯的公共政策，因为这样的规则违反了争议中的当事人所应有的程序平等原则。上诉仲裁法院认为争议解决协议具有效力，当事人的约定符合契约自由原则，因而驳回了原告的上诉请求。RTK 公司随后向俄罗斯联邦最高仲裁法院提起了再审请求，最高仲裁法院组成了三人合议庭认定该争议解决协议违反了当事人的程序平等原则，应当交由最高仲裁法院的主席团决定。

最高仲裁法院的主席团认为，根据俄罗斯联邦宪法法院的判决[1]可以看出，公平解决争议的保障之一是当事人均有平等权利向法院或仲裁庭陈述立场，并且抗辩程序原则和当事人程序平等原则要求当事人应当具有同等的程序机会（Equality of arms）。此外，主席团还援引 1950 年《欧洲人权公约》以及欧洲人权法院的相关判决作为依据。[2]

主席团还指出："根据民法权利保护的一般原则，争端解决协议不能只授予合同一方当事人（卖方）向有管辖权的国家法院求助的权利，也不能剥夺另一方当事人（买方）类似的权利。这样的协议应当因侵犯当事人权利平衡而无效。因此，如果争议解决协议侵犯了一方的权利，该被侵犯方也有权向有管辖权的国家法院提起诉讼，平等地行使受保障的司法保护权。"[3]

---

① Decisions Nos. 20 – π（20 Jul. 2011）；4 – π（27 Feb. 2009）；18 – π（8 Dec. 2003），Constitutional Court of the Russian Federation.

② Suda v. Czech Republic（Appl. No. 1643/06）；Batsanina v. Russia（Appl. No. 3932/02）；Steel and Morris v. United Kingdom（Appl. No. 68416/01）.

③ Timur Aitkulov, Julia Popelysheva, The Supreme Arbitrazh Court of the Russian Federation Rules on the Validity of Dispute Resolution Clauses with a Unilateral Option, 2012, http：//arbitrationblog. kluwerarbitration. com/2012/09/11/the – supreme – arbitrazh – court – of – the – russian – federation – rules – on – the – validity – of – dispute – resolution – clauses – with – a – unilateral – option/ .

（二）金字塔有限责任公司诉博特有限责任公司案①

本案是一起涉及"单选诉讼"类型的不对称仲裁协议的案件。该案涉及一份供货合同，供货方 Piramida 公司与采购方 BOT 公司签订了一份供货协议。随后，Piramida 公司与 Babkin 先生签订了一份担保合同。根据供应协议，Piramida 承诺向 BOT 供货，BOT 承诺给付货款，如果 BOT 未能履行付款义务，Babkin 先生依据担保合同以担保人的身份寄付货款。其中供货合同中约定："与合同有关的任何争议应由申请人（索赔方）选择在乌兰诺夫斯克地区商事法院或者乌兰诺夫斯克地区商会仲裁庭最终解决。"在担保合同中也规定了同样的不对称争议解决协议。

由于采购方 BOT 公司未能履行货款的给付义务，Piramida 公司对 BOT 公司和 Babkin 先生提起了仲裁程序，仲裁庭作出了有利于 Piramida 公司的仲裁裁决，Piramida 公司向斯摩棱斯克地区仲裁法庭申请执行该裁决，该法院经审查发现当事人之间约定的仲裁协议只赋予一方当事人可以对争议解决的方式进行选择，并援引了 Sony Ericsson 案作为依据，认为这样的协议违反了当事人之间的利益平衡，因此拒绝承认与执行该仲裁裁决。上诉法院也支持了该地区法院所作判决。Piramida 公司遂上诉至俄罗斯联邦最高法院，并主张地区法院错误适用了当事人利益平衡的原则以及错误适用了 Sony Ericsson 案判决。②

联邦最高法院（合议庭同样是认定 Sony Ericsson 案的法官）撤销了地区法院和上诉法院的判决。最高法院首先回顾了 Sony Ericsson 案的情况与裁判要旨，即根据民事权利的平等保护原则，争议解决协议不能仅赋予一方合同当事人享有向法院诉讼的权利，而剥夺另一方当事人同样的权利。法院认为，本案的情形并不属于不对称争

---

① Piramida LLC v. BOT LLC, No. 310 – ЭС14 – 5919 of 27 May, 2015.

② Mikhail Samoylov, The Evolution of Unilateral Arbitration Clauses in Russia, 2015, http://arbitrationblog. kluwerarbitration. com/2015/10/01/the – evolution – of – unilateral – arbitration – clauses – in – russia/.

议解决协议,因为相关条款仅赋予"申请方"而不是特定的一方当事人以选择法院诉讼或提起仲裁的选择权。此外,法院认为"由申请方选择"的条款是商业惯例,并不影响当事人权利的平等与平衡,这是因为任何一方当事人都可以向法院或仲裁庭寻求救济。综上,最高法院认为本案中的争议解决协议有效,并未违反当事人的程序平等原则,推翻了之前地区法院所做出的判决。①

三 分析与评述

事实上,在 2012 年 Sony Ericsson 案之前,俄罗斯法院对于不对称争议解决协议的态度是十分宽容的。莫斯科地区法院在一些涉及金融机构的不对称管辖协议案件中肯定了这类协议的有效性,例如当事人之间约定争议发生后应当通过仲裁解决,但是债权人有权向英国法院或任何有管辖权的法院提起诉讼。法院认可了这类协议的效力,并且强调法律容许债权人作为承担金融风险的一方当事人,在协议中约定对于管辖权的法院具有选择权。② 但是 Sony Ericsson 案之后法院对不对称争议解决协议的态度随即发生转变,俄罗斯法院对于涉及不对称争议解决协议的案件都秉持了否定性的观点。③

尽管如此,俄罗斯法院在 Sony Ericsson 案的审理中仍存在一些问题。例如最高仲裁法院并未根据俄罗斯国内的任何法律作出判决,在确定争议解决协议的法律适用后,并未审查争议解决条款的有效

---

① Dmitry Vlasov, Russian Supreme Court upholds the validity of optional dispute resolution clause, 2016, http://kkplaw.ru/en/russian - supreme - court - upholds - the - validity - of - optional - dispute - resolution - clause/.

② Alexander Gridasov, Maria Dolotova, Unilateral Option Clauses: Russian Supreme Court Puts an End to the Long-Lasting Discussion, 2019, http://arbitrationblog.kluwerarbitration.com/2019/05/07/unilateral - option - clauses - russian - supreme - court - puts - an - end - to - the - long - lasting - discussion/.

③ Novokuznetsky cold-store combine OJSC v. UMO LLC; merging Markets Structured Products B. V. v. Zhilindustriya LLC.

性问题。而是直接依据《欧洲人权公约》、欧洲人权法院的判决和俄罗斯宪法法院的判决认定不对称争议解决协议违反了当事人公平审判的程序平等原则。此外，最高仲裁法院并未解释 Sony Ericsson 依据不对称争议解决协议选择仲裁解决争议的情形是如何限制了 RTK 公司获得公平审判的权利，从而使其处于比 Sony Ericsson 更为不利的地位。

而且，法院对于不对称仲裁协议无效的认定也存在一定的不确定性，可能会存在两种解释。第一，不对称仲裁协议整体无效；第二，不对称仲裁协议部分无效，无效部分限于对于 Sony Ericsson 可以单方选择诉讼的"不对称"部分。不过我们不难发现，无论是整体无效还是部分无效，法院针对这类协议进行了司法补救与重新解释，将"不对称仲裁协议"补救为"对称仲裁协议"，赋予了 RTK 公司与 Sony Ericsson 同样的救济选择权利，使该协议从"单边性"协议转变为"双边性"协议。

诚然，俄罗斯法院的司法补救手段具有一定的优势，即可以通过赋予另一方当事人以同等的权利使得不对称争议解决协议不再因违反程序平等原则而无效。但是，这么做并未顾忌当事人作为合同缔约方在签订合同时的真实意思表示。同时，赋予协议以"双边性"会导致平行程序的发生。由于双方当事人都被赋予了仲裁和诉讼的选择，那么一方当事人可能会通过向法院起诉以影响仲裁程序的正常进行。

直到 2018 年，俄罗斯法院对于不对称争议解决协议的效力认定问题才得以"尘埃落定"。2018 年 12 月 26 日，俄罗斯联邦最高法院发布了"关于仲裁和国际商事仲裁中协助与管制功能的案件摘要"①，摘要中指出不对称争议解决协议违反了当事人平等原则，

---

① Review of Cases Related to the Functions of Assistance and Control in Relation to Arbitration and International Commercial Arbitration（Adopted by the Presidium of the Supreme Court of the Russian Federation on December 26, 2018）.

因此相关条款中不平等的部分无效（上述案件中关于一方当事人可以选择诉讼的约定），所以合同的双方当事人在法院选择上具有相同等的权利。同时也确认了 Piramida LLC 案中约定"申请方"具有选择权的争议解决协议并不违反程序平等原则。虽然，这份"摘要"并不具有法律上的直接约束力，但是这为俄罗斯国内法院在审理相关不对称争议解决协议的问题上提供了十分有价值的指引。

不过，虽然俄罗斯法院的态度逐渐得以确定，但是通过援引《欧洲人权公约》中公平审判原则/司法平等原则来否定不对称争议解决协议的理由却十分牵强。那么，公约中的公平审判原则是否得到正确地理解与适用？

《欧洲人权公约》第 6 条第 1 款规定："在公民面对其民事权利和义务的确定或刑事指控时，任何人均有权在合理时间内由依法设立的独立、公正的法庭中获得公正和公开的审讯。"公平审判原则不仅强调审判主体具有独立性和合法性，还要求当事人在参与诉讼程序时，能够充分行使诉讼权利进行抗辩，使得自己的观点和证据有机会被法庭采纳。同时，案件的判决必须具有公开性且需在合理的时间内作出。① 由此可见，公开审判原则是针对已经开始的诉讼程序，这与当事人在诉讼活动开启前所约定的争议解决协议并无关联。

英国法院在 Mauritius Commercial Bank Limited v. Hestia Holdings Limited 案②中对当事人主张不对称争议解决协议有违司法平等原则/公平审判原则（equal access to justice）进行了具体说明。法官认为，《欧洲人权公约》第 6 条中的司法平等原则指的是当事人均有受到法院公平审判的权利，但并非指选择法院的权利。因此，不能因为一

---

① 黄志慧：《人权法对国际民事管辖权的影响——基于〈欧洲人权公约〉第 6（1）条之适用》，《环球法律评论》2016 年第 1 期。

② Mauritius Commercial Bank Limited v. Hestia Holdings Limited, Sujana Universal Industries Limited（2013）EWHC 1328（Comm）.

方当事人具有选择法院的权利就认定其违反该原则。

事实上，赋予一方当事人以诉讼选择权并不当然影响另一方当事人充分参与该法庭审理的权利。Sony Ericsson 案中的 RTK 公司不仅全程参与了各层级法院对于案件的审理，并且其主张无效的理由也得到了法院的认可。因此，俄罗斯法院将《欧洲人权公约》中公正审判原则作为标尺，以衡量不对称争议解决协议是否满足程序平等的做法是不恰当的。

第三节　"合同相互性"之审视

合同相互性是普通法系中所特有的概念，其要求合同双方当事人对于彼此互负义务，这不仅决定合同是否能够得以有效地执行，还决定了该合同是否具有拘束力。交易的本质被认为是利益的交换，因此，在普通法系中，当事人应当在代表交易的法律形式（合同）中体现出有价值的交换。

一　英美法中的"相互性"

合同的相互性（Mutuality of contract）原则源于英美合同法中的"对价"理论（consideration）。对价是英国合同法中的核心制度，也被学者比喻成"合同法中的国王"[1]。合同的对价理论要求存在一定的允诺或者履行行为与允诺人进行议价交换（bargained-for-exchange）[2]。在著名的 Currie v. Misa 案中，法官对于对价做出了经典的定义："有价值的对价可能包含向一方当事人转移的一些权利、利益、收益或好处，或者是另一方当事人承担的一些忍耐、损害、损

---

① Rick Bigwood, *Exploitative Contracts*, Oxford：Oxford University Press, 2003, p. 97.

② 刘承韪：《英美合同法对价理论的形成与流变》，《北大法律评论》2007 年第 1 期。

失或责任。"① 一般来说，对价就是换取承诺的代价。② 对价的存在决定了一份合同是否有效，因为没有对价支持的允诺是不能执行的。此外，英美的司法实践确认了"对价需要充分，但无需充足"的规则，这就意味着对价需要存在且应有一定的价值，但无须与允诺充分对等。

合同中的相互性原则与对价理论十分相似，合同的相互性（Mutuality of contract）要求合同的双方当事人彼此之间相互约束。美国合同法重述（第二次）第79条就提到了对价的充分性与相互性义务的关系，即如果对价要求已经满足，那么就无需其他要求：（a）对允诺人是一项获利、优势或利处；或者对受诺人是一项损失、不利或者损害；（b）交换的价值相等；（c）义务的相互性。不过在实践中，对于缺乏合同相互性的主张通常出现在涉及"单边合同"的案件中，因为在"单边合同"中只有一方当事人受到约束因而缺少合意。这一点与不对称争议解决协议中一方当事人所具有的单方选择权相类似，因此许多法院在审理有关不对称争议解决协议的案件时要进行"合同相互性"的审查。例如，缺乏合同相互性的抗辩经常由不对称仲裁协议中被剥夺选择仲裁的一方当事人提出，因为他们认为有效的仲裁协议往往需要具有进行仲裁的"合意"（consensus 或 mutual agreement）。

二　不对称争议解决协议相关实践

虽然从不对称争议解决协议的表现形式上来看，"不对称"的选择权已然与"相互性"的要求不符，但是如若将整个合同视为一个整体，那么不对称争议解决协议依然可以满足"相互性"的要求。

---

① Currie v. Misa（1874）LR 10 Ex 153："A valuable consideration, in the sense of the law, may consist either in some right, interest, profit, or benefit accruing to the one party, or some forbearance, detriment, loss, or responsibility, given, suffered, or undertaken by the other."

② 李响：《美国合同法要义》，中国政法大学出版社 2008 年版，第 46 页。

因此，法院以"整体法"或是"分割法"看待不对称争议解决协议与主合同的关系，将在一定程度上成为不对称争议解决协议效力认定的关键。

（一）赫尔诉诺科姆公司案①

本案所涉及的是一份"共仲单诉"类型的不对称仲裁协议。1980 年 5 月，Hull 与 Norcom 公司签订了一份雇用合同。合同中约定："由本协议引起的或与本协议有关的任何争议或索赔，或违反本协议的任何争议或索赔，应由一名仲裁员根据美国仲裁协会的《商业仲裁规则》进行有约束力的仲裁解决，仲裁员作出裁决后的判决可在任何具有管辖权的法院作出。提交材料和听证会的语言应为英语，听证会应在纽约市举行，适用纽约州实体法。"此外，合同还约定："如果 Hull 违反或威胁违反本协议的保密或竞业禁止条款，公司有权获得禁令，禁止 Hull 全部或部分披露此类信息，或者禁止 Hull 向已经披露或威胁披露全部或部分此类信息的任何人、公司、法人、协会或其他实体提供服务。双方同意并承认，Hull 根据本协议提供的服务具有特殊性、独特性和非凡性，如果 Hull 违反了其应履行的本协议条款和条款，或在未经公司书面同意的情况下，在其离职两年内向与公司相竞争任何个人、组织或公司提供服务，则公司有权在任何有司法管辖权的法院提起诉讼，不论是在法律上还是在衡平法上，以就任何违反本协议的行为获得损害赔偿，或强制 Hull 具体履行本协议，或禁止 Hull 在本协议期间为任何其他人、组织或公司提供服务本。根据本协议，本条款应在 Hull 雇佣关系终止后继续有效。"1983 年 1 月，Hull 中止雇佣合同后，向地区法院起诉要求索赔，并主张合同因欺诈无效。Norcom 公司则依据签订的仲裁协议要求申请强制仲裁。地区法院随后作出了禁止强制仲裁的指令，Norcom 不服指令遂上诉至上诉法院。

---

① Hull v. Norcom, Inc., 757 F. 2d 287 (11th Cir. 1985).

在上诉法院，Hull 认为仲裁协议缺乏义务的相互性，因为合同中约定双方将争议提交仲裁，而 Norcom 又可以单方向法院提交诉讼，这使得 Norcom 对于仲裁的义务不复存在。此外，Hull 认为，Hull 承诺通过仲裁解决争议的对价是 Norcom 通过仲裁解决争议，而这样单边选择规定使得这样的相互义务毫无意义，因此这样的协议不能得到执行，这样的协议也是无效。与此同时，Norcom 则认为，对于选择诉讼解决的争议只限于保密协议和竞业禁止方面，而且对于约定通过仲裁解决争议的对价在整个雇佣协议中都能找到，并不是每一个当事人都以同样的方式创设义务以相互约束，因此这样的争议解决协议并未违反义务的相互性原则。但是，上诉法院则认为，合同中的对价不足以支持仲裁协议的执行，因为这样是一个单方的争议解决协议。一方对于仲裁的允诺必须以另一方允诺仲裁，或者至少在特定请求上仲裁作为议价的交换。因此，法院认定仲裁协议因缺乏相互性而无效。

（二）　萨布洛斯基诉戈登公司案①

本案是一起涉及"共仲单诉"类型的不对称仲裁协议的案件。Sablosky 曾经是 Gordon 公司的雇员，双方之间在雇佣协议中约定了一份不对称的仲裁协议，即，"雇员同意，与本协议条款有关的或由本协议条款引起的任何种类、性质或描述的任何争议，应由公司选择，该选择可在公司开始司法程序之前的任何时间作出，或者，如果雇员在最后一天之前的任何时候提出对其提出的传票和/或投诉作出答复和/或回应，则应根据美国仲裁协会或纽约房地产委员会相关的规则，提交美国仲裁协会或纽约房地产委员会（由公司选择）进行仲裁。"案件争议涉及佣金履行问题。Sablosky 认为其帮助 Gordon 公司出售了位于曼哈顿市中心价值 6.1 亿美元的楼宇，应得到 360 万美元的比例佣金，因此向法院起诉主张仲裁协议违反相互性义务而无效。Gordon 公司则依据仲裁协议主张法院没有管辖权，申请强

---

① Sablosky v. Gordon Co. 73 N. Y. 2d 133（N. Y. 1989）.

制仲裁。法院认为驳回原告起诉，认为当事人应当提交仲裁解决。上诉庭则撤销了判决，认为仲裁协议无效。

纽约上诉法院认为本案的核心问题在于，雇佣协议中约定的"一方将所有争议提交仲裁，而另一方可以对仲裁和诉讼进行选择"的不对称仲裁协议是否因违反相互性义务而无效。① 纽约上诉法院认为，上诉庭所援引的判例在认定相互性上并无问题，但是所引判例应与本案相区分。上诉法院认为，法律并不要求仲裁协议中具有相互性义务。如果对于整个合同而言存在充分的对价，那么对价的存在就可以使得仲裁协议有效，这对于协议中其他条款约定之义务而言均是如此。既然判例法已经确定仲裁协议的有效性取决于合同所适用的法律，那么就没有理由针对仲裁协议适用不同于合同的相互性规则。此外，上诉法院还提及，有大量的司法判例对于类似"缺乏相互性"的仲裁协议予以支持。而且法院还强调，公共政策也不能成为使其无效的理由。纽约上诉法院注意到，在过去的 20 年间，仲裁已经逐渐成为一个当事人十分推崇的争议解决方式，而仲裁员大多是某一特定领域的专家，能够更为迅捷和廉价地解决相关争议。所以尽管当事人放弃诉讼选择而将争议提交仲裁，但是并不能说仲裁程序就比诉讼程序在查明真相上更差，更不能以公共政策的理由认为一方当事人选择仲裁会造成不公。最终，纽约上诉法院认定该不对称仲裁协议有效。

（三）Showmethemoney 公司诉威廉姆斯案②

Showmethemoney 公司（以下简称 Showme 公司）与其客户签订了支票兑换协议，其中争议解决协议如下约定："就本协议的存在、组成、效力、解释或含义、履行、不履行、执行、违约、延续或终止而引起的或与本协议有关的各方之间任何种类和性质的所有争议……应提交仲裁解决……但 Showme 公司的诉讼行为仅限于收取应

---

① Sablosky v. Gordon Co. 73 N. Y. 2d 133（N. Y. 1989）.

② Showmethemoney Check Cashers v. Williams 27 S. W. 3d 361（Ark. Sup. 2000）.

付款事项……双方特别声明并理解，Showme 公司不得被在任何法院起诉……"Williams 作为其客户在 1991 年向 Showme 公司提起集体诉讼，认为其违反了反高利贷法。Showme 公司则要求法院驳回诉讼，因为 Williams 违反了其约定通过仲裁解决的仲裁协议。初审法庭并未认可 Showme 公司的主张，认为仲裁协议不可执行。上诉法院认为要想回答争议是否应当通过仲裁解决，首先要回答约定仲裁的协议是否有效。法院认为合同的组成和解释规则适用于仲裁协议，而合同的主要因素包括：（1）适格的当事人；（2）争议事项；（3）法律思考；（4）相互协议；（5）相互义务。本案之中最为重要的因素是"相互性的义务"，法院认为"相互性的义务"应当理解为："可执行的合同必须使合同双方都承担义务。合同是以双方当事人的相互承诺为基础的；如果任何一方当事人的承诺在其条款中没有确定一方当事人的实际责任，则这种承诺不构成对另一方当事人承诺的对价。"合同的互相性是指一方当事人必须对另一方当事人的行为或承诺承担义务，即除非双方当事人都受约束，否则任何一方当事人都不受约束。

在本案中支票兑现协议的仲裁协议表明，Showme 公司并没有实际的责任。Showme 公司起草了协议，并为其自己保留了就"收取应付款"事项提起诉讼的权利。根据合同规定，Showme 公司唯一应当履行就是付款义务，而针对该义务消费者必须将所有争议提交仲裁解决，而 Showme 公司则可以立即向法院起诉。

因此，鉴于仲裁协议缺乏相互性，上诉法院认为支票兑现协议中的仲裁协议不构成有效的可执行仲裁协议，并确认了初审法院拒绝 Showme 的强制仲裁申请。此外，上诉法院还特意指出："支持执行仲裁协议背后的政策是，法院相信它们（仲裁协议）提供了一种成本更低、速度更快、缓解法院拥挤的争议解决手段。但是，它们不应被用作一方当事人诉讼的挡箭牌，而同时又是只为自己保留到法院提起诉讼的利剑。在宣布仲裁协议无效后，我们不再处理公平性和合法性的问题。"

（四）伯克黑德电气公司诉詹姆斯·W. 安塞尔公司案①

本案是一起涉及"单选诉仲"类型的不对称仲裁协议的案件。2010 年 7 月，Birckhead 公司与 JWA 公司签订了一份关于电子系统安装的分包合同。该分包合同中约定了一份不对称仲裁协议："承包方和分包方之间的所有争议，但不涉及业主的作为、不作为或责任，应仅在承包方的选择下，根据美国仲裁协会的规则通过仲裁解决。分包方同意，任何此类仲裁程序应与承包方与任何其他方之间的任何仲裁程序进行合并，由承包商自行选择。本协议应根据现行仲裁法执行。仲裁员所作的仲裁裁决是终局的，任何有管辖权的法院都可以做出判决。任何此类裁决也应当对任何人、担保人和/或担保公司具有约束性和可执行性，以保证分包方以任何方式履行该协议。"2013 年 8 月，Birckhead 公司就付款问题所引发的争议向美国马里兰州地区法院提起诉讼，而被告 JWA 公司也认为法院应当驳回起诉，或者退一步说应中止诉讼程序以等待仲裁裁决。Birckhead 公司则认为双方之间的不对称仲裁协议不具有可执行性，因为协议缺少相互性的对价。

法院首先强调了美国联邦仲裁法对待仲裁的友好态度，同时认为仲裁协议是"有效的、不可撤销的、可执行的，除非在法律上或衡平法上存在任何撤销合同的理由"。因此，仲裁协议的效力和可执行性应当符合州法律的规定。② 法院通过援引 Cheek v. United Health-care of Mid-Atlantic, Inc. 案说明了一份有效的仲裁协议需要符合对价之要求，只约束一方当事人的仲裁协议缺乏相互性的对价，不具有可执行性。此外，法院认为本案的不对称仲裁协议并没有对作为分包方的 JWA 公司创设任何义务，所以这样的仲裁协议因不具有相

---

① U. S. ex rel. Birckhead Elec. , Inc. v. James W. Ancel, Inc. , 2014 WL 2574529 (D. Md. June 5, 2014) .

② Noohi v. Toll Bros. , Inc. , 708 F. 3d 559, 607 (4th Cir. 2013); Rota-McLarty v. Santander Consumer USA, Inc. , 700 F. 3d 690, 699 (4th Cir. 2012) .

互性而无效。

（五）伊顿诉 CMH 房屋公司案①

本案是一起涉及"共仲单诉"类型的不对称仲裁协议的案件。2009 年 4 月，Eaton 从 CMH 公司购买了房屋，双方的合同之间包含一份不对称仲裁协议，其中约定："由本合同或本合同标的或双方引起或与之相关的所有争议或索赔，包括本仲裁协议或条款的可执行性或适用性，以及导致本协议（包括本仲裁协议）的任何作为、不作为、陈述和讨论，应由 CMH 公司选定的一名仲裁员在 Eaton 先生同意的情况下通过具有强制约束力的仲裁解决。本协议是根据州际贸易中的一项交易订立的，受《联邦仲裁法》管辖。裁决后的执行判决可在任何有管辖权的法院作出。双方同意并理解，他们选择仲裁而不是诉讼以解决争议。双方理解，他们有权在法庭上提起诉讼，但他们倾向于通过仲裁解决争议，除非本协议另有规定……尽管有任何相反的规定，CMH 公司保留使用司法（提起诉讼）或非司法救济的选择权，以强制执行在本仲裁协议下的交易中所担保的制成品房屋有关的担保协议，强制执行由已制造房屋所担保的金钱债务或取消已制造房屋的赎回权……"之后双方签订了合同，CMH 公司也履行了交付与安装房屋的义务。2012 年 9 月，Eaton 在地区法院起诉 CMH 公司，主张其瑕疵履行导致房屋存在缺陷。CMH 公司则主张法院应当驳回诉讼请求，并通过仲裁方式解决争议，但遭到地区法院的驳回。Eaton 提起上诉并认为仲裁协议因不满足相互性要求而显失公平。

法院认为，合同的相互性是指一方当事人根据另一方当事人的行为或承诺，有义务做或允许做某事；也就是说，除非双方当事人都受约束，否则任何一方当事人都不受约束。法院认为，对于仲裁协议是否满足相互性义务的审查应当着眼于整个合同，而非仅仅关注仲裁协议本身。此外还援引 Vincent 案以说明"合同的对价既可以包含在授予允诺人以利益的条款中，也可以包含在规定受允诺人法

① Eaton v. CMH Homes, Inc. 461 S. W. 3d 426（Mo. 2015）.

定损害的条款之中", 双方当事人可以在整个合同中交换对价。因此, 法院认为本案中的不对称仲裁协议满足合同相互性的要求而具有效力。

三 分析与评述

根据美国联邦法院判例, 法院应当适用各州的法律来审查合同义务的相互性是否满足。美国联邦最高法院在 Allied-Bruce Terminix Cos. v. Dobson 案中强调各州可以对合同进行解释, 这其中包括仲裁条款, 并且可以根据法律或衡平法规则认定仲裁条款无效。所以, 基于各州在司法实践上的差异, 各州法院对于不对称争议仲裁协议是否满足相互性的态度也不尽相同。

大部分法院认为仲裁协议不要求绝对的相互性 (complete mutuality), 只要仲裁协议中具有充分对价 (adequate consideration) 就不影响其效力。[①] 这些法院认为如果整个合同存在对价, 那么仲裁协议就应当具有效力, 即使这样协议是不对称的, 只有一方当事人可以选择诉讼。不过仍有少部分法院认为仲裁协议作为独立的条款其自身应当具有相互性。[①] 也就是说, 合同中的每一个承诺都需要一个相

[①] Harris v. Green Tree Fin. Corp. , 183 F. 3d 173, 180 – 181 (3d Cir. 1999) (interpreting Pennsylvania law); Barker v. Golf U. S. A. , Inc. , 154 F. 3d 788, 792 (8th Cir. 1998) (interpreting Oklahoma law); Doctor's Assocs. , Inc. v. Distajo, 66 F. 3d 438, 453 (2d Cir. 1995) (interpreting Connecticut law); Coup v. Scottsdale Plaza Resort, LLC, 823 F. Supp. 2d 931, 952 (D. Ariz. 2011); Pate v. Melvin Williams Manufactured Homes, Inc. (in re Pate), 198 B. R. 841, 844 – 845 (Bankr. S. D. Ga. 1996); Willis Flooring, Inc. v. Howard S. Lease Constr. Co. & Assocs. , 656 P. 2d 1184, 1185 (Alaska, 1983); Rains v. Found. Health Sys. Life & Health, 23 P. 3d 1249, 1255 (Colo. App. 2001); Schreier v. Solomon, No. 277687, 2008 WL 4330192, at * 3 – 4 (Mich. Ct. App. Sept. 23, 2008); State ex rel Vincent v. Schneider, 194 S. W. 3d 853, 859 (Mo. 2006); Sablosky v. Edward S. Gordon Co. , 73 N. Y. 2d 133, 538 N. Y. S. 2d 513, 535 N. E. 2d 643, 646 (1989); In re FirstMerit Bank, N. A. , 52 S. W. 3d 749, 757 (Tex. 2001).

[①] Prima Paint Corp. v. Flood & Conklin Mfg. Co. , 388 U. S. 395, 87 S. Ct. 1801, 18 L. Ed. 2d 1270 (1967).

对应的对价。只要仲裁协议中不存在相互性的义务，那么这样的不对称仲裁协议就不具有可执行性。除此之外，在很多美国法实践中，相互性问题并不仅仅会导致仲裁协议直接无效，还可能因为仲裁协议缺乏相互性而被认定构成显失公平。[①] 宾夕法尼亚最高法院在 Lytle v. CitiFinancial Services，Inc. 案中认为缺少相互性的仲裁协议可以被直接推定为构成显失公平。[②]

事实上，英国法院对于不对称仲裁协议中"相互性"的态度也并不一致。早在 Baron v. Suderland Corporation[③] 案中，英国法院就认为"相互性"是有效仲裁协议的必备要件，并认为协议中的所有当事人应当享有"同等的程序权利"。而"单方条款"仅赋予一方当事人提起仲裁的权利，法院认为这样的条款因导致当事人程序权利的不平等而归于无效。然而，就在几年后，英国法院在 Pittalis v. Sherefettin[④] 案中果断地推翻了上述观点。法院认为，不对称仲裁协议是当事人商事关系本质的自然结果，只要双方当事人注意到此约定并自愿同意签订这样的条款，就应当满足 Baron 案中关于"相互性"的要求。

一般来说，"相互性"义务通常是英美法系法院在审理不对称仲裁协议的案件时所常见的抗辩理由。我们通常认为，有效的仲裁协议往往需要双方当事人的共同合意，由于不对称仲裁协议中经常涉及一方具有选择诉讼的情形，因此该协议中关于约定仲裁的合意就难免被质疑。不过，大多数的司法实践仍表明，法院更愿意将"相互性"义务的要求放眼于整个合同之下，即只要合同整体上满足了对价的要求，就不再针对仲裁协议本身进行单独评价。可以看出，法院更加愿意对仲裁协议的效力作出有利解释，而绝非动辄认定其

---

① Cheek v. United Healthcare of Mid-Atlantic, Inc. , 378 Md. 139 (2003) .

② Lytle v. CitiFinancial Services, Inc. , 810 A. 2d 643 (Pa. Super. Ct. 2002) .

③ Baron v. Suderland Corporation 1966 (1) All ER 555.

④ Pittalis v. Sherefettin (1986) 1 QB 868.

无效，这样的观点也被新加坡法院①以及澳大利亚法院②所采纳。

第四节　"显失公平"之权衡

意思自治原则在很大程度上反映了自由市场的内在需求，但是这种自由仍然需要服务于社会公平与正义的实现。公平原则是私法领域中的一项基本原则，其要求民事主体在经济活动中以公平观念从事民事活动，合理设定民事法律关系，均衡实现各方的民事利益。因此，各国立法中几乎都明确规定任何合同不得违反公平原则。

一　"显失公平"的认定

在不对称争议解决协议的有关实践中，美国法院在涉及此类问题时经常以"显失公平"为由否定这类协议的效力。事实上，"显失公平"原则在契约自由所盛行之时并未得到美国法院的广泛接纳。当时的法院认为，"契约自由包括做出最糟糕交易的自由"③，当事人在缔结契约时应当能够知晓合同条款所及于自身的后果，因此当事人享有自由约定条款的自由。这一点在契约自由原则中极其重要。但是随着大量格式合同和不合理条款的出现，对于契约自由原则的批评声不绝于耳。诚然，格式合同提高了工作效率并减少了合同漏洞的发生，但因为其条款内容经常有利于合同起草者，另一方当事人没有任何讨价还价的余地，只能选择接受或不接受。Campbell Soup Co. v. Wentz 案④和 Henningsen v. Bloomfield Motors, Inc. 案⑤的

---

① Dyna-Jet Pte Ltd. v. Wilson Taylor Asia Pacific Pte Ltd. (2016) SGHC 238.
② PMT Partners v. Australian National Parks & Wildlife Service (1995) HCA 36.
③ Sanger v. Yellow Cab Co., 486 S. W. 2d 477 (Mo, 1972).
④ Campbell Soup Co. v. Wentz, 172 F. 2d 80 (3d Cir. 1948).
⑤ Henningsen v. Bloomfield Motors, Inc. 161 A. 3d 69 (N. J. 1959).

出现逐渐让显失公平原则得到了认可与发展，也为后来美国《统一商法典》中关于显失公平条款之确立奠定了基础。

美国《统一商法典》第 2—302 条第 1 款规定：如果法院发现，作为一个法律问题，一个合同或者合同中的任何条款在合同订立时显失公平，那么法院可以拒绝强制执行该合同，或者可以仅仅强制执行除去显失公平之条款的其余合同条款，或者可以为了避免显失公平之结果的发生而限制显失公平条款的适用范围。[①] 由此可见，《统一商法典》并没有给"显失公平"进行定义。第 2—302 条的评注也仅仅给出了关于显失公平含义的一般性指引：基本的判断标准是，根据特定行业或者特定案件中的一般商业背景以及商业上的需求，在合同订立时存在的特定事实之下，有关的条款是否对一方当事人片面有利并达到了显失公平的程度。

虽然《统一商法典》中并未对显失公平进行明确的界定，但是美国法院在司法实践中逐渐形成了一系列的适用规则与标准。总的来说，显失公平可以分为两种要素，即实体性显失公平（substantial unconscionability）和程序性显失公平（procedural unconscionability）。

实体性显失公平通常涉及合同条款本身是否合理，以及是否会导致不公，例如条款是否缺乏相互性；程序性显失公平通常涉及合同缔结时合意是否出于自愿，是否存在压迫性（oppression）或突袭性（surprise）的因素。此外，程序性显失公平还需要考量以下三方面要素：缔约方的谈判地位与议价能力；优势方是否向弱势方解释相关条款；优势方是否存在对条款进行修改的可能。[②]

---

① [美] E. 艾伦·范斯沃思：《美国合同法》，葛云松、丁春艳译，中国政法大学出版社 2004 年版。

② Cross v. Carnes, 132 Ohio App. 3d 157（Ohio Ct. App. 1998）.

二　不对称争议解决协议相关实践

我们注意到，美国法院对于不对称争议解决协议是否构成"显失公平"的认定并不一致，由于程序性显失公平和实体性显失公平的考量因素较多，因此法院对于任一因素的理解与适用存在不一致都将会导致"显失公平"的认定差异。

（一）泰勒诉巴特勒案①

1998 年 6 月，Taylor 从 City Auto 公司购买了一辆车，其中订单合同中约定："双方之间因车辆销售而产生的所有索赔、要求、争议或各种性质的争议，应当根据《联邦仲裁法》通过仲裁解决。"此外，合同中还约定"经销商可以根据田纳西州统一商法典要求收回车辆，并可以通过向州法院起诉的形式要求收回到期债务。"Taylor通过分期付款的方式购买了该车辆，在交付车辆时与 City Auto 签订了一份现场交付协议，其中约定如果贷款不能批准，公司有权取消销售，如果车辆并未及时归还，公司有权立即占有车辆。在购买车辆一星期后，City Auto 通知 Taylor 贷款并未得到批准。在 Taylor 未及时归还车辆时，City Auto 自行收回了该车以及当时车内属于 Taylor的私人物品。因此，Taylor 向法院起诉并主张 City Auto 非法占有私人物品。City Auto 公司则认为法院并无管辖权，请求强制仲裁。地区法院支持了 City Auto 公司的请求。但是上诉法院撤销了原审判决，认为仲裁协议是因欺诈而订立的。由于在该州最高法院的庭审中，Taylor 还主张当事人之间的仲裁协议因不对称性而显失公平，因此该州最高法院对此问题进行了回答。

州最高法院认为，显失公平的合同通常是指，"当事人之间的议价能力明显的不平等，以至于震惊到一个有常识人的良知，且条款的约定过于具有压迫性，以至于合理的人不会起草这样的条款，并

---

① Taylor v. Bulter, 142 S. W. 3d 277 (Tenn. 2004).

且诚实和公正的人也绝不会接受这样的条款。"① 显失公平的合同就是具有单边性条款的合同，在考虑所有的事实和情形下，一方当事人被剥夺了"有意义的选择"。随后，法院认为，在梳理了相关认定这类仲裁协议无效的判例后发现，本案中 City Auto 可以针对 Taylor 就所有争议提起诉讼，而 Taylor 只能通过提出仲裁的方式解决与 City Auto 的争议。

此外，法院注意到，双方之间所签订的合同是一份格式合同，当事人只能选择接受或不接受，并未给 Taylor 提供一个可以协商的机会。而且法院通常并不会执行对于弱势方具有压迫性或者为强势方减轻义务的格式合同。因此，上诉法院认为本案中的仲裁协议明显不合理地有利于 City Auto 并且对 Taylor 构成了压迫性，因此该仲裁协议因构成显失公平而无效。

（二）哈里斯诉格林树金融公司案②

Harris 与 Green Tree 公司签订了房屋改善计划，其中涉及了一份不对称仲裁协议，其中约定："因本合同引起或与本合同有关的所有争议、索赔，或本合同或仲裁条款的有效性问题应当由我方选定，并经贵方同意的一名仲裁员通过具有拘束力的仲裁解决……双方同意并理解他们选择仲裁而不是诉讼以解决争议。双方理解，他们有权或有机会通过法院提起诉讼，但他们倾向于通过仲裁解决，本协议另有规定的除外……尽管有任何相反的规定，我们（Green Tree）保留使用司法或非司法救济的选择权，以强制执行与本仲裁协议下的交易中所担保的不动产有关的抵押、信托契约或其他担保协议，或强制执行不动产担保的货币债务，或者取消不动产的赎回权。这种司法救济将采取诉讼的形式……"合同签订后，Harris 认为 Green Tree 公司并未依照合同约定履行改善计划，而且还通过欺诈和诱导性的条款使其签订了抵押合同。因此向法院起诉主张上述请求的索

① Haun v. King，690 S. W. 2d 869，872 (Tenn. Ct. App. 1984)．

② Harris v. Green Tree Financial Corp，183 F. 3d 173 (3d Cir. 1999)．

赔，但是 Green Tree 公司认为法院应当中止程序，主张依据所签仲裁协议的规定进行强制仲裁。地区法院在审理后认为，当事人之间所签订的仲裁协议是"单方安排"，因此构成显失公平，所以拒绝了 Green Tree 公司强制仲裁的请求。

上诉法院针对 Harris 所提出的主张仲裁协议无效的请求进行了一一回应。第一，关于合同相互性的认定问题。上诉法院援引了《合同法重述》（第二次）的规定，认为现代合同法确实要求合同需要建立在承诺的相互交换之上，但是合同只要有足够的对价作为支持即可。此外，虽然地区法院认为合同因为赋予 Green Tree 公司选择诉讼的权利而缺乏相互性，但是上诉法院拒绝适用义务对等的要求。上诉法院认为，这是因为在联邦法律中并没有绝对相互性原则的存在。另外，很多判例也表明仲裁协议并不需要平等地约束双方当事人。因此，上诉法院认为地区法院将仲裁协议理解为"单边"的性质是错误的，不对称的仲裁协议并不会产生任何不利的法律后果。第二，关于显失公平的认定问题。上诉法院认为，认定合同是否构成显失公平需要满足两个要件：程序性显失公平和实体性显失公平。对于程序性显失公平，地区法院认为仲裁协议是用小字体印刷在格式合同的反面，而并非出现在签订的工作单上，因而在程序上构成显失公平。上诉法院认为这样的观点并不能得到判例法的支持，因为只要仲裁协议的语言表述清晰并无歧义，即使在合同反面也并无影响。① 关于实体性显失公平，Harris 主张因为仲裁协议中只允许 Green Tree 公司选择诉讼解决争议，但是并未赋予他们以选择权。上诉法院认为实体性显失公平的主张与相互性的主张重合，法院强调只是因为具有选择诉讼的权利并不足以使仲裁协议无效，因为议价地位的不平等不是仲裁协议无效的依据。所以，基于对上述请求的分析，上诉法院撤销了地区法院的判决并将其发回地

---

① Troshak v. Terminix Int'l Co., 1998 WL 401693 (E. D. Pa. 1998); Spigelmire v. School Dist. of Braddock, 43 A. 2d 229 (Pa. 1945).

区法院，并要求地区法院准许被告提出中止诉讼的请求，并强制进行仲裁。

三 评述与分析

通过上述案件，我们不难看出，即便是对于同一类型的不对称仲裁协议，法院认定的态度与理由也不尽相同。这是因为能够影响程序性显失公平和实体性显失公平的因素较多，法院如若侧重于任何一个因素都会直接影响对于显失公平的认定。因此，法院在实践中也会出现不同的观点。

如果法院对于格式合同的考量更为侧重，则将直接影响其中仲裁协议的效力。例如，Iwen v. U. S. West Direct 案①中的当事人在格式条款中约定了仲裁协议，若想确定认定其有效，则存在两个需要考虑的因素：(1) 是否满足了弱势当事人的合理期待；(2) 是否具有压迫性或构成显失公平。该案法院认为，格式合同通常是由议价能力更强的一方当事人所起草，另一方当事人只能选择接受或者拒绝，并没有对合同内容进行协商的机会。显失公平的构成需要两个要件：合同条款不合理地有利于起草者；另一方当事人并不具有有意义的选择。法院认为，具有更强议价能力的当事人享有就给付义务提交诉讼的单方权利，而弱势方只能够接受将争议提交仲裁解决，这样的约定有违公平。而有的法院则认为格式合同尽管是由强势方起草的，且弱势方只能接受或者不接受，这依然不足以使仲裁协议直接无效。②

我们认为，应当对不对称争议解决协议是否构成显失公平进行个案分析，不能因为争议解决协议中的选择存在不对称或不对等的情形就直接否定其效力，而是应当对程序性显失公平和实体性显失公平这两个要件进行严格的审查与论证。

---

① Iwen v. U. S. West Direct, 293 Mont. 512 (Mont. 1999).
② Robin v. Blue Cross Hosp. Servs., Inc., 637 S. W. 2d 695, 697 (Mo. banc 1982).

　　首先，毫无疑问的是，在任何情况下，仅仅当事人议价地位的不平等这一个因素并不足以使任何争议解决协议无效。因为在任何合同中，双方当事人的地位都不可能绝对平等。即便这种"不平等"不体现在争议解决条款中，也会体现在其他合同条款中，例如货物价格、履行方式或履行期限等。

　　其次，不对称争议解决协议出现在格式合同中也并不能说明合同构成"程序上的显失公平"，法院应当对合同签订时的各种因素进行审查，例如：是否强势方认为弱势方不存在履行合同的合理可能性，是否强势方知晓弱势方无法从合同中获得实质性利益，是否弱势方无法理解协议的内容而无法保护其自身利益。①

　　最后，在合同中约定不对称的争议解决选择并不意味着构成"实体性显失公平"。当然，法律并不只保护权利义务完全对等的合同条款。法院应当综合判断一方当事人具有更多的选择权是否会在实质上导致不公正的发生。另外，法院也要审查涉案交易是否存在分配商业风险的需求，或者对特定争议事项提供更便捷的解决方式的需要。

　　此外，从司法实践中也能看出，显失公平的合同通常出现在存在弱势方的合同之中，例如雇佣合同或消费者合同。但是在商事合同中，由于相比消费者或者雇员，商人在交易能力或议价地位上都十分老练，因此法院往往对在商事合同中主张显失公平持怀疑态度。这是因为商人们通常具有一般的商业背景与知识，也被认为是能够阅读所有协议条款并知晓协议中的潜在风险。所以，除非存在不公平的意外因素或是恶意行为，否则仅因条款的不对等难以构成显失公平。② 在 Continental Airlines v. Goodyear Tire & Rubber Co. 案中，法院认为主张合同构成显失公平情形在两家大型的、专业的公司之间并无太大意义。但是这也并不意味着在商事合同中就不能构成显

---

①　Restatement of the Law 2d, Contracts (1981), Section 208, Comment d.

②　Zapatha v. Dairy Mart, 408 N. E. 2d 1370 (1980).

失公平，只是相比于存在弱势方的合同而言更为少见。在 A&M Pro-
duce Co. v. FMC Corp. 案中，法院认为当事人之间的缔约能力有着巨
大差异，且涉案合同背面的条款十分不醒目。此外，法院还提到，
这个条款将出卖人产品瑕疵所带来的损害的风险完全转移给了买受
人，具有压迫性的性质，因此构成显失公平。①

---

① A&M Produce Co. v. FMC Corp., 186 Cal. Rptr. 114 (1982).

第 五 章

不对称争议解决协议之正当性证成

　　不对称争议解决协议的正当性以合法性与有效性为讨论前提。尽管这类不对称争议解决协议通过赋予一方当事人以选择权的方式使得争议解决的方式更为灵活与变通，但同时也对传统法律理念中的"公平""平等"以及"正义"等原则构成了挑战。然而，在意思自治原则为指导的私法制度下，不对称的约定与选择也未必缺乏法理支持。此类协议的正当性与当事人的意图以及交易的风险分配紧密联系在一起。在实践中，以英国为代表的一众国家高举"意思自治"的大旗，为支持不对称争议解决协议的效力提供了充实的依据。

第一节　尊重意思自治

　　意思自治原则既是当事人选择争议解决方式的基础，也是保障争议解决顺利进行的核心。意思自治强调私法领域中的民事主体可以不受国家干预自行创设民事法律关系。尊重意思自治，就等同于尊重当事人的契约意图，这也是契约能够具有效力的核心要素。

一　以"当事人意图"为核心
　　契约的本质为当事人意志的会合，只要不违背公序良俗、不违反法律，当事人之间基于自由意志达成的契约就应当受到法律的保护。正如斯泰恩所言："合同法的功能是为契约性交易提供有效和公平的框架。这一功能需要将判决建立在当事人的合理期待之上。"①

意思自治原则之所以受到推崇，是因为它与当事人的意图紧密相连，是当事人意图在法律领域中的精神概括。美国《合同法重述》（第二次）中提道，"与其他法律领域所不同的是，赋予当事人约定的权利，与这一事实相一致，即私人享有在很大的限度内决定他们合同义务的性质的自由"。② 通常而言，争议解决协议是当事人合同谈判中不可或缺的重要部分，当事人也知晓他们所拟定的争议解决方式意味着什么。在英美法系国家中，法院往往会适用"理性人"的假设来判断当事人是否存在受合同拘束的意图。③

任何条款本身都是当事人意图的体现，不对称争议解决协议也是如此。不对称争议解决协议在条款的构造上与一般合同条款存在的主要区别就是，争议解决方式的选择权具有不对等性。但无论如何，这都不能否认这类协议是当事人主动创设的民事权利义务关系的合理表达。毫无疑问，从法律的视角来看，法律并不会保护没有任何合理性的当事人意图。④ 所以，只要当事人创设法律关系的意图不违反强制性规则或公共政策，都应被赋予正当性。

二　不对称争议解决协议相关实践

英国法院对于不对称争议解决协议的解读从当事人意图角度出发，试图追溯到当事人签订合同时对于争议解决方式的合理期待，以赋予条款效力。重要的是，法官在解读不对称争议解决的条款时

---

① Reiter and Swan, "Contracts and the Protection of Reasonable Expectations", *Studies in Contract Law*, ed. by Reiter and Swan, 1980, Toronto, pp. 1 – 22.

② Second Restatement, s. 187, comment (e).

③ Carlill v. Carbolic Smoke Ball Company 1 QB 256 (1893).

④ Alex Mills, *Party Autonomy in Private International Law*, London: Cambridge University Press 2018, p. 69.

并未将其视为一种特殊的合同条款，而是与其他合同条款一样被视为当事人意思自治下的产物。

（一）NB 第三航运公司诉哈贝尔航运公司案①

本案是一起涉及"共诉单仲"类型的不对称仲裁协议的案件。租船人 NB Three Shipping 与船主 Harebell Shipping 就两艘船的包租达成了合意，并签订了租船合同。当事人对于争议解决方式有着详尽的规定，有 12 个条款均与此有关。当事人在租船合同的第 47.02 条中约定："英格兰法院对本租船合同所引起的或与本租船合同有关的任何争议享有管辖权，但是船主应享有将本协议下的任何争议提交仲裁的选择权。关于法院诉讼程序，本协议应当适用第 47.03—47.09 条和第 47.11 条和第 47.12 条，而仲裁程序则适用第 47.10—47.12 条。"② 在第 47.09 条中规定了作为租船人的权利"租船人应当就合同义务的履行享有针对船主起诉的同等权利，但仅限于英格兰法院"。除此之外，这类协议还进一步对诉讼程序和仲裁程序约定了更为细致的规则以方便日后执行。例如，第 47.05 条规定，"租船人同意放弃对在英格兰法院或第 47.03 和 47.04 条项下的任何法院下提起的任何程序提出的任何抗辩（不论是否基于不方便法院原则的抗辩或其他抗辩）"③。此外，在仲裁程序方面，第 47.10 条规定仲裁地为伦敦或是在船主选择下的另一城市，并由两名仲裁员仲

---

① NB Three Shipping Ltd. v. Harebell Shipping Ltd. APP. L. R. 10/13（2004）.

② Art. 47.02: The courts of England shall have jurisdiction to settle any disputes which may arise out of or in connection with this Charterparty but the Owner shall have the option of bringing any dispute hereunder to arbitration. In case of court proceedings the provisions of Clauses 47.03 – 47.09（both inclusive）and of Clauses 47.11 and 47.12 shall apply, while in case of arbitration the provisions of Clauses 47.10 – 47.12（both inclusive）shall apply.

③ Art. 47.05: The Charterer waives any objection which it may have now or later（whether on the ground of forum non conveniens or otherwise）to any proceedings relating to this Charterparty being brought in the courts of England or in any court which is covered by Clause 47.03 or 47.04.

裁，由船主和租船人各自选任一名，并均同意仲裁程序适用英国法。①

　　随后，2003 年 7 月，船主与租船人就增长的利率问题发生争议。2004 年 6 月 22 日，租船人 NB Three Shipping 就索赔问题向 Harebell Shipping 提起诉讼。2004 年 6 月 24 日，船主的律师表明他们有权根据第 47.02 条的规定在合理时间内考虑是否要行使选择仲裁的权利。并且船主律师认为，考虑到船主所享有的选择权，他们对于租船人没有在提起诉讼前询问船主感到惊讶。2004 年 6 月 30 日，船主表明他们将要行使诉诸仲裁的权利，并表示将要向法院申请中止诉讼程序。在几天之后，船主便依据租船合同中的第 47.10 条选任了仲裁员。

　　双方对于合同中有关争议解决的约定产生了分歧。租船方人认为他们提起诉讼程序并没有违反双方合同中的约定，因为他们有享有诉讼至英格兰法院的权利。另外，他们认为合同中第 47.02 条中的"选择权"并不适用于他们目前提起的诉讼程序。因为"提起"一词在协议中应当理解为"开始"的意思，所以即便船主享有提起仲裁或在英格兰法院提起诉讼的选择权利，但如果租船人就争议提起至法院，则船主不再享有提交仲裁的权利。②

　　船主则认为只赋予一方当事人提交仲裁的权利的条款在实践中很常见，并且司法实践也都确认了这样的协议并不阻碍其构成一份有效的仲裁协议。船主并引用几个判例以支持自己的观点。例如，

————————

　　①　Art. 47.10：Any dispute arising from the provisions of this Charterparty or its performance which cannot be resolved by mutual agreement which the Owner determines to resolve by arbitration shall be referred to arbitration in London or, at Owner's option, in another city selected by the Owner by two arbitrators, one appointed by the Owners and one by the Charterers who shall reach their decision by applying English law. If the arbitrators so appointed shall not agree they shall appoint an umpire to make such decision.

　　②　NB Three Shipping Ltd. v. Harebell Shipping Ltd. （2004）APP. L. R. 10/13, Para. 8.

其引用 The Messiniaki Bergen 案①中法官的观点，即"在当事人行使选择权前并不存在仲裁协议，但是一旦作出了选择，我认为存在一份有拘束力的仲裁协议"。此外，还引用了著名的 Pittailis v. Sherefettin 案作为否定"有效仲裁协议需要相互性"这一抗辩的依据。

莫里森法官首先梳理了当事人所签订的争议解决条款。认为在通常的情形下，当事人应当在发生争议后决定是通过仲裁还是诉讼解决，但本案中船主保留着将争议提交仲裁的权利。所以，通常的情况是在租船人提起诉讼程序之前，当事人就应当考虑清楚将会寻求的争议解决方式。但是，莫里森法官发现，在本案中租船人并未遵照第 47.10 条的规定在起诉船主前与船主展开讨论。而且假设如果租船人对于第 47.02 条的理解是正确的话，那么该条款就会产生十分有限的效果。② 租船人可以通过直接提起诉讼的方式以规避船主依据第 47.02 条所享有的选择仲裁的权利。

因此，莫里森法官认为从整个合同的商业意义上来说，他并不能接受这种观点。另外，租船方对于"提出"措辞的解读过于侧重于语义学的理解。莫里森法官认为整个第 47 条的条款都十分明确。第 47 条的设计就是为了赋予船主以"更好"的权利。第 47.02 条赋予了船主可以根据条款中的仲裁选择权终止或中止对其提起的诉讼程序，这使得该条款具有实际效果。如果租船人想要通过先提起诉讼程序以规避船东提起仲裁程序的决定，这没有实际效果，这并不会使得船主享有的仲裁选择权归于消灭，因此船东依然享有决定仲裁或诉讼的权利。不过，莫里森法官提到，这样的选择权并非没有终止（not open ended），如果船主进行了选择或者让租船人合理地相信船主将不会行使这一选择权，那么该选择权便不再可供使用

---

① The Messiniaki Bergen（1983）1 Lloyd's Law Reports 424.

② NB Three Shipping Ltd. v. Harebell Shipping Ltd. （2004） APP. L. R. 10/13, Para. 10.

（cease to be available）。①

综上所述，考虑到船主已经明确表明其行使了该选择权，并意图将该争议通过仲裁方式解决，莫里森法官同意了其中止诉讼程序的申请。

（二）法律债券信托公司诉埃雷克提姆金融公司案②

本案是一起涉及"共仲单诉"类型的不对称仲裁协议的案件。早在 2004 年 2 月开始，原告与被告就因合同纠纷已在法院有过数次交锋。2005 年 1 月，保证人向伦敦国际仲裁院提起了仲裁程序，并告知原告要求其选任仲裁员参加仲裁程序。原告 Law Debenture 并未选任仲裁员，因此在保证人的申请下，伦敦国际仲裁院选任 Lord Browne-Wilkinson 为仲裁员。本案中，原告 Law Debenture 就被告 Elekrim 并未按约定在合同期满后履行偿付义务而向法院提起诉讼。被告 Elekrim 向法院申请中止诉讼程序，认为本案应当提交仲裁解决。

法院经查明发现，当事人在债券协议的第 29.2 条中约定"凡因本协议引起或与本协议有关的任何争议可由任何一方按照联合国国际贸易法委员会仲裁规则通过仲裁方式最终解决……"此外在第 29.7 条中又规定了关于债券持有人和信托人的选择性条款："尽管存在上述第 29.2 条的规定，为了信托人和每位债券持有人的排他性利益，EFBA 和 ESA（本案的被告）在此同意信托人和每位债券持有人具有排他性的权利，在他们的选择下，可以就因本协议引起或与本协议有关的任何争议提交英格兰法院管辖，英格兰法院对此享有非排他性管辖权……"

因此，对于法院而言，首先需要考虑的问题是在仲裁程序已经被提出的情况下，法院是否有权就本案的管辖权问题进行审理，对

---

① NB Three Shipping Ltd. v. Harebell Shipping Ltd. （2004）APP. L. R. 10/13, Para. 11.

② Law Debenture Trust Corp Plc v. Elektrim Finance BV（2005）APP. L. R. 07/01.

此问题法院认为，从原告 Law Debenture 与伦敦国际仲裁院来往的邮件中可以看出，他们并不认同通过仲裁程序解决争议，并一直拒绝仲裁庭的管辖权。原告的代理律师认为："……我们相信，争议由英国法院解决更为合适，而并非仲裁庭。我的客户并不希望在没有参与仲裁庭的组成的情况下被迫参与仲裁，除非英国法院决定认可仲裁庭具有管辖权（这与我客户的意见相冲突）。因此，我们认为伦敦国际仲裁院不应该在仲裁庭不太可能具有管辖权的情况下采取任何措施，否则将会使 Law Debenture 在仲裁程序中的权利受到不公正的影响……"另外，法院认为伦敦国际仲裁院已经指定了仲裁员的情况并不能说明什么问题，所以认为原告 Law Debenture 并未实际参与仲裁程序，法院依然可以就管辖权问题进行审理。①

此外，对于被告 Elekrim 提出的申请中止诉讼程序的问题，法院认为有必要对于合同第 29 条的结构和效力进行梳理，以决定原告 Law Debenture 是否具有将该争议提起诉讼的权利。曼恩法官认为，第 29.2 条是总括性的仲裁条款，表明双方当事人都可以提出仲裁以解决争议。而第 29.7 条是关键的核心条款，认为条款中关于"尽管存在第 29.2 条之规定"以及"在他们的选择下"的表述说明当事人的争议解决方式具有双重机制。即第 29.2 条适用于仲裁程序，第 29.7 条是适用于原告 Law Debenture 和其他债券持有人的诉讼程序，前提是如果他们愿意行使这一选择。

被告方则认为，第 29.7 条赋予原告针对仲裁程序的"否决权"，是不合乎常理并且十分荒诞的，并且认为这会使仲裁条款有所偏向并具有单边性。但是主审法官并未支持被告方的观点，认为这样的条款是赋予另一方以额外的优势，但这与合同中的其他类似条款没有区别。此外，法院也否定了被告方对于第 29.7 条的解读——认为该条款意味着原告 Law Debenture 在被告就相同争议提起仲裁程序

---

① Law Debenture Trust Corp Plc v. Elekrim Finance BV（2005）APP. L. R. 07/01. Para. 31.

前，具有提起诉讼的权利。法院认为这样的解读完全没有任何商业原理，将争议是否提起仲裁或诉讼取决于某一程序可能发生的时间是荒谬的。[①]

因此，法院认为第 29.7 条赋予了原告 Law Debenture 一个选择权，而这是被告 Elekrim 所不具备的。他们可以选择诉讼，而被告只能提起仲裁。如果原告想就争议提起诉讼，那么他们就不会被迫参加仲裁程序。而对此选择权存在的唯一的限制是，原告 Law Debenture 不能在面对争议时悬而未定。如果原告提起仲裁程序，则意味着他们放弃了选择诉讼的权利。同样地，如果他们充分地参与了仲裁程序，那也意味着他们行使了这一选择权，并放弃了提起诉讼的权利。[②] 综上，法院拒绝了被告提出的中止诉讼程序的申请。

（三）毛里求斯商业银行有限公司诉赫斯蒂亚控股有限公司、苏贾纳环球工业有限公司案 [③]

本案是一起涉及"共一单任"类型的不对称管辖协议的案件。原告是一家注册在毛里求斯的商业银行（MCB），第一被告（Hestia）是注册在毛里求斯的一家公司，而第二被告（Sujana）是一家注册在印度的公司，并且是第一被告的母公司。2010 年 12 月 9 日，MCB 与 Hestia 签订了一份上限为一千万美元的融资协议，同日 Sujana 也签订了有关此融资的保证协议。2012 年 8 月，Hestia 未能在约定期满向 MCB 支付应付费用。双方随后就违约问题进行沟通，并在 2012 年 10 月 11 日达成新的修改协议，其中对付款日期和利息做了重新修改与调整，并且在该协议中明确表示"本协议修改、替换和重申原融资协议中的合同条款"。不同于原融资协议的是，修改协议

---

① Law Debenture Trust Corp Plc v. Elektrim Finance BV（2005）APP. L. R. 07/01. Para. 45.

② Law Debenture Trust Corp Plc v. Elektrim Finance BV（2005）APP. L. R. 07/01. Para. 42.

③ Mauritius Commercial Bank Limited v. Hestia Holdings Limited, Sujana Universal Industries Limited（2013）EWHC 1328（Comm）.

将协议的准据法从毛里求斯法律改为了英国法律，并且包含了不对称的选择法院条款。

其中第 24.1 条规定：

（a）英格兰法院对与本协议有关的或因本协议引起的任何争议（包括涉及本协议的存在、效力及终止问题）具有排他性的管辖权；

（b）当事人均同意英格兰法院是解决争议最合适、最方便的法院，并同意对此问题不提出任何异议；

（c）第 24.1 条仅有利于出资人的利益。因此，不得阻碍出资人在其他任何有管辖权的法院就争议提起诉讼。在法律允许的范围内，出资人可以在任何法域内同时提起诉讼。

随后，Hestia 仍然未能依照修改协议的规定履行其义务，MCB 因此将该争议向法院提起诉讼。被告方认为尽管当事人修改了准据法，但是第 24.1 条中的选择法院协议应当依然适用毛里求斯法律。而根据毛里求斯法律，这类选择法院协议是无效的，因为其具有的单方属性只允许 Hestia 和 Sujana 在英格兰起诉，而允许 MCB 在世界的任何地方起诉。此外，被告方认为，即使退一步适用了英国法，该选择法院条款仍然过于具有单边性，违反了英国法下的司法平等（equal access to justice）的基本原则。[①]

波普尔韦尔法官认为被告主张的关于当事人不能修改准据法的观点让他感到意外。因为选择法院条款的准据法和其他合同条款一样，都可以通过当事人的明确意思表示予以修改。通常而言，在当事人没有明确规定的情况下，推定认为主合同的准据法适用于选择法院条款。法官认为他很难找到合理理由或政策因素去解释为何不能修改准据法，修改协议已经构成了当事人之间新的合同。所以法官认为毛里求斯法律与本案无关，并认定英国法为准据法。

关于不对称法院选择协议，波普尔韦尔法官认为"出资人可以

---

① Mauritius Commercial Bank Limited v. Hestia Holdings Limited, Sujana Universal Industries Limited (2013) EWHC 1328 (Comm), Para. 12.

在世界任何一个地方起诉"的观点是错误的解读，这不是一个授予一个不存在的外国法院以管辖权的协议，而是该协议中保留了出资人可以在任何有管辖权法院起诉的权利。① 另外，被告方认为修改协议中的第 24.1 条中并没有赋予 Hestia 和 Sujana 任何权利，认为第 24.1（c）条中"第 24.1 条仅有利于出资人的利益"的表述说明，这是一条完全单边的条款，Hestia 和 Sujana 不享有在任何法院起诉的权利，而 MCB 则可以在任何法院起诉他们。法官同样否定了这一错误的解读，认为第 24.1 条是为了出资人的利益是指 Hestia 和 Sujana 只能在英格兰提起诉讼，而 MCB 在提起诉讼程序时无须限定在英格兰。波普尔韦尔法官援引 NB Three Shipping 案说明不对称法院选择协议是有效的。此外，法官认为，《欧洲人权公约》第 6 条中的司法平等原则指的是当事人均有受到法院公平审判的权利，但并非指选择法院的权利。因此，不能因为 MCB 具有选择法院的权利就认定其违反司法公平的原则。

三　分析与评述

通过上述案件，我们不难看出，英国法院对于不对称争议解决协议的态度十分友好，这与法国和俄罗斯等主张否定其效力的国家来说对比明显。事实上，只要是当事人在合同中明确约定了争议解决的方式，即使存在不平等或不对称的选择，英国法院并不会将其进行"特殊"对待。他们更愿意将其理解为当事人意思自治的体现。无论是不对称管辖协议，抑或是不对称仲裁协议，英国法院都不认为这样的约定足以影响协议的效力。②

---

① Mauritius Commercial Bank Limited v. Hestia Holdings Limited, Sujana Universal Industries Limited (2013) EWHC 1328 (Comm), Para. 37.

② Bank of New York Mellon v. GV Films (2009) EWHC 2338; Lornamead Acquisitions Ltd. v. Kaupthing Bank (2011) EWHC 2611; Black Diamond Offshore Ltd. & Ors v. Fomento De Construcciones y Contratas SA (2015) EWHC 1035; Barclays Bank Plc v. Ente Nazionale di Previdenza ed Assistenza dei Medici e Degli Odontoiatri (2015) EWHC 2857 (Comm).

由于不对称争议解决协议中存在"选择权的不平等性",因而经常受到"平等原则或公平原则"的审查。不过,依然有众多国家与英国所持的积极态度相同,将这类协议认定为当事人意思自治原则的合理表现形式,从而赋予其有效性。例如,西班牙法院在一份判决中也认可了不对称争议解决协议的效力。① 又如,意大利法院也在两起涉及不对称争议解决协议的案件中肯定了当事人意思自治原则的优先作用。② 乌克兰法院也通过司法实践确立理论尊重当事人意思自治的立场。在一起涉及"共仲单诉"类型的案件中,当事人在租赁合同中约定所有争议提交仲裁解决,但是出租人仍然有权单方面在乌克兰高等商事法院提起诉讼。承租人在争议发生后请求法院驳回起诉并提交仲裁解决。乌克兰高等商事法院认为,当事人约定仲裁解决争议并不意味着放弃向商事法院申请法律保护的权利,因为这违反了司法保护权利的原则以及乌克兰宪法第55条关于公民自由的权利。此外,法院还援引了其民法典第627条,认为当事人在订立合同、选择缔约方和确定合同条款方面享有自由。因此,乌克兰高等商事法院鉴于上述理由以及"当事人之间的契约关系的性质",认定不对称仲裁协议具有可执行性。③ 此外,乌克兰在另一起涉及不对称仲裁协议的案件中也再次确认了这一立场。④

由于深受英联邦法律体系的影响,新加坡对于不对称争议解决协议的立场与英国相似,对这类协议的考量标准同样以尊重当事人的意思自治原则为核心。新加坡法院在 Dyna-Jet Pte Ltd. v. Wilson Taylor Asia Pacific Pte Ltd. 案中认可了"单选诉仲"类型的不对称仲裁协议的效力。该案合同中约定:"Dyna-Jet 和其客户同意就合同的

---

① Court of Appeal of Madrid, 18 October 2013, Camimalaga SAU v. DAF Vehículos Industriales, S. A. .

② Case 5705, April 11, 2012, Grinka in liquidazione v. Intesa San Paolo, Simest, HSBC; September 22 2011, Sportal Italia v. Microsoft Corporation.

③ Judgement of 7 March, 2013, case No. 3/5027/496/2011.

④ Judgement of 24 September 2014, case No. 910/3425/13.

解释和执行问题相互配合以善意的方式解决，关于合同项下中服务履行的争议应在争议发生起三日内通知 Dyna-Jet。此后，提出争议发生的期限届满。关于合同的任何请求、争议和违约应当通过双方友好协商共同解决。如果经过协商未得到友好解决，Dyna-Jet 可以选择，通过仲裁程序以私人解决争议，仲裁程序适用英国法，在新加坡仲裁。"法院在否定了 Dyna-Jet 提出的基于"相互性"和"选择性"的抗辩之后，强调了对于当事人意图理解的重要性。

新加坡法院认为："对于争议解决协议的一般的原则是，尤其是通过私人方式进行仲裁，应当对其约定形式赋予效力，而不是否定其效力。"可以见得，对于支持不对称争议解决协议的国家而言，当事人的意思自治具有高度的优先性，除非该协议根本性地违反了法律规定，否则法院应适用"尽量使其有效原则"赋予其效力。而这一原则背后所含的寓意是，法院愿意赋予当事人的商业意图以有效性，而不是一味地鼓励当事人去选择仲裁。

第二节　合理分配风险

在现代商业谈判中，每位当事人均试图通过一切可能的方式降低自身的风险，但同时，降低自身的商业风险往往意味着需要将风险转移到对方当事人的身上。因此，当事人之间往往会对合同条款进行多轮磋商以达成合意。由于当事人议价地位迥异，商业交易的风险难以均衡地分配到双方当事人的身上。不对称争议解决协议本身就体现了一种"倾斜式"的风险分配方式，其中一方当事人可以对争议解决方式具有更为宽松的选择，以平衡所承担的商业风险。

一　事前分配风险

事实上，无论是何种类型的合同，商业的交易风险都时时刻刻存在于合同的任何一个环节之中。可以这样说，任何一方当事人都具有违约的可能性。从法经济学的视角来看，每一个"理性人"通常会以成本最低、效益最高以及风险最小的方式选择效率最高的法律方案。因此，当事人在起草合同时往往会对风险进行合理地分配，将其转化为特定的合同条款，约定在合同之中。

一般而言，合理分配风险是商事活动的基本内容之一。商人们对于风险分配的寻求是对自身利益最大化的追求，不过想通过法律条款的方式达到分配风险的目的必须接受公平原则的审查。在实践中，将风险分配纳入合同条款的设计与考量十分常见，其中最为典型的就是免责条款。合同中的免责条款是合理分配当事人之间的商业风险，维护合理化经营，平衡利益关系的重要手段。[1] 通常情形下，只要免责条款的设置不违反法律的禁止性规定都应被视为当事人真实意思的表示，法律也都赋予其效力。[2] 当然，风险的分配与合同的主体地位有着直接关系。很多免责条款存在于格式条款之中，而享有免除责任的一方当事人通常是具有强势谈判地位的一方当事人。因此，法院在认定免责条款的效力时也会综合考量当事人的地位是否平等以及免责条款是否被充分告知等因素。例如，中国最高人民法院曾在一起合同纠纷案中认为，双方当事人都具有丰富的商业经验和能力，对于明知存在免责条款而订立的合同应当有效。[3] 此外，最高人民法院在一起海上保险合同纠纷案中也明确，如果免责条款系当事人之间充分协商的条款，其效力应当得到法律的支持。[4]

虽然，争议解决协议是当事人对未来争议如何解决而约定的处理办法，但是在很多情况下，由于方式选择的不同依然可以对最后的法律效果产生巨大的影响。尤其在金融领域中，双方当事人之间的商业风险并不均等，银行作为议价能力的强势方或是交易合同的

---

① 崔建远：《合同法》，北京大学出版社 2013 年版，第 342 页。

② 例如，中国《民法典》第 506 条规定：合同中的下列免责条款无效：（一）造成对方人身伤害的；（二）因故意或者重大过失造成对方财产损失的。

③ 参见（2013）最高法民提字第 216 号。

④ 参见（2018）最高法民申 5832 号。

起草方却承担着远高于另一方当事人的风险。在面对来自世界各地的借款人时，银行收回钱款的风险居高不下。因此，银行通过不对称争议解决协议进行事前的风险分配无可厚非且十分合理。这也是不对称争议解决协议最早在金融领域中应运而生的主要原因之一。总而言之，银行与客户之间商业风险的不对称性决定了争议解决方式选择的不对称性。

二　不对称争议解决协议相关实践

以下两起案件均出现于金融合同之中，法院均在认可这类不对称争议解决协议的理由中明确提及，当事人通过约定此类协议以达到平衡商业风险具有正当性。

（一）雷德本资本诉 Zao 保理公司案①

本案是一起涉及"共仲单诉"类型的不对称仲裁协议的案件。当事人之间签订的信贷协议中约定"本合同有关或因本合同引起的任何争议应当交由伦敦国际仲裁院（LCIA）"，但还约定"如果 Red Burn 公司在仲裁员选任之前拒绝通过仲裁解决，Red Burn 可以要求争议通过诉讼解决"。之后双方发生争议，Red Burn 向俄罗斯法院起诉 Eurocommerz 要求追回其所欠债务。初审法院并未对合同条款进行审查就中止了诉讼程序，法院认为根据俄罗斯仲裁程序法的规定，法院应当在当事人主张存在仲裁协议时中止诉讼程序。Red Burn 成功地在上诉法院获得胜诉，随后 Eurocommerz 上诉至俄罗斯联邦仲裁法院。

联邦仲裁法院认为当事人约定的争议解决协议是有效的，Red Burn 可以依据不对称仲裁协议选择将争议提交法院解决。这是因为法院充分考虑到，该信贷协议为出资方（Red Burn）而非借款方，提供了诉讼选择的权利。此外，联邦仲裁法院还注意到各方的商业

---

① Red Burn Capital v. Zao Factoring Company Eurocommerz, case No. A40 – 59745/09 – 63 – 478（2009）.

立场并不相同，信贷协议中将争议解决方式的约定为"不对称"的形式是为了保护风险较高的一方当事人，也就是作为出资方的 Red Burn，因此这样的约定是合理的。所以，法院基于不对称仲裁协议属于当事人对于风险分配的合理约定而认可了其效力。

（二）第一优质银行案①

本案是一起涉及"共仲单诉"类型的不对称仲裁协议的案件。作为原告的 Peter 和 Jaine 为女儿及女婿购置了一栋移动住房，并与银行签订了分期付款协议。其中协议已约定"因本贷款协议的解释、有效性、履行或违约所引起的或与本协议有关的所有争议、索赔或其他事项交由仲裁解决"。此外，还约定"银行可以通过司法救济（起诉）强制执行其担保利益、收回贷款以及取消赎回权"。房屋交付之后，原告认为房屋存在瑕疵，并停止继续给付每月的分期付款。作为回应，银行依据贷款协议占有了原告所购房屋。因此，原告向法院起诉，但银行则根据贷款协议中的仲裁协议主张申请强制仲裁。初审法院驳回了银行的主张，银行遂上诉至上诉法院。

在上诉法院，一审原告主张贷款协议中的仲裁协议显失公平，其中一个理由是仲裁协议强迫弱势方当事人进行仲裁，而强势方当事人则可通过诉讼针对弱势方。上诉法院认为，判断"显失公平"的基本原理是：在考虑到当事人的商业背景和特定的商业或实际需求的情况下，合同条款是否在合同签订时过于具有单边性以至于导致有失公正。此外，法院还强调显失公平原则是了为了防止压迫性（oppression）和不公正突袭（unfair surprise）的发生，而并非是为扰乱强势议价能力的一方进行合理的风险分配。法院梳理了先前判例并综合考虑了贷款协议的性质，认为涉及银行就特定事项具有选择诉权的不对称仲裁协议并不违反显失公平原则。

---

① In re FirstMerit Bank, N. A. , 52 S. W. 3d 749, 753 (Tex. 2001) .

三　分析与评述

我们可以看出，"合理分配风险"成为不对称争议解决协议具有正当性的理由之一，这其实也符合该设计此类协议的初衷。毫无疑问，在金融借贷领域，借贷双方所承担之交易风险并不对称。由于经济实力不同，偿债能力也不一样。一方面，金融机构资金雄厚，往往在众多国家拥有业务，履约能力较有保障；另一方面，借款人的实力良莠不齐，有的规模较小且财力有限，信誉资质又相对不高。因此，借款人承担的交易风险相对较小，不太担心金融机构会出现违约的情形；而银行却需要承担较大的交易风险，往往担心借款人无法及时还款，坏账死账情形更是时常发生。

不对称管辖协议作为一种倾斜性的管辖权安排，其意义就体现在为承担较高交易风险的一方当事人提供降低风险的机制。在跨国执行判决较为困难的背景下，这种安排有利于缓解银行对债权落空的担心。银行想及时实现债权的动机并不具有主观恶意，允许银行在任何有管辖权的法院提起诉讼只不过是保留了原有的实现债权的途径，而借款人的住所地、营业地以及财产所在地等原本就是其能提起诉讼的地点。[①]

"趋利避害"是商业发展的内在动力，因此，通过法律手段达到风险规避或风险分配的目的不仅是市场经济发展的需要，也是法律保护市场经济的方式之一。然而，并非所有以达到规避风险为目的的合同条款都在法律上具有效力。如果当事人之间的议价能力悬殊，使得弱势方明显受压迫，例如一方当事人属于消费者、被保险人或者劳动者，则不对称管辖协议很难被认定有效。这是因为，实质正义的观念促使各国更加注重对于弱势当事人实质权益的保护，以防止强势的一方利用其自身优势地位迫使对方签订不利于自己的管辖协议。

[①]　张利民：《非排他性管辖协议探析》，《政法论坛》2014 年第 32 卷第 5 期。

事前约定管辖协议以最大限度地分配风险或许可以普遍存在于议价能力较为平等的主体之间，但是在涉及消费者、被保险人或劳动者这类弱势当事人时，各国往往会通过立法的手段限制事前管辖协议的意思自治范围，以保护弱势当事人的合法权益。例如，《布鲁塞尔条例Ⅰ》（重订）中对于一方当事人与上述弱势当事人签订的管辖协议进行了限定，并且规定，如果要起诉弱势当事人，只能在其住所所在地的成员国法院提起诉讼。为了防止争议发生前的约定有损弱势当事人的利益，条例中规定，如果协议是争议发生后而订立的，则可以排除仅在弱势当事人住所所在地起诉的规定。

第 六 章

中国不对称争议解决协议的
司法实践及完善建议

世界各国对于不对称争议解决协议的态度均不相同，即便是相同的司法立场也存在不同的理由与依据，因而关于不对称争议解决协议的认定问题存在着强烈的本国烙印。本章将从中国的司法实践入手，旨在通过对相关典型案件进行分析与评述，以探析中国不对称争议解决协议的现状与司法立场。另外，本章还将对中国是否应当认可不对称争议解决协议提出观点，并立足于中国国情提出相关完善建议。

第一节　中国不对称争议解决
协议的司法实践

由于中国目前尚不存在针对不对称争议解决协议的有关立法规定，因此中国法院在处理不对称争议解决协议问题的裁判要旨与裁判倾向成为中国对于这类协议立场的关键。囿于立法上的缺失，中国法院所面临的问题并不在少数，其中主要涉及不对称管辖协议与不对称仲裁协议的性质认定问题、法律适用问题以及效力认定的问题。

一 涉及不对称管辖协议的现状

中国涉及不对称管辖协议的案件同样集中在金融领域，另外在海事运输合同中也存在关于不对称管辖权的约定。从中国各级法院的司法实践来看，中国法院对于不对称管辖协议的态度在整体上较为积极，只要不对称管辖协议的约定符合中国法律中对于管辖协议的一般规定，例如合法的生效要件、实际联系原则等，中国法院通常会认可其效力。[①] 但在协议的识别问题、性质认定问题以及法律适用问题上仍存在诸多可以分析与讨论的空间。

（一）不对称管辖协议的识别

1. 陈建宝与孙冀川案[②]

本案是一起涉及"共一单任"类型的不对称管辖协议的案件。2016 年 12 月 16 日，孙冀川与发行人中能国际控股集团有限公司签订了《认购协议》，约定由孙冀川认购其公司发行的可转换债券本金 1500 万港元。该《认购协议》以陈建宝个人《保证函》的签署为条件，并在第 3.2 条约定"保证人无条件地且以不可撤销的方式，保证发行人按时支付本债券项下应支付的所有款项"。债券到期日为认购完成之日后第二十二个月届满之日，即至 2018 年 10 月 28 日发行人应赎回到期债券。2016 年 12 月 23 日，陈建宝为保证履行发行人《认购协议》项下的全部义务，与孙冀川签订《保证函》。根据《保

---

① 参见（2019）最高法民辖终 105 号。最高人民法院在"中国有色金属工业再生资源有限公司等与上海浦东发展银行股份有限公司大连分行金融借款合同纠纷案"中认为"上述两协议管辖条款内容明确，条款所约定的管辖法院属于《中华人民共和国民事诉讼法》第三十四条规定当事人可以约定的管辖法院的范围，且不违反法律和司法解释关于级别管辖和专属管辖的规定，不存在《中华人民共和国合同法》第三十九条、第四十条规定的免除或者限制合同一方当事人责任、加重对方责任、排除对方主要权利等需要格式合同提供方提示对方注意的情形和应当认定无效的情形，上述两协议管辖条款合法有效。"

② 参见（2021）京民辖终 76 号。

证函》第2、3、4条，陈建宝对上述1500万港元债券提供连带、无条件、不可撤销、持续的保证义务，保证范围包括但不限于《认购协议》项下的债券本金及所有因其他义务而合理发生的任何行动、诉讼、追偿、赔偿、损失、成本、利息和开支等相关费用。

《认购协议》和《保证函》中均对争议解决方式进行了约定。孙冀川与中能公司签署的《认购协议》第12.1条约定：本协议应受香港法律和法规管辖并据此进行解释，发行人谨此以不可撤销的方式表示服从香港法院的专属管辖权。本条规定不限制当事人在任何其他司法管辖区起诉对方的权利。其中《保证函》第19.2条约定，保证人以不可撤销的方式同意，为了认购人的利益，由本《保证函》产生的或与之相关的任何法律行动或程序都可以提交香港法院，并以不可撤销的方式服从香港法院的非专属管辖权。第19.3条约定，本文件中任何规定均不限制认购人在任何其他司法管辖区对保证人和/或其他资产启动任何法律行动或采用法律允许的任何方式送达诉讼文件，在任何司法管辖区内起诉不妨碍在任何其他司法管辖区内起诉，无论是否同时进行。

截至2020年10月1日，中能公司及陈建宝共欠付孙冀川到期债券金额18825000港元，罚息金额10827688港元。陈建宝应承担按月支付的连带还款责任，尽管孙冀川多次多方式催收，陈建宝仍不履行还款义务。孙冀川向北京市第四人民法院提起诉讼，要求陈建宝履行保证义务，承担保障责任。陈建宝提出管辖权异议，认为《认购协议》第12.1条约定香港法院作为排他管辖法院。虽然担保函中约定的是非排他管辖，但双方亦未选定其他法院作为管辖法院。在附件与主合同约定不一致的情况下，应当适用主合同中有关香港法院排他管辖的规定。

北京市第四人民法院认为，中国内地法律赋予了合同当事人协议确定管辖法院的权利，协议确定管辖法院是意思自治原则在民事诉讼法领域的体现，其保障的是双方当事人在法院受到公平对待的权利，而非必须选择相同的管辖法院。因此，当事人达成的管辖协议只要不违反法律强制性规定，且系真实意思表示，均应认定有效。法院认为本案中《认购协议》的管辖约定属于不对称管辖条款，中能公司同意以不可撤销的方式表示服从香港法院的专属管辖权，系其依法行使和处分诉讼权利，在不违反级别管辖及专属管辖的情况下，该管辖协议仅限制发行人受香港法院排他管辖约束，而对于认购人提起诉讼并未作出排他性管辖约定。《保证函》则约定的是保证人受香港法院非排他性管辖约束，而未对受益人提起诉讼作出管辖限制约定。本案系孙冀川作为《认购协议》的认购方及《保证函》的受益人起诉保证人陈建宝，《认购协议》《保证函》均不排斥或限制涉及孙冀川起诉时选择其他有管辖权的法院。此外，法院认为陈建宝提起的"不方便管辖原则"不符合中国民事诉讼法解释的相关规定，因此不能适用。最后，北京市第四人民法院裁定驳回陈建宝对本案管辖权提出的异议。陈建宝不服一审裁定，向北京市高级人民法院提出上诉。北京市高级人民法院认为一审裁定正确，应予维持，最终驳回其上诉。

2. 交通银行信托有限公司与中国国储能源化工集团股份公司案①

本案是一起涉及只约定一方当事人选择权的"共一单任"类型的不对称管辖协议的案件。2016 年 4 月 14 日，中国国储控股、国储公司与交银信托公司共同签署《信托协议》设立了本金 4 亿美元、年利率 5.55%、2021 年到期、ISIN 编码为 XS13xxx714 的保证债券。国储控股公司为发行人，国储公司为保证人，交银信托公司作为债券持有人的受托人，代表债券持有人行事。《信托协议》第 14.2 条约定："就本信托协议或债券下产生的或与之相关的争议，香港特别行政区法院具有排他的管辖权。发行人（国储控股）和保证人（国储公司）同意，香港特别行政区法院是解决任何争议的最适当及方便的法院。相应地，发行人和保证人不会主张任何其他法院更适当或更方便代表其接受任何程序的传票之送达。"同日，国储公司与交银信托公司签署了《保证协议》，由国储公司为发行人国储控股公司在案涉债券下应付的所有款项提供无条件、不可撤销的保证。其中第 7.2 条约定："保证人同意（i）为了受托人和债券持有人的利益对因本保证协议所产生的或与之相关的争议，香港特别行政区法院拥有排他的司法管辖权；（ii）香港特别行政区法院是解决任何争议最适当及方便的法院；及（iii）相应地，其不会主张任何其他法院更适当或更方便代表其接受任何传票的送达。"

2019 年 4 月 14 日，国储控股公司未能根据《信托协议》的约定支付该期利息。由于上述违约情形，2019 年 7 月 3 日，交银信托公司根据全体债券持有人的指示向国储控股公司发出案涉债券加速到期通知，国储控股公司至今仍欠付案涉债券的本金、利息、逾期利息以及相关费用。因此，交银信托向北京市第四中级人民法院提起诉讼，国储公司提出管辖权异议。

北京市第四中级人民法院认为，从该条约定的内容来看，香港特别行政区法院对于《信托协议》项下的纠纷具有排他的管辖权。《保证协议》下第 7.2 条的第一项也明确应由香港特别行政区法院行使排他性管辖权。双方对于管辖法院的约定是共同的意思表示，符合中国法律对于协议管辖的规定，合法有效，认定国储公司提出的异议理由成立，香港特别行政区法院具有排他性管辖权，本院对于此案无管辖权。

交银信托不服一审裁定，向北京市高级人民法院提起上诉。认为应当适用协议选择法院地法即香港特别行政区法律来判断管辖权条款的效力和含义。并且根据《选择法院协议公约》解释报告第三十二段"不对称管辖条款，即一方当事人只能接受某一特定法院的排他性管辖，但是另一方当事人可以在其他法院起诉的管辖条款"，《信托协议》和《保证协议》中的管辖条款均系仅约束保证人和发行人的不对称管辖条款，不约束受托人在香港特别行政区以外的司法辖区起诉。国储公司针对上诉意见认为："双方共同意思表示是约定香港特别行政区法院对因《保证协议》产生的或与之相关的争议具有排他性的管辖权,管辖条款系合法有效条款,上诉人通过签署《保证协议》,确认了同意管辖条款中的安排,即同意所有争议均由香港特别行政区法院管辖,双方在《保证协议》中达成了对法院选择的合意。"与此同时,国储公司主张《保证协议》第7.2条构成不对称管辖条款既非本案双方当事人的真实意思表示,也不符合案涉管辖条款的明确约定。并且通过交银信托所举相关案例主张:"法院认可不对称管辖条款的前提是管辖条款除了对管辖法院进行了约定外,还明确了双方当事人中的一方不受前述约定的限制,其享有向其他司法辖区的法院提起诉讼的权利,本案中管辖条款并无类似约定,并未赋予上诉人向其他法院起诉的权利,故不属于不对称管辖条款。"

北京市高级人民法院认为,关于争议管辖条款的法律适用问题。当事人向中国内地法院提起涉外、涉港澳台民事起诉,应依据中国内地法律确定诉讼程序事项,管辖权的确定属于诉讼程序事项,应依据法院地法即中国内地法律进行审查。此外,法院就管辖权问题进行了深入分析。首先,法院明确了意思自治原则的重要地位。认为《民事诉讼法》第34条的规定赋予了合同当事人协议确定管辖法院的权利,协议确定管辖法院是意思自治原则在民事诉讼法领域的体现,其保障的是双方当事人在法院受到公平对待的权利,而非必须选择相同的管辖法院。因此,当事人达成的管辖协议只要不违反法律强制性规定,且系真实意思表示,均应认定有效。

随后,法院认为,第一,本案系交银信托公司依《保证协议》向该合同相对方国储公司提起的诉讼,《保证协议》第7.2条为本案相关的涉案管辖条款。第二,《保证协议》第7.2条约定,国储公司同意香港特别行政区法院拥有排他的司法管辖权、不主张任何其他法院更适当或者更方便代表其接受任何传票的送达等。上述约定属于国储公司通过《保证协议》对已方起诉的管辖法院进行了选择,系其依法行使和处分诉讼权利,在不违反级别管辖及专属管辖的情况下,该管辖协议条款合法有效。第三,《保证协议》第7.2条仅系国储公司约束己方起诉时选择香港特别行政区法院，并不排斥或限制涉及交银信托公司起诉时选择其他有管辖权的法院。国储公司主张依据《保证协议》第7.2条，交银信托公司无权向一审法院提起诉讼，缺乏依据。综上，涉案《保证协议》中不存在关于交银信托公司不得向香港特别行政区以外的法院起诉的排他性管辖协议，在《保证协议》未做特殊约定的情况下，交银信托公司依法选择一审法院提起诉讼并无不当，一审法院依法享有对本案的管辖权。最终，北京市高级人民法院撤销了一审法院的裁定，并指令其重新进行审理。

3. 分析与评述

法院能否准确识别出管辖协议所属类型是认定其管辖权的前提。不对称管辖协议的类型多样，在实践中表现为"共一单任""共数单任"和"共一单数"三种主要类型。不论管辖协议的表现形式如何，"不对称"的核心特征并不会因此而改变。所以，识别不对称管辖协议的关键在于对于当事人选择权的"不对称性"的识别，需要注意的是，该选择权仅限于争议解决方式的选择，并不延伸至其他合同权利。

但是在实践中，当事人对于管辖协议的约定并不是都如同"模板合同"一样统一且规范，当事人有时仅在合同中就一方当事人的争议解决方式进行了约定，但对于另一方当事人应作何选择只字未提。在交银信托有限公司案中，当事人之间的管辖条款仅约定保证人和发行人，即一方当事人，但对于另一方当事人（受托人）的争议选择并未作出约定。北京市第四人民法院在一审裁定中未能正确识别出此类条款属于不对称管辖条款，北京市高级人民法院对此进行了纠正。其中北京高院的裁判说理部分思路清晰、说理充分且逻辑清晰。首先，法院先明确了本案系受托人依据《保证协议》提起的诉讼。在不对称管辖条款中，确定起诉的主体就等于间接地确定管辖法院的选择范围，从而对于确定管辖权十分关键。其次，法院认为《保证协议》中仅表明保证人对于香港具有排他性管辖权的同意，并不主张其他法院行使管辖。最后，法院认为该条款仅是约束保证人在起诉时选择香港法院，但并不限制或排斥受托人起诉时的法院选择。我们可以看出，这类只约束一方当事人管辖选择的条款也属于不对称管辖条款。

应当注意到，上述两个案例均对管辖协议是否属于不对称管辖协议进行了讨论，但在更早之前的司法实践中，由于此类协议并未为公众所熟知，法院并不会对于不对称管辖协议进行类型识别，而仅会从其约定是否违反中国法律考察其效力。①

随着不对称管辖协议的大量涌现，最高人民法院也对此进行了回应。2021 年 12 月 31 日，最高人民法院发布《全国法院涉外商事海事审判工作座谈会会议纪要》，对 2018 年以来涉外商事海事审判形成的经验进行总结，对存在的前沿疑难问题作出相应规定，以有效统一裁判尺度。② 其中对于不对称管辖协议的效力进行了规定，涉外合同或者其他财产权益纠纷的当事人签订的管辖协议明确约定一方当事人可以从一个以上国家的法院中选择某国法院提起诉讼，而另一方当事人仅能向一个特定国家的法院提起诉讼，当事人以显失公平为由主张该管辖协议无效的，人民法院不予支持；但管辖协议涉及消费者、劳动者权益或者违反民事诉讼法专属管辖规定的除外。③ 虽然会议纪要不属于司法解释，在法律效力上依然有限，但是对于中国各级法院识别不对称管辖协议、认定不对称管辖协议效力具有突破性的意义。

（二）不对称管辖条款的性质认定

1. 绍兴皓宜贸易有限公司案④

本案是一起海上货物运输合同中涉及"共一单数"类型的不对

---

① 参见（2013）穗中法民四终字第 11 号、（2014）厦民初字第 110 号、（2016）津 01 民初 298 号等。

② 参见法［民四］明传［2021］60 号。

③ 《全国法院涉外商事海事审判工作座谈会会议纪要》中将此类协议称为"非对称管辖协议"，与不对称管辖协议相同。

④ 参见（2016）沪 72 民初 2542 号。

称管辖协议的案件。在本案中，达飞轮船作为代理人为绍兴皓宜出具以法国达飞海运集团为承运人的正本提单。提单载明了对于管辖权的明确规定："任何在承运人和货方之间发生的，与此份提单证明的运输合同有关的索赔或诉讼应由马赛商事法院专属管辖，其他任何法院对此索赔或诉讼均不具有管辖权""尽管存在上述规定，承运人也有权在被告人注册办公地法院提起诉讼或索赔"。双方因货物发生争议后，绍兴皓宜向上海海事法院提起诉讼，法国达飞提出管辖权异议。法国达飞认为当事人已经明确约定马赛商事法院管辖本案，并且提单中的管辖条款以加粗字体的形式合理地行使了对绍兴皓宜的提醒义务，因此不存在中国法律中格式条款无效的影响。此外，当事人约定的马赛商事法院系法国达飞的住所地法院，与案件具有实际联系，符合中国法律中实践联系原则的规定。而且，绍兴皓宜在收到提单后未对管辖权条款提出异议，应视为对其达成了合意。基于此，法国达飞认为上海海事法院不具有管辖权，应驳回原告的诉讼请求。

上海海事法院审理认为，本案中的提单属于格式提单，虽然字体印刷略粗于其他文字，但是这并不改变其为事先印制的格式条款性质。此外，从管辖条款的内容上来看，法国达飞在异议书中仅强调了管辖条款的前半部分，而忽略了后半部分，即约定"承运人也有权在被告人注册办公地法院提起索赔或诉讼"。由此可见，该管辖条款并未约定法国马赛商事法院对争议具有排他性管辖权，因此也并未排除其他有管辖权的法院进行管辖，属于非排他性管辖条款。由于没有证据表明该赋予法国达飞主动选择权的管辖条款系与绍兴皓宜进行协商并达成合意，因此对绍兴皓宜并不具有效力。因此，法院依据《最高人民法院关于海事法院受理案件范围的若干规定》《民事诉讼法》相关规定，认定上海海事法院对本案具有管辖权。

2. 益利船务有限公司诉施瑞朝等案①

本案是一起涉及"共一单任"类型的不对称管辖协议的案件。2010 年 7 月 14 日，益利船务与案外人五洲海运签订《光船租赁合同》，约定五洲海运承租益利船务的"FortuneEast"轮。被告施瑞朝、谢灿堂、陈富祥作为连带保证人与益利船务签订了《个人担保书》，对《光船租赁合同》项下的任何全部责任和义务提供连带责任保证。《个人担保书》第 9 条是关于管辖的规定，第 9.1 条约定："为了船东的利益，并根据下文第 9.4 条，每一个担保人特此不可撤销地同意香港法院拥有排他管辖权。"第 9.4 条规定："第 9 条中的任何内容均未限制船东就本担保书在任何其他法院和/或同时在多个司法管辖区内向任何个人担保人提起诉讼（包括第三方诉讼）的权利或申请临时救济方法的权利。船东在一个司法管辖区内取得判决，不妨碍船东在任何其他司法管辖区内提起或继续进行诉讼，不论此类诉讼是否以同一诉因为依据。"

自 2015 年 6 月 11 日起，承租人五洲海运未再支付租金，截至 2015 年 9 月 4 日，合同提前结束款为 12665919.98 美元、益利船务收回船舶过程中代垫款合计 696737.81 美元，船舶回收后出售价款为 520 万美元。益利船务认为，承租人五洲海运公司未能按时支付租金，出租人根据《光船租赁合同》有权要求提前结束合同，并要求赔偿损失。根据担保合同的约定，施瑞朝、谢灿堂、陈富祥应对承租人在光船租赁合同项下的租金支付义务及损害赔偿承担连带保证责任，遂向厦门海事法院提起诉讼。施瑞朝等提出管辖权异议，认为香港法院具有排他性管辖权。本案的焦点之一在于担保书中的不对称管辖条款是否有效以及厦门海事法院是否具有管辖权。

厦门海事法院认为，《个人担保书》第 9.1 条、第 9.4 条亦为非对称排他管辖条款，即仅在债权人选择香港法院起诉时，香港法院

---

① 参见（2020）闽 72 民初 239 号。

享有排他管辖权，但不排除债权人选择香港以外的其他法院起诉的权利。本案原告未选择香港法院起诉，而是选择厦门海事法院起诉，符合合同约定及内地法律规定。施瑞朝关于香港法院有排他管辖的异议理由不成立，因此不予支持。

3. 中国工商银行（亚洲）有限公司诉高慧国际有限公司案①

本案是一起涉及"共一单任"类型的不对称管辖协议的案件。中国工商银行（亚洲）有限公司与高慧国际有限公司在2013年签订了一份贷款协议，其中约定由工商银行向其提供贷款业务。《贷款协议》中第34.1条约定对双方的争议解决方式进行了约定："（a）除以下（c）项规定外，香港法院对于由本协议引起或与本协议有关的任何争议（包括本协议的存在，有效性或终止协议的问题）具有排他性管辖权；（b）双方当事人同意香港法院是解决争议的最合适、最方便的法院，因此任何一方当事人不会提出相反意见；（c）第34.1条仅出于贷款人的利益。因此，不得阻止贷款人在任何其他具有管辖权的法院提起诉讼。在法律允许的范围内，贷款人可以在多个具有司法管辖权的地区同时进行诉讼。"由于高慧国际违约，工商银行向香港法院起诉，法院判决高慧国际向工商银行偿还本金及利息近4亿港元。工商银行随后依据《内地判决（交互强制执行）条例》第21条向香港法院司法常务官申请判决书副本和证明书，以向内地法院申请判决的承认与执行。该条例要求判决需要基于第3条第1款项下的"选择香港法院协议"作出，因此依据该条的规定，"选择香港法院协议"是指约定香港或其他法院管辖特定合同争议，排除其他有管辖权的法院的协议。

司法常务官认为在本案中的工商银行具有选择在香港地区以外法院提起诉讼的权利，因此不符合条例中有关"选择香港法院协议"的规定，因此拒绝了工商银行的请求。工商银行因不服司法常务官

---

① Industrial and Commercial Bank of China (Asia) Ltd. v. Wisdom Top International Ltd. (2020) HKCFI 322.

作出的决定，遂上诉至香港高等法院。香港高等法院认为，本案的争议焦点在于当事人之间的不对称管辖协议是否属于条例第3条第1款项下的排他性管辖协议。

高等法院主审法官认为，本案中的不对称管辖协议的含义可以从两个假设性例子中得到验证。第一，如果高慧国际未能偿付贷款，工商银行可以根据第34.1（a）和（b）条在香港提起诉讼，或者依据（c）项规定在高慧国际的财产所在地新加坡提起诉讼。因此，基于一个案由就存在两个可能的起诉地。第二，如果高慧国际请求撤销《贷款协议》，则根据当事人之间的管辖协议只能在香港提起上诉。然而，工商银行可以以违约为由向高慧国际的财产所在地的新加坡法院提起诉讼。此种情形也存在平行诉讼。因此，高等法院认为上述两种假设已经证明，该不对称管辖协议并不符合《内地判决（交互强制执行）条例》中关于"选择香港法院协议"对于排他性管辖的要求。因此法院认可了司法常务官的结论，驳回了工商银行的上诉请求。

不过，由于这是第一起基于不对称管辖协议提起的申请，主审法官并未就此结案，而是对于此种类型的管辖协议的性质进行了多角度的深入分析，并且得出了新的结论。法官首先回顾了英国法中关于不对称管辖协议的相关判例，认为不对称管辖协议能够确保债权人在债务人住所地提起诉讼的同时，还保留在债务人的财产所在地同时提起诉讼。此种协议有助于债权人快速回收债务，有利于债权人提供金融服务的可持续性并降低交易风险。而法官认为英国法院将不对称管辖协议视为排他性管辖协议的认定是基于《布鲁塞尔条例Ⅰ》（重订）的特殊背景，这与《内地判决（交互强制执行）条例》的背景并不相同。因为《布鲁塞尔条例Ⅰ》（重订）的序言第22段明确了条例旨在加强排他性管辖协议有效性，并赋予被选择法院具有优先决定管辖协议效力的目的。因此，在这一背景下，法官认为英国法院将不对称管辖协议认定为排他性管辖协议具有理由。但是，法院认为本案的情形有所不同。《最高人民法院关于内地与香港特别行政区法院相互认可和执行当事人协议管辖的民商事案件判决的安排》（以下简称"《2006 执行安排》"）中第 3 条关于"书面管辖协议"的要求也限于"排他性管辖协议"，从立法目的和条款规定来看，对于"排他性管辖协议"的要求则旨在降低平行诉讼的风险。

此外，法官还援引 Etihad Airway 案中的"义务标准"（the obligation test）进行了分析，根据"义务标准"，每项义务需要从每一方当事人自身角度进行考量。不对称管辖协议包含了借款人不能在其他任何法院起诉的承诺，也包含了贷款人可以在任何有管辖法院起诉的承诺。因此，应当就不同的义务分别进行分析。据此，香港高等法院认为从借款人的角度，管辖协议符合条例中的排他性要求，而贷款人是否满足这一要求并不重要。对于本案中不对称管辖协议的理解不应是考虑是否作为整体看待是否满足排他性，而是应对不同的义务进行分别考量。此外，法院还提到，条例第 3 条对于"选择香港法院协议"的规定并未要求"所有"合同当事人都受制于排他性的管辖协议。综上，法院对不对称管辖协议的性质进行了"分割"认定，认为如果高慧国际提起诉讼，则该不对称管辖协议属于排他性协议；如果工商银行提起诉讼，则该不对称管辖协议则属于非排他性管辖协议。

4. 分析与评述

通过上述三则案例，我们不难看出中国法院对于不对称管辖协议的性质认定存在不一致的情形，此外，中国内地法院与香港法院在不对称管辖协议的性质认定问题上的立场与方式均有显著的差异。

管辖协议按照其功能可以分为排他性管辖协议和非排他性管辖协议。排他性管辖协议一般要求当事人所选择的法院具有唯一性，即达到排除其他所有法院管辖的可能的目的，而非排他性管辖协议则允许数个法院管辖权同时存在。然而遗憾的是，中国法律中并未对排他性与非排他性管辖协议进行明确的界定。2005 年海牙《选择法院协议公约》中将排他性管辖协议定义为"指定某一缔约国法院或者某一缔约国的一个或者多个具体法院处理因某一特定法律关系而产生或者可能产生的争议，从而排除任何其他法院的管辖"。中国最高人民法院在 2021 年发布的《全国法院涉外商事海事审判工作座谈会会议纪要》中提出了对于排他性管辖协议的推定适用，即当事人签订的管辖协议明确约定由一国法院管辖的，但未约定该管辖协议为非排他性的，应当推定该管辖协议为排他性管辖协议。该指导意见也与中国历来司法实践相一致。①

　　因此，根据中国司法实践对于排他性管辖协议的理解，不对称管辖协议通常被认定为非排他性管辖协议。中国法院更倾向将不对称管辖协议作为一个整体进行认定，由于不对称管辖协议中势必存在一方当事人，即优势方可以在多个法院提起诉讼，因此并不存在某一特定法院具有排他性管辖权的情形。在另一起合同纠纷案中，当事人在《租赁合同》中约定了不对称管辖条款，即"出租人及承租人甘愿受香港法院之司法管辖权所管辖，但出租人可以在任何其他具有司法管辖权之法院执行本合同"。审理的法院认定该条款并不具有唯一性与排他性。也正如绍兴皓宜案中所体现的，当事人即便在条款中体现"排他性管辖"的字样，但是由于一方当事人仍然具有在其他法院起诉的权利，内地法院依然将其视为非排他性管辖协议。不过，厦门海事法院将这类协议认定为"非对称排他管辖协议"，与中国法院的主流实践并不相符。

　　相比之下，中国香港法院则通过"义务标准"对不对称管辖协议进行了"分割认定"。以金融合同为例，不对称管辖协议中既包括了借款人在特定法院起诉的承诺，又包括了贷款人在不特定法院起诉的承诺。由于不对称管辖协议可以被拆解为双方当事人分别作出的两个意思表示，因此，如果就双方当事人的所负义务进行单独分析，则不对称管辖协议的性质则因提起诉讼的当事人主体而有所不同。所以基于上述理由，如若是不享有选择权的借款人提起诉讼，

---

① 例如，参见（2016）沪民辖终 99 号。

则该不对称管辖协议属于排他性管辖协议；如若是享有选择权的贷款人提起诉讼，则该不对称管辖协议属于非排他性管辖协议。

需要关注的是，有关不对称管辖协议的性质认定会给香港和内地法院相互认可与执行判决带来法律障碍。最高人民法院 2008 年 8 月 1 日实施的《关于内地与香港特别行政区法院相互认可和执行当事人协议管辖的民商事案件判决的安排》第 3 条明确规定书面管辖协议是指以书面形式明确约定内地人民法院或者香港特别行政区法院具有唯一管辖权的协议。① 同样地，在《内地判决（交互强制执行）条例》中也明确规定管辖协议必须包含"选用香港法院的协议"，而其他司法管辖区的法院无权处理该争议。值得注意的是，最高人民法院与香港特别行政区律政司于 2019 年 1 月 18 日正式签署《关于内地与香港特别行政区法院相互认可和执行民商事案件判决的安排》，其中对于管辖协议的要求进行了修订，不再要求"书面管辖协议"，也不再要求管辖协议具有排他性。该新安排第 30 条规定，在其生效之日，原《关于内地与香港特别行政区法院相互认可和执行当事人协议管辖的民商事案件判决的安排》同时废止。由于新安排目前尚未生效，所以可以预见的是，在其生效之前，基于不对称管辖协议作出的判决仍然面临着无法被内地与香港法院互相认可与执行的风险。

（三）不对称管辖协议的法律适用

1. 住友银行与新华房地产有限公司案②

本案是一起涉及"共一单任"类型的不对称管辖协议的案件。住友银行与新华房地产有限公司签订了一份《融资贷款协议》，其中第 23.1 条约定："本协议适用香港法律"，第 23.2 条约定："为了贷款人的利益，借款人不可撤销地同意，香港法院对因本协议而产生的或与本协议有关的任何纠纷具有非排他性管辖权。因此，任何因

---

① 参见法释［2008］9 号。

② 参见（1999）经终字第 194 号。

本协议而产生或与本协议有关的诉讼都可以在这些香港法院提起，借款人不可撤销地接受这些香港法院的非排他性管辖权。"此外，在第23.3条中约定："本条款将不限制贷款人在其他有管辖权的法院向借款人提起诉讼的权利。贷款人在一个或多个有管辖权的法院提起诉讼后，本条款也不限制贷款人在其他有管辖权的法院提起诉讼，不论他们是否同时提起。"双方发生争议后，借款人未依照合同约定在香港法院进行起诉，而是向广东省高级人民法院提起诉讼。住友银行认为广东省高级人民法院不具有管辖权，遂向最高人民法院提起上诉。

住友银行认为本案的融资贷款协议是两家香港公司依据香港法律而制定的，协议中的所有条款都应当依照香港法进行解释。而管辖协议中明确约定了借款人并不享有贷款人可以在其他法院起诉的权利，因此借款人只能依据第23.2条的规定在香港法院进行起诉。而新华房地产公司则认为，新华公司与住友银行并没有选择香港法院作为唯一的管辖法院，也没有排除其他国家或地区的法院对案件进行管辖，因此一审法院对管辖协议的理解正确也具有管辖权。

最高人民法院在审理事实后，首先对于管辖协议的准据法进行了说明。法院认为应当适用当事人对融资贷款协议约定的准据法，即香港法律对约定的管辖条款作出解释。而依据香港法律，该不对称管辖协议应当理解为：如果借款人新华公司作为原告就融资贷款协议纠纷提起诉讼，应当接受香港法院的非排他性管辖权；如果贷款人住友银行作为原告就该融资贷款协议提起诉讼，即可以向香港法院提起，也可以向香港以外的其他具有管辖权的法院提起诉讼。另外，最高人民法院还指出，两家公司都是香港注册登记的法人，而且合同的签订地、履行地均在香港，准据法也是香港法律，因此为了方便诉讼的原则考虑，香港法院管辖更为适宜，而广东省高级人民法院不宜受理本案，最终，最高人民法院撤销了原审裁定，支持了当事人对于不对称管辖协议中的管辖约定。

2. 上海纪盛房产等与东亚银行案①

本案是一起涉及"共一单任"类型的不对称管辖协议案件。纪盛公司、南油公司与东亚银行、宝生银行、中国国际财务有限公司签订了一份《贷款协议》，其中涉及对于争议解决协议的安排，即，"第32.1条约定，为保护贷款行之权益，借款人同意香港法院有司法权力，并因此同意接受香港法院管辖。第32.4条约定，上述有关管辖的条款并不限制贷款行就任何融资性文件在任何其他有适当司法管辖权的法院提起诉讼，或同时在多个司法管辖地提起诉讼"。双方在发生争议后，东亚银行向上海市第一中级人民法院提起诉讼，但纪盛公司、南油公司不服判决，认为上海市第一中级人民法院不具有管辖权，随后上诉至上海市高级人民法院。

纪盛公司一方作为上诉人认为根据双方当事人之间的《贷款协议》，明确了香港法院具有司法管辖权，并且约定了适用香港法律管辖和解释，因此案件应当由香港法院管辖。东亚银行一方则认为《贷款协议》第32.1条是对借款人的约束，并不是针对贷款人的约束。第32.4条又明确了上述条款并不限制贷款行在任何有司法管辖权的法院提起诉讼。因此，东亚银行可以根据这一条款向上海有管辖权的法院提起诉讼。

上海市高级人民法院在查明案件事实后，认为本案属于涉外合同纠纷，根据《民事诉讼法》第242条的规定，当事人可以用书面协议的形式选择与争议有实际联系的法院管辖。选择中国法院管辖的，不得违反级别管辖和专属管辖的规定。此外，法院认为本案中《贷款协议》第32.1条和第32.4条关于管辖的约定是当事人的真实意思表示，并不违反法律规定，应当认定有效。而根据该协议管辖的约定，发生争议时，借款人只能选择香港法院起诉，而贷款人可以向任何有司法管辖权的法院起诉。另外，法院并未支持纪盛公司主张的第32.1条是对借款人行使诉讼权利的限制。综上所述，法院

---

① 参见（2001）民二终字第154号。

认为原审法院裁定驳回纪盛公司的管辖权异议是正确的，最终裁定维持原判。

3. 分析与评述

从住友银行案与上海纪盛房产案的对比可以发现，在两起同为"共一单任"类型的不对称管辖协议案件中，虽然两起案件中的当事人都选择了香港法律作为合同的准据法，但两所法院对于管辖协议准据法的适用全然不同。在中国司法实践中，像住友银行案通过适用当事人选择的法律从而认定管辖协议效力的判例屈指可数。现实是，中国在大量的司法判决中已然确立了将管辖问题视为程序问题的处理态度。例如，在另一起涉及"共一单数"类型的不对称管辖协议的案件中，双方当事人在《担保函》中约定"所有与本契约有关的法律诉讼将由安特卫普法院根据比利时法律解决；只有银行可以在担保人或主债务人有住所的所在地法院根据当地有效的法律提起诉讼"。广东省高级人民法院认为管辖权异议问题属于程序性问题，应当适用法院地法进行审查，因此以中国《民事诉讼法》作为管辖权的法律依据。① 我们应当知道，如果不对称管辖协议是独立于主合同之外的单独协议，则准据法应当独立于主合同；但如果不对称管辖协议属于主合同中的条款，在当事人未对管辖条款准据法作出约定的情形下，主合同准据法往往被视为管辖条款的准据法。② 因此，从这一角度来说，住友银行案的法律适用虽然与中国主流司法实践不符，但具有一定的合理性。在中国目前的司法实践中，法院适用法院地法作为管辖协议的准据法是普遍做法。中国法院通常会援引《民事诉讼法》266 条的规定进行说明，即，"在中华人民共和国领域内进行涉外民事诉讼，适用本编规定。本编没有规定的，适用本法其他有关规定"。此外，法院会主张依据中国法确定诉讼程序

---

① 参见（2013）粤高法立民终字第 467 号。
② 杜涛：《新民事诉讼法下当事人协议选择境外法院问题》，《人民司法（应用）》2017 年第 1 期。

事项，认为管辖权的确定属于程序诉讼事项，因此适用法院地法即中国内地法律进行审查。[①]

除此之外，在中国法院适用法院地法律，即中国法律对不对称管辖协议进行审查后，中国法院并没有将焦点放在当事人选择管辖的"不对称性"上，而是聚焦于是否符合实际联系原则的要件。最高人民法院《关于适用〈中华人民共和国民事诉讼法〉的解释》（以下简称"《民事诉讼法司法解释》"）第529条规定，涉外合同或者其他财产权益纠纷的当事人，可以通过书面协议选择被告住所地、合同履行地、合同签订地、原告住所地、标的物所在地、侵权行为地等与争议有实际联系地点的外国法院管辖。中国法院对于不符合实际联系原则的管辖协议通常以无效论定。例如，在福建东山长隆贸易公司案中，[②] 福建省高级人民法院认为当事人约定的管辖地美国纽约南区联邦法院与本案争议没有任何联系，因此不符合中国《民事诉讼法司法解释》第529条的规定，而应属无效。另外，最高人民法院在中信澳大利亚资源贸易有限公司案中认为，当事人未能提供证据证明英国伦敦与案件合同争议具有任何实际联系，因此对于当事人约定"伦敦高等法院具有排他性管辖权"的管辖协议做出无效的认定。[③] 当然，当事人选择的法院并不限于第529条所列举的五地法院，最高人民法院在徐州丰利科技发展投资有限公司、毛某丽与长江证券（上海）资产管理有限公司证券回购合同纠纷一案中指出，虽然从文义上看是以列举的方式明确了"被告住所地、合同履行地、合同签订地、原告住所地、标的物所在地"人民法院属于当事人可选择的管辖范围，但用"等"字表明当事人还可选择除上述五地之外的其他"与争议有实际联系的地点"的人民法院管辖。[④]

---

① 参见（2020）京民终321号、（2021）京民辖终76号。
② 参见（2015）闽民终字第318号。
③ 参见（2016）最高法民终66号。
④ 参见（2018）最高法民辖终144号。

二 涉及不对称仲裁协议的现状

不对称仲裁协议中通常涉及了仲裁与诉讼两种争议解决方式，因此在中国法律框架中往往会涉及对于"或裁或审"情形的讨论。由于中国《仲裁法司法解释》明确规定既约定仲裁又约定诉讼的仲裁协议无效，因此中国法院如何理解不对称仲裁协议与"或裁或审"协议之间的关系与区别成为认定不对称仲裁协议效力的关键。

（一）福建泉州老船长鞋业有限公司与地波里国际开发有限公司案①

本案是一起涉及"单选诉仲"类型的不对称仲裁协议的案件。老船长公司与地波里公司于 2007 年 8 月 1 日签订的《生产及销售许可合同》第 17 条约定："本合同适用中国法律，如发生争议，由双方自行协商解决，未能自行协商解决的，由甲方指定的仲裁委员会或由广州法律仲裁解决，并适用该会之各项仲裁条款。"双方发生争议后，老船长公司向泉州市中级人民法院起诉，申请确认仲裁协议效力无效。泉州中院认为本案既未约定审查仲裁协议效力的法律又未约定仲裁地，因此适用法院地法律即中国法律进行审查。法院认为"由甲方指定的仲裁委员会"明显违反了《仲裁法》第 6 条第 1款"仲裁委员会应当由当事人协议选定"的规定，当属无效。另外，"或由广州法律仲裁解决，并使用该会之各项仲裁条款"的约定并未对仲裁机构作出明确的约定。综上，泉州中院认为该仲裁协议因未选定仲裁委员会而无效。福建省高级人民法院以相同的裁判理由认定该仲裁协议无效，并向最高人民法院进行请示。最高人民法院对《关于福建泉州老船长鞋业有限公司与地波里国际开发有限公司确认仲裁协议效力纠纷一案的请示》进行了答复，认为："将争议交由地波里公司指定的仲裁委员会进行仲裁，是本案双方当事人协商一致的意思表示，是双方当事人协议选择的结果，并不违反《中华人民

① 参见（2016）最高法民他 78 号。

共和国仲裁法》第6条的规定。在地波里公司已经指定仲裁委员会的情况下，当事人通过该协议选定的仲裁机构具有唯一性，不属于《中华人民共和国仲裁法》第18条所指的对仲裁机构约定不明的情形。地波里公司已经向中国广州仲裁委员会申请仲裁，不宜认定本案所涉仲裁条款无效。"

（二）厦门建发化工有限公司与艾伯特公司案①

本案是一起涉及"单选诉仲"类型的不对称仲裁协议的案件。2011年4月7日，原告厦门建发化工有限公司（以下简称"建发化工公司"）与被告瑞士艾伯特贸易有限公司（以下简称"艾伯特公司"）签署了《销售确认书》，约定艾伯特公司向建发化工公司供应800吨PTA（精对苯二甲酸）货物。其中《销售确认书》第14条"仲裁"条款下约定：出售方（艾伯特公司）可以选择将由此产生的一切争议提交瑞士楚格州法院解决或根据巴黎国际商会仲裁调解规则在楚格州进行仲裁。合同签订后，因艾伯特公司所提供货物被海关扣留并责令退回，因此建发化工公司认为其货物存在质量问题，因此向艾伯特公司上海代表处的所在地——上海市浦东新区人民法院提起诉讼，请求返还货款并赔偿损失。2013年6月25日，艾伯特公司向浦东新区法院提出管辖权异议，认为双方约定的争议解决条款是有效条款，应当移送双方约定的瑞士楚格州法院或楚格州仲裁机构处理。因此浦东新区法院没有管辖权。

建发化工公司认为第14条是无效仲裁条款，提出了三点抗辩理由。第一，认为该条款写明是针对"出售方"提起诉讼或仲裁的情形。但未约定"买房"提起争议解决时必须局限于条款约定的机构，因此第14条对于建发化工公司没有约束力。仲裁条款的效力与本案管辖权无关。第二，认为该条款中既约定了诉讼又约定了仲裁，违反了仲裁排除法院管辖的基本原则，应当认为仲裁条款无效。第三，艾伯特公司在上海浦东新区设立了上海代表处，

---

① 参见（2012）浦民二（商）初字第S3375。

因为有权向法院起诉。

浦东新区法院从三方面分层阐述了双方的争议点。首先，针对原告提出不具有约束力的问题。法院认为第 14 条是一个"单边选择性争议解决条款"，同时认为双方属于平等的商事交易主体，对于合同文本内容具有平等的协商缔约权利，双方也均未提出存在欺诈或胁迫等情形。因此认为第 14 条之约定属于双方平等协商后达成的一致的结果，且并不足以构成双方权利义务显失公平。其次，针对原告提出是否属于"或裁或审条款"的问题。法院认为本案涉及的是一个"单边选择性争端解决条款"，其性质取决于一方当事人的选择。如果当事人选择仲裁，那么它就是一项仲裁条款；反之，如果当事人选择诉讼，那么它就是一项法院管辖条款。而且该选择是唯一的、确定的，与双方均有权选择诉讼或仲裁的情形并不相同，因此并不属于"或仲裁或诉讼"条款，并不违反相关法律规定。最后，关于"选择瑞士楚格州法院管辖的约定是否有效的问题"，法院认为，对于管辖问题中国现行法律并没有明确规定应适用何种法律进行判断，但是从司法实践来看，应当适用受理案件的法院地法。由于被告选择了通过诉讼解决，应适用中国法律判断其效力，根据中国民事诉讼法的有关规定，合同纠纷的当事人可以书面协议选择被告住所地、原告住所地等与争议有实际联系的地点的外国法院管辖。本案被告所在地位于瑞士楚格州，是与争议有实际联系的外国法院。且国际货物买卖合同不属于中国专属管辖，并未违反法律规定，应属有效。因此，法院认为被告基于双方约定而取得单方选择权，其选择瑞士楚格州法院处理双方争议于法不悖。从而认为浦东新区法院并不具有管辖权，认定原告向浦东新区法院起诉不符合起诉条件。

（三）陈友华等与星展银行案[1]

本案是一起涉及"共仲单诉"类型的不对称仲裁协议的案件。在本案中，双方当事人签订的保证合同第 19 条约定了争议解决的方

---

[1] 参见（2016）京 02 民特 93 号。

式，其中包含了三个条款。第 19.1 条规定："本合同各方一致同意本合同项下与担保金融衍生产品交易有关的任何争议应提交中国国际经济贸易仲裁委员会按照届时有效的《中国国际经济贸易仲裁委员会金融争议仲裁规则》以仲裁方式解决，仲裁地点为上海，仲裁庭由三名仲裁员组成，仲裁裁决是终局的，对各方具有约束力。"第 19.2 条规定："上述约定并不排除权利人在任何对本合同有管辖权的其他争议解决机构（无论一个或多个司法区域）提起主张或者申请强制执行的权利。"第 19.3 条规定："若仅发生个别事项争议，则除争议事项外，本合同各方应继续履行本合同其他条款。"

本案的争议焦点在于该不对称仲裁协议是否有效。原告陈友华等认为该不对称仲裁协议中的"其他争议解决机构"亦包含人民法院，因此该条款既约定了仲裁又约定了诉讼，因此该仲裁协议无效。而被告星展银行则认为，《保证合同》第 19.2 条并未约定某一具体法院，也未明确约定可以向法院起诉。而且强调双方如此约定的原因是为了维护银行作为债权人的合法权益，保障银行可以申请禁令救济、采取保全措施等程序性主张，以及有机会在非中国领域得到强制执行机构对于生效法律文书的执行支持。

法院经审查认为，《保证合同》中的三个条款是并列关系，彼此之间共同组成了争议解决条款的全部内容。其中第 19.1 条包含了明确的仲裁意思表示，而第 19.2 条中提及争议解决机构应当包含了人民法院，而"提起主张"应包含提起诉讼。所以，这就意味着，当事人关于《保证合同》发生争议时，既可以选择向中国国际经济贸易仲裁委员会提起仲裁，又可以向法院提起诉讼。因此，根据《仲裁法司法解释》第 7 条的规定，该仲裁协议无效。

（四）杨常兴等与星展银行案[①]

有意思的是，在另一起涉及星展银行的案件中，北京市第二中级人民法院却做出了与之相反的判决，认为当事人之间《保证合同》

---

① 参见（2016）京 02 民特 179 号。

中的争议解决条款不属于"或裁或审"条款。该案中条款与上述案件中第 19 条的规定完全相同。在本案中，在争议发生后，星展银行依据合同向约定的仲裁机构提起了仲裁，而原告向法院请求确认仲裁协议无效。原告申请仲裁无效的理由与上述案件相似，认为《保证合同》中第 19 条的规定既约定了提交中国国际经济贸易仲裁委员会仲裁，又未排除权利人向人民法院提起诉讼的权利，同时规定了申请仲裁与向法院起诉两种争议解决方式。因此，原告认为根据《仲裁法司法解释》第 7 条的规定，该仲裁协议应当被认定无效。然而，法院认为，根据中国《民事诉讼法司法解释》的相关规定，仲裁机构对于仲裁协议作出决定后，当事人向人民法院申请确认仲裁协议效力的，人民法院应当不予受理。不过，法院进一步指出，即便退一万步说，仲裁委员会对于仲裁协议的有效性认定并不妨碍法院对于《保证合同》中仲裁协议进行实质性的审查。

经法院审理发现，《保证合同》第 19 条的规定并不构成中国法律中的"或裁或审"情形。这是因为，一方面，当事人并未约定某一具体法院，也没有明确指明可以向法院提起诉讼，所以并不存在同时约定法院与仲裁的情形。另一方面，法院认为当事人对金融衍生品交易约定由仲裁进行处理的前提下，还约定"提出主张"或"申请强制执行"的情形是为强调银行债权人为维护合法权益，有权提起包括申请禁令、采取保全措施等程序性主张，以及跨国银行在债权经生效法律文书确认后有机会在非中国领域内寻求强制执行的支持，因此不应当片面、武断地将"提出主张"等同于向法院起诉。另外，法院还认为《保证合同》作为从合同，其效力对于主合同具有从属性，法院应当结合主合同仲裁条款和全案事实综合判定各方之间的仲裁协议是否真实有效。

虽然法院对仲裁协议做了进一步的解释，但由于仲裁庭已经依据当事人之间的仲裁协议确认了管辖权，也肯定了仲裁协议的效力，所以法院依据《民事诉讼法司法解释》的相关规定对原告的申请予以驳回。

（五）柬埔寨光纤通信网络有限公司与国家开发银行案①

本案是一起涉及"单选诉仲"类型的不对称仲裁协议的案件。柬埔寨光纤公司与国家开发银行于 2015 年 7 月 28 日签订了一份抵押担保协议，其中在第 23.1 条争议解决条款中约定："除非质权人另有选择，因本协议引起的或与之有关的所有争议、分歧或要求，包括本协议的存在、有效性、解释、履行的问题，应提交中国国际经济贸易仲裁委员会（CIETAC）根据提起仲裁时有效的 CIETAC 仲裁规则进行仲裁，仲裁地点为北京，仲裁是终局性的，仲裁程序应以英语进行。"此外，合同第 23.2 条规定："尽管有第 23.1 条的规定，如果质权人选择，双方将服从柬埔寨法院的非排他性管辖权。"

随后，国家开发银行于 2021 年 9 月 3 日就该协议履行产生的争议向中国国际经济贸易仲裁委员会提交仲裁申请。柬埔寨光纤通信网络有限公司认为，当事人未就仲裁条款效力适用的法律进行约定，根据《法律适用法》第 18 条的规定，应当适用仲裁地（北京）法律，即中国法。抵押担保协议中的第 23.1 条和第 23.2 条的约定属于"或裁或审"的情形，根据中国法律规定应属于无效条款。另外，还认为仲裁条款显失公平，因为该条款单方赋予国家开发银行选择将争议提交柬埔寨法院的权利，而剥夺了另一方同等的选择权利，应属无效。

国家开发银行则认为，本案中的仲裁条款不属于"或裁或审"条款，合法有效。其认为解决"或裁或审"条款的目的在于确保当事人在具体选择争议办法时具有明确性和确定性，如根据当事人的约定确定争议解决方式时不产生歧义，则不属于"或裁或诉"条款。而本案中约定"除非抵押权人另有选择"，有关争议应当提交仲裁解决，这实际上赋予了国家开发银行单方面选择争议解决方式的选择权，一经选择，争议解决方式即确定且排他，因此不属于"或裁或审"情形。此外，针对仲裁条款"显失公平"的问题，国家开发银

---

① 参见（2022）京 74 民特 4 号。

行认为，合同中的争议解决条款是双方充分协商的结果，合同均由专业的法律人士参与协议的起草和修订，对合同条款内容和其法律后果均有清楚的认识和预见。与此同时，一方当事人享有选择争议解决的权利，并不会导致另一方当事人丧失获得司法救济的权利。而且，从交易的整体情况来看，双方交易是建立在公平合理的基础之上，灵活的争议解决条款是柬埔寨光纤公司主动提供的，促进了交易的达成，因此不存在"显失公平"的情形。

北京金融法院经查明认为，本案属于涉外仲裁协议，关于法律适用的问题应适用《仲裁法司法解释》第 16 条的规定："对涉外仲裁协议的效力审查，适用当事人约定的法律；当事人没有约定适用的法律但约定了仲裁地的，适用仲裁地法律；没有约定适用的法律也没有约定仲裁地或者仲裁地约定不明的，适用法院地法律。"此外，经询问各方对审查适用法律的意见，各方均同意本院适用中国法审查，且各方约定的仲裁地为北京，因此适用中国法。

对于仲裁条款是否属于"或裁或审"的情形，北京金融法院认为，《最高人民法院关于适用若干问题的解释》第七条规定，当事人约定争议可以向仲裁机构申请仲裁也可以向人民法院起诉的，仲裁条款无效。因此，"或裁或审"协议的界定标准，应是对仲裁和诉讼两种争议解决方式作了并列式约定或者是作了选择式约定，并因此而产生管辖权争议。本案中，案涉争议仲裁条款系单方选择性争端解决条款，其性质取决于国家开发银行的选择。该约定是双方当事人协商一致的结果，法律对此无禁止性规定，且该约定并不足以构成双方权利义务显失公平，因此本案应尊重双方意思自治。案涉协议约定将争议交由贸仲（CIETAC）进行仲裁，并不违反《中华人民共和国仲裁法》第六条的规定，且当事人通过协议对仲裁机构的选定具有唯一性，不属于《中华人民共和国仲裁法》第十八条所指的对仲裁机构约定不明的情形。国家开发银行已经向中国国际经济贸易仲裁委员会申请仲裁，并明确放弃向法院起诉的权利的情况下，案涉争议解决条款即形成了确定的、排他的仲裁合意，不属于《最高人民法院关于适用若干问题的解释》认定无效的"或裁或诉"条款，符合《仲裁法》对有效仲裁条款的要求，应当认定为合法有效。最终，北京金融法院裁定驳回了柬埔寨光纤通信网络有限公司确认仲裁协议无效的申请。

（六）分析与评述

1. 不对称仲裁协议与"或裁或审"情形的关系

值得注意的是，上述两起涉及星展银行的判决均系北京市第二中级人民法院作出，前后两份判决作出的时间相差仅约两个月，但是不同合议庭对于同样的争议解决协议条款的理解则完全不同。[①]

在认为属于"或裁或审"的判决中，法院将整个争议解决协议的条款解读为并列关系的条款，这无可厚非。但是法院忽略了一个重要的前提，即第 19.2 条中可以在有管辖权的争议解决机构提起主张的权利仅属于作为《保证合同》权利人的星展银行，而作为保证人的一方当事人只能通过第 19.1 条的仲裁进行解决争议。因此，这并不是判决中所提及"双方当事人既可以提起仲裁，又可以向法院起诉"的情形。无独有偶，深圳市中级人民法院在同年的 11 月也作出了一份与之几乎完全相同的判决，其中深圳中院与北京二中院的裁判理由完全相同，同样认定星展银行的《保证合同》因违反《仲裁法司法解释》第 7 条的规定而无效。[②]

而与此同时，在认为不属于"或裁或审"的判决中，虽然合议庭以《民事诉讼法》司法解释中关于"仲裁机构对仲裁协议作出决定后，人民法院不予受理"的规定对原告的申请予以驳回。但是合议庭依然对仲裁协议的实质内容进行了明释。该合议庭则完全认可星展银行的抗辩理由。对"提出主张"进行了限缩性解释，并未将

---

① 认定不对称仲裁协议属于"或裁或审"条款而无效的判决，即（2016）京 02 民特 93 号于 2016 年 6 月 29 日作出，而针对同一事实作出发表相反意见的判决，即（2016）京 02 民特 179 号判决于 2016 年 8 月 25 日作出，两个判决之间相差仅约两个月。

② 参见（2016）粤 03 民终 18447 号。

其解释为"提起诉讼"的行为而是将其解释为向法院申请必要的程序性主张以维护银行的权益，例如申请禁令、保全措施或申请执行等。另外，也认为第19.2条并未明确约定具体法院，也并未明确表明可以向法院提起诉讼。因此，该合议庭认为该仲裁协议不属于"或裁或审"的情形。

需要注意的是，浦东新区法院在厦门建发化工有限公司案中对于"或裁或审"问题的解读则与上述不同。针对原告提出是否属于"或裁或审"条款的问题，浦东法院指出，由于涉及的是一个"单边选择性争端解决条款"，因此其性质取决于一方当事人的选择。如果选择仲裁，则是仲裁条款；而如果选择诉讼，则是管辖条款。这明显与双方当事人都有权利选择仲裁或诉讼的情形不同，因此此类条款不属于"或裁或审"的情形。北京金融法院更是直截了当地指出了"或裁或审"协议的界定标准，认为"或裁或审"条款是对仲裁和诉讼两种争议解决方式做了并列式约定或者是做了选择式约定，并因此而产生管辖权争议。并且认为就单方选择性争端解决条款而言，其性质取决于一方当事人的选择。一旦有选择权的当事人做出了争议解决的选择，该争议解决条款即形成了确定的、排他的仲裁或诉讼的合意，便不属于"或裁或审"的情形。

不难看出，不对称仲裁协议由于往往既涉及仲裁又涉及诉讼，因此在中国对于不对称仲裁协议的效力认定往往会与"或裁或审"的情形相关联。值得庆幸的是，在上述涉及不对称仲裁协议的案件中，中国法院并未全部将不对称仲裁协议等同于"或裁或审"情形对待。随着司法实践的不断积累，中国法院正逐渐明晰审查"或裁或审"情形的标准。但是，由于缺乏统一的判断标准且个案的影响有限，这并不能在根本上消除"或裁或审"情形对于不对称仲裁协议效力的影响。

2. 中国法院对于"或裁或审"情形的态度

在英美国家，"或裁或审"条款也被称为"仲裁与诉讼相冲突条款"（Conflicting Jurisdiction and Arbitration Clause）。英美国家对于

"或裁或审"情形的条款往往持十分宽容的态度。① 例如，英国高等法院在一起"或裁或审"情形的案件中认可了仲裁协议的有效性。② 在该案件中，当事人之间的协议对于争议解决约定如下："27.2 双方不可撤销地同意英格兰法院对因本协议引起或与本协议有关的任何争议或索赔具有排他性管辖权。28. 由本协议引起或与之相关的任何争议，包括有关协议的存在、有效性或终止或本协议建立的法律关系的任何问题，均应提交伦敦国际仲裁院并按照其规则通过仲裁最终解决，该仲裁院规则被视为并入本条款。"英国高等法院认为当事人约定的管辖协议并不会使仲裁协议无效，该管辖协议的约定是为明确英国法院对于仲裁程序具有监督管辖权（supervisory juris-diction over any arbitration）。英国法院在历来司法裁判中对待"或裁或审"条款时往往将仲裁协议置于优先于诉讼的地位，以保障当事人约定的条款具有效力。

从现行法律来看，中国对于"或裁或审"情形的态度相比其他国家而言更为严格。《仲裁法司法解释》第 7 条明确规定了"或裁或审"情形下的仲裁协议应属无效。在以往的司法实践中，中国部分法院对于"或裁或审"条款持整体无效的态度。③ 同时，中国亦有不少法院对"或裁或审"条款进行了"分割"，对于"先仲裁、后诉讼"的条款予以部分有效的认定，支持当事人的仲裁选择，并认定其后的诉讼选择无效。④

上海市第一中级人民法院在 BY. O 诉豫商集团有限公司服务合同纠纷管辖权异议案中认为"先裁后诉"情形不属于"或裁或审"

---

① Paul Smith Ltd. v. H&S International Holding Inc. （1991）2 Lloyd's Rep 127. Ace Capital Ltd. v. CMS Energy Corp (2008) EWHC 1843 (Comm) (30 July 2008)；Personal Security and Safety Systems v. Motorola 297 F 3d 388 at 395 – 396 (5th Cir 2002)；Bank Julius Baer & Co. Ltd. v. Waxfield Ltd. 424 F 3d 278 at 284 (2nd Cir 2005).

② Melford Capital Partners （Holdings）LLP and others v. Frederick Digby （2021）EWHC 872 （Ch）.

③ 参见（2015）三中民（商）特字第 12982 号，（2019）最高法民终 279 号。

④ 参见（2019）京 04 民特 382 号，（2020）新 01 民终 929 号。

情形。在该案件中，BY.O 与豫商集团有限公司签署的《并购财务顾问服务协议》中对于管辖条款约定如下："6.1 本协议根据中国法律订立、执行和解释；本协议争议的解决适用中国法律。6.2 因本协议所引起的或与本协议有关的任何纠纷或争议（包括关于本协议约定条款之存在、效力或终止，或无效之后果等争议），首先通过新加坡国际仲裁中心进行仲裁解决。若双方对新加坡国际仲裁中心的仲裁结果无法达成一致，任何一方均有权将争议提交于甲方住所所在地有管辖权的商业法庭以诉讼方式解决。"其后，双方在履行合同中发生争议，BY.O 向上海市浦东新区人民法院提起诉讼，豫商集团提出管辖权异议，认为本案应通过新加坡国际仲裁中心通过仲裁解决。上海市浦东新区法院认为仲裁协议有效，被告提出的管辖权异议成立。BY.O 公司不服一审裁定，遂上诉至上海市第一中级人民法院。

上海市一中院在查明事实后，认为："该约定中'首先通过新加坡国际仲裁中心进行仲裁解决'，对于仲裁方式和诉讼方式之间明确了仲裁优先，对仲裁机构的选择具体、明确、唯一，并不具有'或裁或审'的选择的特点，故本院对该仲裁条款的约定予以认定。对于双方当事人进一步约定'若双方对新加坡国际仲裁中心的仲裁结果无法达成一致，任何一方均有权将争议提交于甲方住所所在地有管辖权的商业法庭以诉讼方式解决'，不符合《中华人民共和国仲裁法》第九条第一款关于'仲裁实行一裁终局'的规定，违反了仲裁排除法院管辖的基本原则，应认定该约定为无效。本案应提交新加坡国际仲裁中心进行仲裁解决。"①

上海市第一中级人民法院的裁判要旨也在最高人民法院于 2021 年发布的《全国法院涉外商事海事审判工作座谈会会议纪要》中得到体现。会议纪要对于"先裁后诉"类型的争议解决条款的效力进行了认定，认为"先仲裁、后诉讼"的情形不属于《仲裁法司法解释》第 7 条规定的仲裁协议无效的情形。此外，还明确"先仲裁、

---

① 参见（2020）沪 01 民辖终 780 号。

后诉讼"条款关于诉讼的约定无效，但不影响仲裁协议的效力。最
高人民法院旨在通过会议纪要的形式规范全面法院的裁判统一性，
虽然该会议纪要不具有司法解释的效力，但对于中国法院限制适用
《仲裁法司法解释》第7条关于仲裁协议无效的规定、鼓励与支持仲
裁协议有效性方面具有积极的实践意义。

　　除此之外，在中国司法实践中，中国对于"或裁或审"情形的
理解与适用还存在众多混乱情形，其中包括：第一，"或裁或审"与
"一裁终局"条款的错位理解；第二，认定仲裁条款无效时，"整体
无效"与"部分无效"的不一致裁判；第三，单一协议与多份协议
中"或裁或审"情形的模糊处理等问题。① 无论如何，中国对于
"或裁或审"问题的态度并不能与中国目前的司法政策与支持仲裁发
展的理念相一致，亟须通过立法完善或司法补救等方式进行及时地
调整。

第二节　中国认可不对称争议解决
协议效力的正当性

　　中国认可对于不对称争议解决协议效力，不仅能够体现对当事
人意思自治原则的高度尊重，而且对于中国积极推进"一带一路"
倡议、构建国际争议解决中心等战略要求具有积极的现实意义。另
外，不对称争议解决协议本身并不违反法律规定的有效要件，亦不
违反中国关于"显失公平"与"公共政策"的要求。

一　有利于维护契约自由、服务国家战略
　　不可否认，不对称争议解决协议是当事人意思自治原则下的法

---

　　①　杜涛、张炳南：《我国"或裁或审"条款的反思与突破——兼评〈仲裁法司
法解释〉第7条》，《时代法学》2020年第1期。

律产物。任何形式的争议解决协议都离不开当事人对于自身权利义务的自我创设。可以说，契约自由就体现为人本位自由理念下的合同行为。契约自由的本质是私权神圣，不应当受到非正当行使的国家权利以及他人意志的非法干预。① 一般来说，只要不是触及法律所保护的利益底线，法律都应保护当事人出于真实意思表示下的契约行为。契约自由下的市场是"完全自由的市场"，而正义也是建立在这种市场之上的。虽然现代社会对契约自由进行了必要的合法性规制以实现"实质正义"的转变需要，但是我们应当注意到，这并非意在否定契约自由，而是以更为合理的方式促进契约自由的实现。② 此外，中国学者认为，当事人的意思自治原则是民事法律关系的基本，对于当事人选择的纠纷解决机制应当充分尊重，除非是违反了中国的法律禁止性规定或公共秩序，这也同样契合中国构建"大国司法"的理念。③

当然，认可不对称争议解决协议对中国而言还具有积极的现实意义。我们知道，无论是不对称管辖协议还是不对称仲裁协议，其中一方当事人在争议解决方式的选择上都优越于另一方，优势方当事人能够在面对争议时充分利用这类协议，根据自身情况选择有利于自己的争议解决方式或诉讼地，从而维护其合法权益。自从2013年习近平主席首次提出"一带一路"倡议以来，中国的全球化步伐逐渐加快。十年来，在各方共同努力下，中国已经与150多个国家、30多个国际组织签署合作文件。从2013年到2022年，中国与"一带一路"共建国家货物贸易额从1.04万亿美元扩大到2.07万亿美元，年均增长8%。截至2022年底，中国企业在共建国家建设的境

---

① 金彭年：《国际私法上意思自治原则的法哲学分析》，《杭州大学学报》（哲学社会科学版）1988年第1期。

② 李永军：《合同法》，中国人民大学出版社2016年版，第33页。

③ 刘敬东：《大国司法：中国国际民事诉讼制度之重构》，《法学》2016年第7期。

外经贸合作区累计投资达 571.3 亿美元。① 由于沿线国的文化与法律制度的差异，中国企业在参与"一带一路"建设时往往面临很大的投资与生产压力，中国投资共建国家的商业实体或者想要开展境外金融业务的金融实体可以在合同中纳入不对称争议解决协议，以期在法律层面上最大限度地平衡所面临的商业风险。一方面，不对称管辖协议是金融领域中早已普遍适用的风险调控条款，中国金融机构可以赋予其自身在任何有管辖权的法院提起诉讼的权利，从而保障金融服务的良性运转。另一方面，相比不对称管辖协议，不对称仲裁协议多出现于商事合同中，中国企业也可以充分利用不对称仲裁协议中既包含仲裁又包含诉讼的灵活机制，在对外贸易的争议解决环节中占据主动权。

国务院在 2015 年《关于印发进一步深化中国（上海）自由贸易试验区改革开放方案的通知》② 中就明确指出要加快推进上海打造面向全球的亚太仲裁中心的建设。这不仅要求我们加速推进仲裁法的立法工作，更需要在司法实践中体现对于仲裁协议的有效性支持。新加坡作为亚洲具有吸引力仲裁中心，以有支持仲裁的友好态度而备受称赞。在一起涉及"单选诉仲"类型的不对称仲裁协议案件中，新加坡法院极大程度上尊重了当事人的商业意图，对一方当事人选择仲裁或诉讼的协议进行了有效性认定。③ 此种有利于仲裁的态度将会吸引更多的商人选择新加坡作为仲裁地从事国际商事仲裁活动。毫无疑问，对于不对称争议解决协议的认可不仅能够树立中国支持与鼓励仲裁的友好形象，同时也对中国上海建设面向全球的亚太仲裁中心大有裨益。因此，不论是从维护契约自由的法理层面，还是推进国家各项战略的现实层面，认可不对称争议解决协议都存在其必要性。

---

① 任洁：《共建"一带一路"十周年：成就、形势与展望》，《人民周刊》2023年 6 月 28 日第 3 版。

② 参见国发［2015］21 号。

③ Dyna-Jet Pte Ltd. v. Wilson Taylor Asia Pacific Pte Ltd.（2016）SGHC 238.

二　不对称争议解决协议不构成显失公平

有学者认为，现代意义上的显失公平起源于 1948 年颁布的《统一商法典》，其中规定了法院在发现合同或合同条款在订立时存在显失公平的情形时，可以拒绝执行该合同，或者可以执行显失公平条款之外的合同，抑或可以对显失公平的条款加以限制以避免显失公平的后果。①

不过，中国对于显失公平的认定与美国的方式不同。在美国，认定合同条款构成"显失公平"需要认定其构成"程序性显失公平"和"实体性显失公平"两个条件。中国《民法典》中关于显失公平的规则沿用了《民法总则》②中的规定。《民法典》第 151 条对"显失公平"的构成要件进行了说明，其中规定"一方利用对方处于危困状态、缺乏判断能力等情形，致使民事法律行为成立时显失公平的，受损害方有权请求人民法院或者仲裁机构予以撤销"。由此可以看出，中国对于显失公平的认定也包含两个要件，学者将其分别归纳为：第一，主观要件，即一方需要存在利用对方处于危困状态或缺乏判断能力等情形的主观故意；第二，客观要件，即双方当事人之间的权利义务严重失衡，以至于显失公平。不过，由于学界对于显失公平的认定应当满足单一要件还是双重要件一直存有争议，这也使得司法实践中对于显失公平的认定并不一致。③

持"单一要件"说的学者认为，只要合同满足了客观上的显失公平，造成了当事人利益的严重不平衡就应被认定违反了第 151 条之规定，而不需证明另一方当事人利用了其优势地位。④ 在司法实践

---

① 王军：《美国合同法中的显失公平制度》，《比较法研究》1994 年第 Z1 期。

② 中华人民共和国主席令第六十六号，2017 年 3 月 15 日第十二届全国人民代表大会第五次会议通过。

③ 张良：《论显失公平的构成要件》，《河南财经政法大学学报》2014 年第 6 期。

④ 韩世远：《合同法总论》，法律出版社 2011 年版，第 198—202 页；崔建远：《合同法总论》（上卷），中国人民大学出版社 2008 年版，第 304—309 页。

中，衢州市中级人民法院在一起合同纠纷案中明确表明了其适用"单一要件"说的态度，该法院认为"显失公平指的是合同中双方当事人权利、义务明显不对等，使一方遭受重大不利益，考察的是客观表现是否存在利益严重不均衡，而无需关注造成该结果的主观原因"。因此，法院根据当事人给付与对待给付的严重失衡认定构成"显失公平"。① 此外，上海市第一中级人民法院在一起股权转让纠纷案中同样以满足"单一要件"为依据认定案中退股协议书构成显失公平。该案中，法院并未考量当事人主观上在签订协议书是否利用了其优势地位，而是认为对于约定一方当事人在无限期内存在支付义务是不符合公平原则的，权利与义务并不对等，因而认定构成显失公平。②

不过，相比"单一要件"说，"双重要件"说更被主流实践所认可。③ 例如，在最高人民法院公报中的典型案例"家园公司诉森得瑞公司合同纠纷案"中，天津市第二中级人民法院认为对于所涉《加盟特许经营合同》和《解除合同协议书》中的竞业禁止和保守商业秘密条款是否违反显失公平的问题应当从两个方面进行考察。首先，应当考察合同是否对一方当事人造成了不公平的结果。法院认为对这一结果的判断应当结合双方当事人的权利义务是否对等、一方获得利益或一方受损是否违反法律或交易习惯等综合因素。其次，应当考察合同一方当事人是否利用了其优势地位。法院强调，利用优势是指一方利用经济或其他方面的优势，使得另一方当事人难以抗拒其合同条件。而利用对方没有经验，则指对方缺乏一般的生活经验或者交易经验，因此对方在缺乏判断的情形下接受了合同

---

① 参见（2019）浙 08 民终 156 号。

② 参见（2010）沪一中民四（商）终字第 1610 号。

③ 例如，参见（2015）鼓民初字第 6763 号、（2015）九法民初字第 06709 号、（2015）白民二终字第 303 号、（2015）宁民一终字第 9 号、（2016）黔 0424 民初 869 号、（2016）桂 01 民终 134 号、（2016）鄂 28 民终 642 号、（2017）渝 0106 民初 15659 号、（2018）豫 04 民终 1324 号、（2018）沪 0115 民初 62066 号。

条件。此外，在本案中，法院认为虽然合同属于格式合同，但是合同对于相关属于均存在明确的释义。并且双方当事人对于合同的内容是明知的，在签订时并未提出任何异议，所以合同本身体现了当事人的意思自治原则，一旦成立则具有法律效力。除此之外，最高人民法院在西藏中太恒源实业有限公司、拉萨市柳梧新区城市投资建设发展集团有限公司合同纠纷案中指出，"显失公平情形的合同撤销权是否成立应当从主观、客观两方面的构成要件进行考察和认定：一是主观上，是否存在一方当事人利用了对方处于危困状态、缺乏判断能力等情形，使对方在违背真实意思的情况下订立合同；二是客观上，是否造成当事人之间在给付与对待给付之间严重失衡或利益严重不平衡"①。

我们可以看出，中国法律语境下的"显失公平"实际上糅合了乘人之危与显失公平两种法律行为。②"双重要件"的裁判视角使得一般情形下的不对称争议解决协议很难符合中国法律语境下"显失公平"的构成要件。

从主观要件来说，虽然在不对称争议解决协议中，一方当事人比另一方当事人享有争议解决方式上更多的选择权，但是这并不意味着优势方有利用当事人危困状态或缺乏判断能力的主观故意。另外，宿迁市中级人民法院在一起装饰装修合同纠纷案中认为，"优势"应当区别于商场上双方博弈而产生的实力悬殊，而是指在政治上、身份上或者经济上一方能够通过其悬殊的实力对对方进行压制的优势，如在政治上的影响、垄断行为的讹诈等。而所谓的"无经验"是指一方所欠缺另一方的生活经验或者交易经验。而这种"无经验"区别于商业谈判上的无经验，因为商业谈判上的无经验者必须为其无经验承担相应的商业风险；更多的是指企业与消费者之间

---

① 参见（2019）最高法民终 760 号。

② 武藤：《显失公平规定的解释论构造——基于相关裁判经验的实证考察》，《法学》2018 年第 1 期。

因信息来源不对称而带来的无经验。此外，该法院还强调，如果承担不利后果的一方当事人只能在诉讼中证明自己在订立合同时没有经验或处于劣势，而不能证明对方存在故意和利用，则不构成显失公平。因此，主观要件的证明往往需要证明优势方为牟取不正当利益而使他人在违背真实意愿的情形下订立合同，这显然具有很高的举证门槛。

从客观要件来说，虽然不对称争议解决协议在表现形式上体现了当事人之间权利的失衡分配，但是应当注意的是，选择争议解决方式的权利不对等并不意味着剥夺一方当事人的救济权利，因此很难构成当事人权利义务"严重不平衡"。由此看来，无论是从主观要件还是从客观要件的角度，不对称争议解决协议都不构成中国法律中"显失公平"之情形。

三　不对称仲裁协议不违反公共政策

《纽约公约》中明确了承认与执行仲裁裁决的一国法院可以对违反其本国的公共政策为由拒绝承认与执行该仲裁裁决。因此，除了对于不对称仲裁协议的效力进行认定外，另一个需要探讨的问题就是不对称仲裁协议与中国公共政策之间的关系。

众所周知，国际商事仲裁中的公共政策常被比喻为"脱缰的野马"。由于公共政策的概念具有极强的模糊性，加之各国立法规定对此又并不统一，所以参与国际贸易的当事人往往在争议发生时面临诸多涉及公共政策的抗辩与困扰。在中国法律中，并无"公共政策"一词，更不存在相关的定义与解释，与此相类似的只有"社会公共利益"的表述。① 因此在认定"公共政策"的问题上，我国法院通常以司法实践为出发点，试图摸索出"公共政策"的适用标准。

在中国，公共政策的适用方法，可以分为肯定性方法和否定性

---

① 参见《中华人民共和国民法典》第 132 条，民事主体不得滥用民事权利损害国家利益、社会公共利益或者他人合法权益。

方法两种。肯定性方法是指人民法院在司法实践中正面说明"公共政策"适用内容的方法，而否定性方法是指人民法院在司法实践中以具体案件为切入点，通过明确排除适用"公共政策"的情形以界定"公共政策"适用范围的方法。①

在肯定性方法的实践中，最高人民法院在一系列案例中表明违反中国"公共政策"的情形主要是指"损害我国根本的社会利益""违反我国的基本法律制度""侵犯我国国家主权""危害国家及社会公共安全""违反善良风俗"等情形。② 中国在两起案件中以"公共政策"的原因拒绝承认与执行仲裁裁决，一是涉及特殊时期文化管制下的善良风俗，③ 二是涉及否定中国法院判决的既判力问题。④

与此同时，在否定性方法的实践中，最高人民法院对以下司法实践所涉及的情形排除适用"公共政策"：（1）违反中国强制性规定的情形；⑤（2）裁决实体结果不公平；⑥（3）造成国有资产损失；⑦（4）适用法律错误。⑧

通过梳理中国司法实践对于"公共政策"的认定，我们可以发现，中国对于公共政策的解读较为严格，这也符合国际社会中多数国家对于支持《纽约公约》下有利于仲裁原则的主流实践。比如，美国第十一巡回上诉法院在一起案件中对公共政策的适用提出了指导观点，即公共政策的抗辩只有在承认或执行外国仲裁裁决会违反

---

① 何其生：《国际商事仲裁司法审查中的公共政策》，《中国社会科学》2014 年第 7 期。

② 郭浩：《我国国际商事仲裁裁决的司法审查中公共政策运用的实证研究》，《北京仲裁》2016 年第 1 期。

③ 参见经他（1997）35 号复函。

④ 参见［2008］民四他字第 11 号。

⑤ 参见［2003］民四他字第 3 号。

⑥ 参见［2008］民四他字第 48 号。

⑦ 参见［2011］民四他字第 62 号。

⑧ 参见［2010］民四他字第 18 号。

最基本的道德和正义观念时才适用。① 同样地，中国香港地区法院在适用"公共政策"的问题上一样保持谨慎的态度，认为只有在十分必要之时才会支持基于公共政策的主张。香港高等法院曾在案件中指出，"对于有关公共政策的抗辩只能对其进行狭义解释，我们鄙视那种不论在什么情况下都将其作为抗辩理由的做法"，"以公共政策为依据而拒绝仲裁裁决的承认与执行必须存在令人信服的理由"。②

可以见得，虽然不对称仲裁协议中当事人对于争议解决方式的选择存在差异，往往遭到人们对于其有效性的质疑，比如，缺乏"相互性"、违反平等权利或构成"或裁或审"情形。但是无论如何，承认与执行基于不对称仲裁协议所做出的仲裁裁决并不认为违反中国的"公共政策"。中国最高人民法院在天津鑫茂案中表示，即便是仲裁程序违反了正当法律程序，也并未将其纳入"公共政策"的考量范围之内。③ 退一万步讲，即使违反了实体法的基本原则，例如自愿、有偿、等价或诚实信用等原则，仍不在"公共政策"的讨论之中，这一点在学术界与司法界早有共识。④ 因为"公共政策"所维护的是"我国基本的法律制度"和"根本的社会利益"。显然，承认与执行不对称仲裁协议并不足以构成违反中国"公共政策"。

第三节　中国不对称争议解决协议的完善建议

虽然中国认可不对称争议解决协议的效力具有必要性与合法性，但是应当注意到，为了维护法律的"实质正义"，对于不对称争议解

---

① Sladjana Cvoro v. Carnival Corporation，18 – 11815（11th Cir. 2019）.

② Paklito Investment Ltd. v. Klochner East Asia Ltd.，（1993）HKCU 0613.

③ 参见［2008］民四他字第 18 号。

④ 万鄂湘主编：《涉外商事海事审判指导》第 7 辑，人民法院出版社 2004 年版，第 36—40 页。

决协议的适用不宜涉及弱势当事人领域。中国还可以通过对《选择法院协议公约》提出互惠声明，以保障不对称管辖协议在更大范围内的承认与执行。相比之下，《海牙判决公约》则为不对称管辖协议提供了更为直接的支持。同时，对于不对称仲裁协议而言，中国应当对"或裁或审"协议的范围进行明确，从而避免不对称仲裁协议因被视为"或裁或审"而被认定无效。

一　限制不对称争议解决协议的适用领域

争议解决协议是当事人意思自治原则在管辖权领域的体现，当事人可以通过充分发挥这种自治权利以设计符合自身利益最大化的争议解决协议。不对称争议解决协议可以说是在意思自治原则指导下的时代产物，其在很大程度上满足了当事人对于契约自由的渴求与风险防控的需求。然而，我们不能忽略的是，契约制度正经历从自由到正义的转变。[1]诸如消费者、被保险人和劳动者这样的弱势当事人虽然在法律上享有理论上的缔结自由，但由于这些弱势当事人与生产者、保险人、雇主的谈判能力存在巨大差异，因而他们在"充分自由的市场"中的权益能否得到保障往往取决于另一方具有更高议价地位的当事人的"自觉行为"。由此我们可以想象，这种"虚无缥缈"的自由将严重有损弱势当事人的权益。基于此，弱势当事人保护的概念进入了法律视野，成为现代文明中追求法律实质正义的标志之一。[2]

在立法方面，《布鲁塞尔条例 I》（重订）的相关规定可以为我们提供一个典型样板。该条例在其序言中明确规定，要对保险合同、消费者合同和雇佣合同中的当事人提供更为有利的管辖权保护规则，因此上述合同中的当事人在管辖法院的选择上具有有限的意思自治。

---

[1]　田喜清：《私法公法化问题研究》，《政治与法律》2011 年第 11 期。

[2]　袁发强：《我国国际私法中弱者保护制度的反思与重构》，《法商研究》2014 年第 6 期。

在具体管辖权规则的设计中，该条例第 14 条、第 18 条和第 22 条都明确规定，保险人、消费者和劳动者约定管辖协议时，只能在被保险人、消费者和受雇者的住所地法院提起诉讼。条例的第 15 条、第 19 条和第 23 条又规定，对于弱势当事人的一般管辖规定只有在下列情形下才能排除适用：（1）管辖协议是争议发生之后订立的；（2）管辖协议允许弱势当事人在条例规定之外的法院提起诉讼。所以，我们可以看出，《布鲁塞尔条例 I》（重订）的规定更像是为弱势当事人提供了一份特殊的"不对称管辖协议"，只不过这种"不对称管辖协议"中的优势方成了被保护的弱势当事人，而劣势方则成了议价能力更高的一方当事人。总之，在弱势当事人领域，不对称管辖协议并无一席之地。

在司法实践中，中国台湾法院将不对称管辖协议的效力与当事人之间的议价能力联系在一起，因而当事人是否属于弱势当事人成为该协议是否有违公平的关键。在一起台湾公司与德国公司的买卖合同纠纷案中，合同中的不对称管辖协议约定"如果消费者是商人，则由合同所引起的争议的排他性管辖地为德国斯图加特……如果消费者在德意志共和国没有一般场所或者在合同签订后未将住所搬到德国以外的国家，斯图加特作为排他性管辖地的规则依然适用……然而，（Mayer&Cie）有权在任何司法管辖区的法院对消费者提起诉讼"。在争议发生之后，台湾公司向台湾法院提起诉讼，德国公司认为根据双方当事人之间的管辖协议，德国斯图加特法院对争议具有排他性管辖权，因此台湾法院不具有管辖权。台湾法院指出，由于台湾公司在谈判与协商的过程中并不是弱势当事人，因此当事人之间的不对称管辖协议与违反公平原则之间尚有距离。因此，台湾法院认为，如果当事人同意了排他性管辖协议，那么指定法院之外的任何法院就因指定法院的存在而失去法定管辖权。所以，台湾法院并未支持台湾公司以违反公平为由的请求，最终认可了该不对称管辖协议的效力。①

　　同样地，对于不对称仲裁协议来说，其中所赋予的不对称权利依然会对没有议价能力的弱方当事人造成实质性权益的损害。从大多数美国法院裁判中，我们发现美国法院对于不对称仲裁协议的态度并不友好，尤其是在涉及雇佣合同或消费者合同这一弱势当事人领域。例如，在 Arnold v. United Companies Lending Corp 案中②，双方在《个人消费信贷合同》中约定了"共仲单诉"类型的不对称仲裁协议，即约定任何争议通过仲裁解决，裁决具有终局性并可以在任何有管辖权的法院得以承认与执行。但又约定，贷款人有权向法院提起任何与收取债务有关的诉讼，此外贷款人还可以提起抵押品赎回的诉讼。法院着眼于当事人地位以审查该不对称仲裁协议是否有违公平。法院认为，我们完全可以想象，在现实生活中，对于这样一份施加在消费者身上的仲裁协议，消费者完全不知道他们所签署的协议的含义，并且消费者很难通过讨价还价以保护他们的利益。此外，双方当事人的地位就严重不平等，一方是作为贷款方的国有公司，而另一方则是年迈、不成熟的消费者。所以，法院认为，从仲裁协议的性质以及当事人地位的巨大差异就可以认定，这样的条款有违公平。由此可见，不对称仲裁协议也并不适用于弱势当事人领域，但却可以在商事领域中成为当事人起草合同时的一项"有利"选择。

　　反观中国的司法现状可以发现，无论是针对管辖协议还是仲裁协议，中国都缺乏健全的弱者保护体系。在管辖权选择方面，仅《民事诉讼法司法解释》第 31 条对弱势当事人的利益进行了侧面保护，其中规定对于消费者与经营者之间签订格式条款的，经营者应当以合理的方式提请消费者注意，否则格式协议无效。该条款也只是在限制争议解决协议的格式化问题上为弱势当事人提供了有限的

---

　　①　Mary Keyes, *Optional Choice of Court Agreements in Private International Law*, Springer, 2019, p. 404.

　　②　Arnold v. United Companies Lending Corp., 204 W. Va. 229, 511 S. E. 2d 854 (1998).

保护。① 除此之外，对于协议管辖的限制条件主要是实际联系原则、级别管辖与专属管辖的相关规定。另外，最高人民法院在一起案件中明确劳动案件不适用于协议管辖，认为："协议管辖的适用领域为合同或者其他财产权益纠纷，而这里的合同纠纷包括因合同订立、履行、变更、解除、违约等所产生的纠纷，其他财产权益纠纷包括因物权、知识产权中的财产权而产生的民事纠纷，因身份关系产生民事纠纷的不能协议选择管辖法院。劳动争议案件涉及的法律关系为用人单位与劳动者之间的劳动关系，具有人身属性，不适用协议管辖的有关规定。"② 不过应当注意，这里的协议管辖不能适用劳动争议并非出于弱者保护的缘由，而是因为争议性质不符合中国现行法律的规定。

值得注意的是，最高人民法院在2021年底发布的《全国法院涉外商事海事审判工作座谈会会议纪要》中对于"非对称管辖协议"的效力进行了讨论，其中明确当事人以显失公平为由主张协议无效的，人民法院不予支持。但管辖协议涉及消费者、劳动者权益或违反专属管辖的除外。《会议纪要》的规定无疑体现了中国对于弱势当事人的保护，但依然存在以下问题。第一，《会议纪要》的规定仅涉及不对称管辖协议，但未对不对称仲裁协议进行规范。通过司法判例的研读可以发现，不对称仲裁协议在消费者合同或雇用合同中早有出现。第二，《会议纪要》的规定过于宽泛，并没有提供具体的规则指引，只是简单提及在涉及消费者和劳动者权益时，不对称管辖协议的效力不当然有效。换言之，消费者合同或劳动合同中存在不对称管辖协议，弱势当事人或可以通过提出"显失公平"而主张协议无效，但法院仍需判断是否构成《民法典》中关于"显失公平"的标准。可以看出，这样的保护并不够充分，也未提供更为完善的保护规则。第三，《会议纪

① 李盛缘：《仲裁协议格式化效力探析》，《浙江万里学院学报》2017年第1期。
② （2020）最高法民辖27号。

要》不具有司法解释效力。《会议纪要》只是最高人民法院为统一
法院裁判出台的指导规范，虽然可以影响法官对于不对称管辖协
议的识别与认定，但是其效力有限。

我们不难看出，相比完善的《布鲁塞尔条例Ⅰ》（重订），中国
在弱势当事人保护方面差距明显。因此，我们认为，中国可以积极
借鉴欧盟对于弱势当事人保护的完善制度，通过立法手段增设弱者
保护的相关条款，并同时在司法实践中排除不对称争议解决协议在
弱势当事人领域的适用，从而最大限度地保护"弱者"的权益。法
律对于弱势当事人的保护并非意在否定契约自由，而是通过限制意
思自治的方式让真正的"自由市场"可以惠及每一位公民。毋庸置
疑，法律并不会对这些弱势当事人冷眼观望，因为法律的宗旨永远
在于维持正义与秩序。但这种正义并不仅仅是理论上的平衡与同等，
更是实际权益上的平等与公正。这也恰恰反映了法律的基本功能，
即法律不仅是惩治不法的利剑，又是平衡公与不公的天平。

二　对《选择法院协议公约》第 22 条作出互惠声明

海牙《选择法院协议公约》旨在以排他性管辖协议为基础，在
判决的承认与执行上达到国际上的统一化。虽然公约的谈判过程极
为曲折，但是为全球管辖协议的趋同化做出了重大贡献。[①] 中国于
2017 年正式签署了该公约，目前正在积极研究有关公约的批准问
题。我们认为，不对称管辖协议在金融领域中极其常见，且具有
"模板协议"的地位，为更好地支持这类协议的有效性，中国应当就
公约第 22 条的规定提出互惠声明，从而将公约的适用范围扩大到非
排他性管辖协议（不对称管辖协议）。此外，中国司法实践中对于不
对称管辖协议的性质认定与公约态度相一致，可以更好地适用公约
中的相关规定。

---

① 宋建立：《〈选择法院协议公约〉及对我国的影响》，《人民司法》2019 年
第 4 期。

不可否认的是，不对称管辖协议已大量出现在金融合同之中，并且在商事合同中有逐年增多的趋势。正如香港高等法院在中国工商银行（亚洲）有限公司案中所提及的："不对称管辖协议已在国际金融文件中广泛适用，将其排除《内地判决（交互强制执行）条例》的范围会极大限制商事协议的范围，而这些协议可能会受益于本条例下的快速执行，因此排除不对称管辖协议有违本条例中重要的立法目的。"[①]

虽然公约第 1 条就已经明确将公约的适用范围限于排他性选择法院协议，并且公约的解释报告也将不对称管辖协议排除在公约的"排他性"之列，[②] 但是考虑到非排他性管辖协议的普遍性，公约在第 22 条作出了有关非排他性管辖协议承认与执行的规定，以允许缔约国通过提出互惠声明的形式扩大公约的适用范围。

首先，公约第 22 条 1 款规定，缔约国可以声明，其本国法院可以承认与执行根据非排他性选择法院协议指定的缔约国法院作出的判决。此外，公约在该条款中对"非排他性选择法院协议"作出了规定，即指双方或者多方当事人签订的，符合第三条第（三）项要求，[③] 为解决与某一特定法院关系有关的已经或者可能发生的争议，而指定一个或者多个缔约国的某一个或多个法院的协议。

其次，公约第 22 条第 2 款对于非排他性法院选择协议的承认与执行问题作出了十分严格的规定。为了能够确保基于非排他性法院选择协议作出的判决能够得到承认与执行，该条不仅规定判决的原审国与判决的承认与执行国都应对第 22 条提出互惠声明，此外还需要满足三个条件：第一，原审法院必须是非排他性管辖协议中所指

---

① Industrial and Commercial Bank of China（Asia）Ltd. v. Wisdom Top International Ltd. （2020）HKCFI 322，para. 54.

② Masato Dogauchi and Trevor C. Hartley，*Preliminary Draft Convention On Exclusive Choice of Court Agreements Explanatory Report*，p. 19，para. 72.

③ 《选择法院协议公约》第三条第（三）项：1. 以书面形式；2. 以其他任何联系方式，且该方式能提供可获取的信息，使其日后可予使用。

定的法院；第二，不存在根据非排他性选择法院协议可以提起诉讼的任何其他法院作出的判决，当事人之间也未有在此种法院进行的基于相同诉因的未决诉讼；第三，原审法院是首选受理的法院。

解释报告在此进行了举例说明，假设在一份《贷款协议》中，双方当事人约定"借款人对贷款人提起的诉讼只能在首尔地方法院进行，而贷款人可以在任何有管辖权的法院对借款人提起诉讼"，此处假设韩国和中国都对公约第 22 条作出了互惠声明，首尔地方法院在收到借款人的诉讼请求后作出了判决，并向中国申请该判决的执行。如果此时存在贷款人依据该不对称管辖协议向澳大利亚法院提起的诉讼程序，那么该情形则违反了公约第 22 条第 2 款第 2 项的规定，从而导致上述在韩国作出的判决不能在中国得到承认与执行。[①]因此可以看出，基于非排他性选择法院协议所作判决的承认与执行有着极为苛刻的要求。

最后，关于声明的生效问题可以参照公约第 32 条的第 3 款和第 4 款的规定。另外，由于公约中第 16 条关于法律追溯力的条款不适用非排他性法院选择协议。因此对于想要对第 22 条提出互惠声明的缔约国，应在其作出声明时决定是否排除其声明生效前缔约的法院选择协议、启动的诉讼程序或判决。如缔约国未作出该"不溯及既往"的声明，即便法院选择协议的缔结、诉讼程序的发生或判决的作出早于互惠声明的生效之日，依然可以依据第 22 条规定申请承认与执行。

值得注意的是，缔约国在对第 22 条作出互惠声明后，公约中的部分条款将不再适用于作出声明的缔约国。具体而言，公约的第 5 条关于被选择法院的管辖与第 6 条关于未被选择法院的义务的规定就不再适用于作出互惠声明的缔约国，但是第 8 条至第 15 条有关判决承认与执行的相关规定照常适用。此外，第 2 条和第 21 条关于公

---

　　① Masato Dogauchi and Trevor C. Hartley, Preliminary Draft Convention On Exclusive Choice of Court Agreements Explanatory Report, p. 87, para. 250.

约范围的限制的规定亦同样适用。

　　总的来说，考虑到不对称管辖协议在合同领域中的重要地位，以及中国认可该类协议的必要需求，中国可以考虑通过对《选择法院协议公约》第 22 条提出互惠声明以将不对称管辖协议纳入公约。当然，随着 2019 年《承认与执行外国民商事判决公约》（以下简称《海牙判决公约》）的正式通过，在认可不对称管辖协议的效力问题上，各国则多了一种更为直接且积极的选择。

三　充分利用《海牙判决公约》以承认不对称管辖协议的效力

　　2019 年 7 月 2 日，在荷兰召开的海牙国际私法会议第 22 届外交大会上通过了《海牙判决公约》。自 1992 年以来，海牙国际私法会议一直致力于制定一份在民商事领域中涉及法院管辖权和判决承认与执行的全球性统一规则。在 1992—2001 年，海牙国际私法会议通过了 1999 年《民商事管辖权和外国判决公约草案》，但是在 2001 年第 19 次会议的第一议题的总结中，各国在一系列重要议题上始终未能达成合意，海牙国际私法会议决定就能够达成合意的领域进行单独考虑。最终，各国在排他性法院选择协议的管辖权与判决的承认与执行问题上形成了统一意见，从而推动了《选择法院协议公约》的最终通过。2011 年，海牙国际私法会议决定重新考虑制定关于民商事领域管辖权和判决承认与执行问题的全球文书的可行性。2012 年，专家组得出结论，认为开展跨境诉讼的进一步工作是可行的，因为这满足现实和实际的需要，而这恰恰是现有法律文书和体制框架所无法满足的。为此，自 2013 年起，工作组先后召开 5 次会议以制定能够促进判决文书全球流通的草案文本，并于 2015 年 11 月完成了《外国判决承认与执行公约建议草案》。2016—2018 年，海牙国际私法会议先后召开四次特别会议讨论公约草案的具体内容，最终于 2018 年 4 月形成了 2018 年《公约草案》，这也是形成公约正式文本的基础。① 毫无疑问，《海牙判决公约》的制定具有划时代的意义，该公约也被誉为国际司法制度规则改变者。② 《海牙判决公约》与《选择法院协议公约》所追寻的目标相一致，即促使被选择法院所做出的判决能够在全球范围内得以流通；而在适用范围上，又是《选择法院协议公约》的有益补充，公约可以处理范围更广泛的跨境纠纷，因为大多数当事人所起草的协议并不都具有排他性。从这点来看，《海牙判决公约》为推动承认不对称管辖协议的效力提供了理论基础与现实可能。

公约第 5 条为承认与执行的基础，是公约的核心条款，具有非常重要的意义。第 5 条实际上是从原始国法院对案件的管辖权角度规定公约成员国的哪些案件应该获得承认与执行，因而构成了判决承认与执行的基础，也被称为"管辖过滤器"（jurisdictional filters）或"间接管辖权"（indirect jurisdiction）。③ 该条款列举了 13 种管辖过滤器标准，极大地增强了法律的可预见性与稳定性，所以公约成员国当事人能够清晰地知晓什么样的判决可以在公约范围内进行流通。

公约第 5 条第 13 款规定："判决由非排他性选择法院协议所指定的法院做出，且该协议以书面形式签订或证明，或者能提供可获取的信息供日后查询的其他任何通讯方式所签订或者证明。"通过条文的具体内容可以看出，第 13 款中所指判决包含了两方面的要求，一是协议需要满足书面的形式，这是对协议的形式要求；二是协议需要为非排他性法院选择协议，这是对协议的性质要求。公约并没

---

① Francisco Garcimartín, Geneviève Saumier, *Explanatory Reporton the Convention of 2 July 2019 on the Recognition and Enforcement of Foreign Judgments in Civil or Commercial Matters*, Hague：The Hague Conference on Private International Law，2020，p. 44.

② 徐国建：《2019 年〈海牙判决公约〉判决承认和执行机制概述》，《中国应用法学》2020 年第 4 期。

③ 徐国建：《建立法院判决全球流通的国际法律制度——〈海牙外国判决承认与执行公约草案〉立法资料、观点和述评》，《武大国际法评论》2017 年第 5 期。

有针对"非排他性选择法院协议"做出直接的解释，而是通过否定式的定义来明晰这类协议的范围。第 13 款中直接援引了《选择法院协议公约》第 3 条第 1 款中关于"排他性选择法院协议"的定义，即系指由双方或者多方当事人签订的，为解决与某一特定法律关系有关的已经发生或者可能发生的争议，而指定某国的法院或者某国的一个或者多个特定法院以排除任何其他法院管辖权的协议。所以，任何属于排他性选择法院协议之外的协议均为"非排他性选择法院协议"。当然，这也是公约有意为之，意在避免与《选择法院协议公约》的适用范围相重合。

非排他性选择法院协议具有多种形式，既可以是允许申请方在一系列不同国家法院中进行选择的协议，也可以是当事人同意不反对某一国法院管辖的协议，也可以是对一方当事人具有排他性，而对另一方当事人具有非排他性的不对称协议。① 在不对称管辖协议中，无论是"共一单任"情形、"共数单任"情形还是"共一单数"情形，其中的共同点是，这类协议中的一个或数个法院对一方当事人而言具有排他性的管辖权。公约明确将不对称管辖协议纳入了非排他性管辖协议的范畴，这为此类协议在全球范围内的承认与执行提供了有力保障。

中国已于 2019 年 7 月 2 日正式签署了《海牙判决公约》，虽然待到正式批准尚需时日，但毫无疑问，公约是迄今为止国际社会在外国法院民商事判决的承认与执行方面最为重要的国际立法之一，是相关问题的最新且最为全面的制度与规则，于中国而言，不仅具有重要的实践意义，也具有推进中国国际私法学进步的理论意义。②

---

① Francisco Garcimartín, Geneviève Saumier, *Explanatory Reporton the Convention of 2 July 2019 on the Recognition and Enforcement of Foreign Judgments in Civil or Commercial Matters*, Hague：The Hague Conference on Private International Law, 2020, p. 106.

② 徐国建：《论拒绝承认与执行外国法院判决的情势——2019 年〈海牙判决公约〉相关制度与规则探讨》，《国际法研究》2023 年第 3 期。

中国可以充分利用公约对于不对称管辖协议的认定，从而推动对于不对称管辖协议的全面认可。

四 明确界定不对称仲裁协议不属于"或裁或审"情形

不对称仲裁协议由于在表现形式上存在仲裁和诉讼两种形式的争议解决方式，因此很容易被认定为"瑕疵仲裁协议"从而影响其有效性。在中国，这种既约定仲裁又约定诉讼的情形，往往被认定为属于"或裁或审"情形。由于中国《民事诉讼法司法解释》第7条明确规定"或裁或审"情形的仲裁协议无效，因此区分"或裁或审"协议与不对称仲裁协议可以避免中国法院因适用法律的错误而将不对称仲裁协议认定无效的情况发生。明确不对称仲裁协议不属于"或裁或审"情形的前提是，应当先厘清"或裁或审"情形的适用范围。应当注意的是，并非在争议解决协议中同时存在仲裁和诉讼两种争议解决方式的协议就一定属于"或裁或审"情形。

其一，由于中国目前立法与实践并未就"或裁或审"情形作出具体的界定，因此对于其特征把握较为模糊，往往导致与"一裁终局"情形相混淆。一般来说，"一裁终局"是指裁决作出后即发生法律效力，即使当事人对裁决不服，也不能再就同一纠纷向人民法院起诉，同时也不能再向仲裁机构申请仲裁。[1] 而"一裁终局"条款通常是指当事人在选择仲裁后，又规定如果对仲裁结果有异议则可以向法院起诉的条款。[2] 同时，"或裁或审"条款的表述则为"由本合同产生的任何争议，双方当事人可以向某仲裁机构提起仲裁，也可以向某法院提起诉讼"。不难看出，两种条款的最大区别在于两

---

[1] 全国人大常委会法制工作委员会民法室、中国国际经济贸易仲裁委员会秘书局编著：《中华人民共和国仲裁法全书》，法律出版社1995年版，第23页。

[2] 杜涛、张炳南：《我国"或裁或审"条款的反思与突破——兼评〈仲裁法司法解释〉第7条》，《时代法学》2020年第1期。

者的逻辑关系不同，"或裁或审"条款中的两种争议解决方式为并列的平行关系，而"一裁终局"条款的两种争议解决方式为递进的层级关系。不过，单从表现形式上看，上述两种条款均包含仲裁与诉讼两种争议解决方式，所以极易造成认定错误。例如，在盛桥创鑫投资合伙企业一案中，当事人之间约定"任何一方可以向北京仲裁委申请仲裁，对仲裁结果有异议的，任何一方可向乙方所在地法院提起诉讼"，但是北京法院则认为该条款属于既约定仲裁又约定诉讼的"或裁或审"条款，因此适用《仲裁法司法解释》第7条的规定认定该条款无效。①

其二，虽然不对称仲裁协议在表现形式上存在三种类型，例如"共仲单诉""共诉单仲"和"单选诉仲"类型，但上述类型仍不属于"或裁或审"的情形。正如上文所讨论过，在杨常兴与星展银行案中，法院认为"共仲单诉"类型的不对称仲裁协议并未明确约定具体法院，因此也不符合"或裁或审"的情形。上海市浦东法院在厦门建发化工有限公司案中支持所涉"单选诉仲"类型的仲裁协议的效力，法院认为这类条款的性质取决于当事人的选择，因此与传统"或裁或审"情形中双方当事人都有权选择仲裁或者诉讼的情形不同。北京金融法院也持相同的观点，其认为"单选诉仲"条款属于单方选择性争端解决条款，其性质取决于一方当事人的选择，该条款一经选择即形成了确定的、排他的合意，因而不属于"或裁或诉"条款。②

由此可见，构成"或裁或审"情形需要满足两个条件：第一，当事人对于仲裁和诉讼的约定应当存在平行式的逻辑关系，属于"A或者B"或"可以A也可以B"的类型；第二，双方当事人对于仲裁和诉讼这两种争议解决方式都具有选择权，不存在只有一方当事人才可以在两者之间进行选择的情形。所以，依照此标准，

---

① 参见（2014）三中民特字第06308号。
② 参见（2022）京74民特4号。

不论何种类型的不对称仲裁协议均难以符合"或裁或审"的情形。

虽然最高人民法院在《全国法院涉外商事海事审判工作座谈会会议纪要》中将"先裁后诉"情形排除在"或裁或审"情形之外，并认可当事人约定的仲裁协议部分有效，约定诉讼部分无效。但是并没有对不对称仲裁协议的类型与特征进行明释。一旦出现"共诉单仲""共仲单诉"或"单选诉仲"类型的不对称仲裁协议，当事人依然可以援引《仲裁法司法解释》第7条的规定主张仲裁协议无效，从而影响当事人之间不对称仲裁协议的约定合意。

近年来，不对称仲裁协议与不对称管辖协议在商事合同中频繁出现，正逐渐引起更多国家的广泛关注。① 近年来，中国不断推进仲裁事业的改革与发展。2021年《仲裁法征求意见稿》的出台对中国现行《仲裁法》进行了大幅修改，结合实践需求，立足中国国情，与国际先进仲裁理念进一步接轨。此外，上海作为中国仲裁机构资源最集中、最丰富的城市，将全力打造面向全球的亚太仲裁中心，试图打造成深受境内外当事人欢迎的仲裁目的地。② 在此背景下，中国应当对不对称仲裁协议的类型进行明确，并与"或裁或审"情形作出区分。因此我们认为，最高人民法院可以通过会议纪要的形式对不对称仲裁协议的效力认定进行规范，为各级人民法院识别和认定此类协议提供统一的裁判指引。此外，还可以通过遴选涉及不对称仲裁协议的司法案例作为指导性案例为各级法院提供具有"弱规范约束力"的裁判指引。③

---

① Jane Willems, "The Arbitrator's Jurisdiction at Risk: The Case of Hybrid and A-symmetrical Arbitration Agreements", in Patricia Shaughnessy and Sherlin Tung, eds., *The Powers and Duties of an Arbitrator*, *Liber Amicorum Pierre A. Karrer*, Alphen aan den Rijn: Kluwer Law International, 2017, Chapter 38.

② 《上海打造面向全球的亚太仲裁中心》，《解放日报》2022年2月14日第26535号。

③ 雷磊：《指导性案例法源地位再反思》，《中国法学》2015年第1期。

结　　语

　　不对称争议解决协议，作为一种特殊类型的争议解决协议，在形式与特征等方面都与传统的争议解决协议存在一定的区别。虽然这类协议在一些特定领域中出现较早，但是这类争议解决协议对世界的许多司法辖区而言依然较为陌生。因此，对于不对称争议解决协议的效力认定众说纷纭、各持己见。纵观世界各国的司法实践，对其效力认定可以分为支持与否定两大阵营。持否定态度的国家主要有法国、保加利亚、俄罗斯等国，而持肯定态度的国家主要包括英国、澳大利亚、意大利、西班牙、乌克兰以及新加坡在内等国。不过通过大量司法判例的分析可以发现，否定这类协议效力的法院正逐渐调整其严苛的司法态度，转而适用相对"宽容"的标准审查其效力。

　　一方面，这类协议中的双方当事人就争议方式的选择权并不对等，因而常常遭受有违"平等"或"公正"理念的质疑。正如前文所梳理的一样，司法实践中存在"恣意处分性""程序平等性""合同相互性"以及"显失公平"与"公共政策"等方面的考量与审查。另一方面，这种倾斜式的争议解决选择有利于保护一方当事人的利益，尤其是对于交易风险较高的金融机构而言，正是争议解决权利的"不对称性"平衡了商事交易风险的"不对称性"。从这一点来看，不对称争议解决协议又可以视为意思自治原则下最契合当事人商事意图的交易合意。

　　由于法系文化的差异、国家立法与司法实践的不同，各国对于同一类型的不对称争议解决协议仍会作出不同的认定。但我们应当知道，无论是将这类协议认定有效抑或无效，并无孰对孰错，只是不同法律理念的差异而已。在实践中，即便是同样认定无效或有效的裁判结果仍存在不同的裁判理由与裁判视角。因此，不对称争议解决协议的效力问题具有深刻的本国烙印。从近些年的司法实践来看，不对称争议解决协议正从其特定的金融合同领域逐渐扩大至各个商事领域之中。为了避免此类协议被认定无效，降低相关判决的承认与执行的风险，商事当事人应在草拟此类协议时格外谨慎，尤其需要了解有关国家的法律规定与司法态度。

在中国大力推进"一带一路"建设、深化自由贸易区改革和建设亚太国际仲裁中心等国家战略的新时代背景下，中国认可不对称争议解决协议具有迫切的现实必要性。从最高人民法院发布的《关于人民法院进一步为"一带一路"建设提供司法服务和保障的意见》以及《最高人民法院关于人民法院为中国（上海）自由贸易试验区临港新片区建设提供司法服务和保障的意见》等文件中可以看到，中国对于"充分尊重中外当事人对纠纷解决途径的选择权"高度重视，这体现了中国极为尊重意思自治原则的政策态度。此外，从正当性的角度，认可不对称争议解决协议并不违反法律的有效性规定，也不构成"显失公平"情形，亦不违反"公共政策"的规定。

不过，虽然意思自治原则在一定程度上赋予了当事人约定争议解决协议以确定司法或仲裁管辖权的自由，但在对具有弱势地位的当事人来说，这种自由并不能使其权益获得实质性的保障。鉴于此，中国在认可不对称争议解决协议同时，应当排除该协议在消费者合同、保险合同以及雇佣合同中的适用，从而捍卫法律所维护的"实质正义"。这也与国际社会的通行做法相一致。虽然最高人民法院在《全国法院涉外商事海事审判工作座谈会会议纪要》中提及不对称管辖协议不得涉及消费者和劳动者权益问题，但是其规定相对泛泛，并未涉及不对称仲裁协议的讨论。除此之外，会议纪要不具有法律效力，只能作为统一全国法院裁判的规范指引。

　　为更好地认可不对称管辖协议的适用，中国可以考虑在批准《选择法院协议公约》时对公约第 22 条作出互惠声明，以将公约的适用范围扩大至非排他性管辖协议。除此之外，另一个更为积极的选择是，中国可以充分利用《海牙判决公约》的内容，为认可不对称管辖协议的效力提供法律依据。同样地，为更好地认可不对称仲裁协议的效力，中国最高人民法院应对不对称仲裁协议与"或裁或审"协议予以区别，将不对称仲裁协议排除在"或裁或审"情形之外，以避免各级法院因判断错误而导致其效力无效。在具体措施上，最高人民法院可以通过会议纪要或发布指导性案例的形式为各级人民法院提供这一裁判指导。

　　事实上，不论是何种争议解决协议，其本质都是当事人意思自治下的法律表现形式，任何国家对其效力的认定都反映了该国对于意思自治原则的界定与考量。私法领域的法律精髓在于维护契约自由，并促进其良性发展。不对称争议解决协议的效力往往取决于"自由"与"公正"两大原则的博弈程度，一般来说，只要不逾越"公正"的红线，法律应赋予"自由"以"效力"。因此，只要是不违背强制性或禁止性的规定，应当对不对称争议解决协议作出有效性的解释。

参考文献

一 中文著作及译著类

崔建远：《合同法总论》（上卷），中国人民大学出版社 2008 年版。

丁伟主编：《国际私法学》，上海人民出版社 2010 年版。

董学立：《民法基本原则研究——在民法理念与民法规范之间》，法律出版社 2011 年版。

韩健：《现代国际商事仲裁法的理论与实践》，法律出版社 2000 年版。

郭晓光：《民事诉讼管辖实证研究》，中国政法大学出版社 2016 年版。

韩世远：《合同法总论》，法律出版社 2011 年版。

何其生：《比较法视野下的国际民事诉讼》，高等教育出版社 2015 年版。

李浩、刘敏主编：《新编民事诉讼法学》，中国人民公安大学出版社 2003 年版。

李晶：《国际民事诉讼中的挑选法院》，北京大学出版社 2008 年版。

李双元、谢石松、欧福永：《国际民事诉讼法概论》，武汉大学出版社 2016 年版。

李双元、谢石松：《国际民事诉讼法概论》，武汉大学出版社 1990 年版。

李响：《美国合同法要义》，中国政法大学出版社 2008 年版。

李永军：《合同法》，中国人民大学出版社 2016 年版。

刘力：《国际民事诉讼管辖权研究》，中国法制出版社 2004 年版。

刘力：《中国涉外民事诉讼立法研究——管辖权与司法协助》，中国
　政法大学出版社 2016 年版。

刘懿彤：《国际民事诉讼管辖权与和谐国际社会构建》，中国人民公
　安大学出版社 2017 年版。

乔欣：《仲裁权论》，法律出版社 2009 年版。

舒国滢、王夏昊、梁迎修等：《法学方法论问题研究》，中国政法大
　学出版社 2007 年版。

宋平：《民事诉讼诚实信用原则与管辖权滥用之规制研究》，厦门大
　学出版社 2018 年版。

吴一鸣：《国际民事诉讼中的拒绝管辖问题研究》，法律出版社 2010
　年版。

谢石松主编：《商事仲裁法学》，高等教育出版社 2003 年版。

许军珂：《国际私法上的意思自治》，法律出版社 2006 年版。

朱科：《中国国际商事仲裁司法审查制度完善研究》，法律出版社
　2018 年版。

中国国际经济贸易仲裁委员会编：《中国国际经济贸易仲裁委员会管
　辖权决定选编》，中国商业出版社 2004 年版。

［德］阿多诺：《否定的辩证法》，张峰译，上海人民出版社 2020
　年版。

［德］奥特马·尧厄尼希：《民事诉讼法》，周翠译，法律出版社
　2003 年版。

［德］黑格尔：《法哲学原理》，范扬、张在泰译，商务印书馆 1979
　年版。

［德］康德：《法的形而上学原理——权利的科学》，沈叔平译，商
　务印书馆 1991 年版。

［德］萨维尼：《法律冲突与法律规则的地域和时间范围》，李双元
　等译，法律出版社 1999 年版。

［美］阿瑟·冯迈仑：《国际私法中的司法管辖权之比较研究》，李

晶译，法律出版社 2016 年版。

［美］E. 艾伦·范斯沃思：《美国合同法》，葛云松、丁春艳译，中国政法大学出版社 2004 年版。

［美］加里·B. 博恩：《国际仲裁法律与实践》，白麟、陈福勇、李汀洁等译，商务印书馆 2015 年版。

［英］艾伦·雷德芬、马丁·亨特等：《国际商事仲裁法律与实践》，林一飞、宋连斌译，北京大学出版社 2005 年版。

［英］霍布斯：《利维坦》，黎思复、黎廷弼译，商务印书馆 1964 年版。

［英］洛克：《人类理解论》（上册），关文运译，商务印书馆 1959 年版。

二　中文论文类

陈卯轩：《法治的德性探析》，《西南民族大学学报》（人文社会科学版）2019 年第 12 期。

陈卫佐：《国际性仲裁协议的准据法确定——以仲裁协议的有效性为中心》，《比较法研究》2016 年第 2 期。

丁小巍、王吉文：《论我国对〈选择法院协议公约〉的批准与公约第二十一条的适用》，《法治论坛》2018 年第 3 期。

杜涛、张炳南：《我国"或裁或审"条款的反思与突破——兼评〈仲裁法司法解释〉第 7 条》，《时代法学》2020 年第 1 期。

杜涛：《论国际民事诉讼中的过度管辖权》，《武大国际法评论》2017 年第 1 期。

杜涛：《美国联邦法院司法管辖权的收缩及其启示》，《国际法研究》2014 年第 2 期。

杜涛：《欧盟跨国民事诉讼制度的新发展——评欧盟〈布鲁塞尔第一条例〉之修订》，《德国研究》2014 年第 1 期。

杜涛：《先受理法院规则与国际平行诉讼问题的解决》，《武大国际法评论》2015 年第 2 期。

杜涛：《新民事诉讼法下当事人协议选择境外法院问题》，《人民司法（应用）》2017 年第 1 期。

杜涛：《中国批准海牙〈选择法院协议公约〉的法律问题及对策》，《武汉大学学报》（哲学社会科学版）2016 年第 4 期。

范雪飞：《论不公平条款制度——兼论我国显失公平制度之于格式条款》，《法律科学》2014 年第 6 期。

付子堂：《关于自由的法哲学探讨》，《中国法学》2000 年第 2 期。

高乐鑫：《法学类型化研究方法的基础问题研究》，《玉林师范学院学报》2013 年第 6 期。

郭浩：《我国国际商事仲裁裁决的司法审查中公共政策运用的实证研究》，《北京仲裁》2016 年第 1 期。

郭玉军、司文：《单边法院选择条款的法律效力探析》，《国际法研究》2014 年第 4 期。

郭晓文：《商事仲裁中仲裁员的独立性》，《国际经济法学刊》1999 年第 00 期。

韩世远：《中国法中的不公平合同条款规制》，《财经法学》2017 年第 4 期。

何其生：《国际商事仲裁司法审查中的公共政策》，《中国社会科学》2014 年第 7 期。

何荣：《论中国司法参与国际经济规则的制定》，《国际法研究》2016 年第 1 期。

黄进、邹国勇：《欧盟民商事管辖权规则的嬗变——从〈布鲁塞尔公约〉到〈布鲁塞尔条例〉》，《东岳论丛》2006 年第 5 期。

黄进：《中国涉外民事关系法律适用法的制定与完善》，《政法论坛》2011 年第 3 期。

黄志慧：《人权法对国际民事管辖权的影响——基于〈欧洲人权公约〉第 6（1）条之适用》，《环球法律评论》2016 年第 1 期。

姜志腾、唐秋玲、黄莉：《论冲突法中的单方法律选择权》，《湖南工业大学学报》（社会科学版）2015 年第 20 卷第 1 期。

金彭年：《国际私法上意思自治原则的法哲学分析》，《杭州大学学报》（哲学社会科学版）1988 年第 1 期。

康宁：《契约性与司法化——国际商事仲裁的生成逻辑及对"一带一路"建设的启示》，《政法论坛》2019 年第 37 卷第 4 期。

寇丽：《国际商事仲裁协议法律适用若干问题探析——从仲裁条款的独立性角度出发》，《仲裁研究》2004 年第 1 期。

雷磊：《指导性案例法源地位再反思》，《中国法学》2015 年第 1 期。

李浩：《民事程序选择权：法理分析与制度完善》，《中国法学》2007 年第 6 期。

李盛缘：《仲裁协议格式化效力探析》，《浙江万里学院学报》2017 年第 1 期。

刘承韪：《英美合同法对价理论的形成与流变》，《北大法律评论》2007 年第 1 期。

刘敬东：《大国司法：中国国际民事诉讼制度之重构》，《法学》2016 年第 7 期。

刘卫国：《论国际民商事司法管辖条款的独立性》，《法商研究》2002 年第 6 期。

刘懿彤：《我国涉外民事诉讼管辖权制度存在的问题及完善》，《法治研究》2015 年第 3 期。

柳琼、宋扬：《国际商事仲裁可仲裁事项范围研究》，《学理论》2012 年第 6 期。

罗小霜：《论国际足联对单边延期选择条款效力的认定》，《西安体育学院学报》2013 年第 30 卷第 3 期。

吕晓莉：《台湾国际民事诉讼中的合意管辖制度》，《当代法学》2002 年第 12 期。

马占军：《我国仲裁庭组成方式的修改与完善》，《法学》2009 年第 1 期。

邱本、崔建远：《论私法制度与社会法制》，《天津社会科学》1995 年第 3 期。

桑远棵：《单边选择争议解决条款的效力研究》，《北京仲裁》2018
　　年第 4 期。

申卫星：《对民事法律关系构成内容的反思》，《比较法研究》2004
　　年第 1 期。

宋建立：《〈选择法院协议公约〉及对我国的影响》，《人民司法》
　　2019 年第 4 期。

宋连斌：《仲裁的契约性新探——以国际商事仲裁为例》，《仲裁与
　　法律》2000 年第 4 期。

孙玮、牛玥、徐传蕾：《台版〈法律评论〉国际私法问题研究综
　　述》，《朝阳法律评论》2016 年第 2 期。

孙亚男：《"或裁或审"条款的效力分析》，《牡丹江大学学报》2017
　　年第 2 期。

唐丰鹤：《通过合法性的正当性——实证主义法学的正当性思想研
　　究》，《北方法学》2013 年第 1 期。

田喜清：《私法公法化问题研究》，《政治与法律》2011 年第 11 期。

涂广建：《构建外向型的国际民事诉讼程序体系》，《武汉大学学报》
　　（哲学社会科学版）2016 年第 5 期。

万福良：《国际民事诉讼管辖权探究》，《南阳师范学院学报》2009
　　年第 1 期。

王次宝：《我国民事专属管辖制度之反思与重构——以大陆法系国家
　　和地区的一般规定为参照》，《现代法学》2011 年第 5 期。

王吉文：《论不方便法院原则对协议管辖的效力问题》，《云南大学
　　学报》（法学版）2015 年第 28 卷第 3 期。

王吉文：《论弱者保护原则对涉外协议管辖的效力问题》，载《甘肃
　　政法学院学报》2012 年第 2 期。

王吉文：《涉外协议管辖中的弱者保护问题》，《法学评论》2012 年
　　第 3 期。

王吉文：《我国批准 2005 年海牙公约可行性问题的思考》，《武大国
　　际法评论》2017 年第 1 期。

王军：《美国合同法中的显失公平制度》，《比较法研究》1994年第Z1期。

王磊：《试论我国涉外民事诉讼协议管辖规则体系的改进》，《武大国际法评论》2018年第4期。

吴兴奎、韩立强：《单方仲裁选择权条款效力探析》，《重庆工商大学学报》（社会科学版）2006年第5期。

武藤：《显失公平规定的解释论构造——基于相关裁判经验的实证考察》，《法学》2018年第1期。

肖永平：《提升中国司法的国际公信力：共建"一带一路"的抓手》，《武大国际法评论》2017年第1期。

徐国栋：《论民事屈从关系——以菲尔麦命题为中心》，《中国法学》2011年第5期。

徐国建：《论拒绝承认与执行外国法院判决的情势——2019年〈海牙判决公约〉相关制度与规则探讨》，《国际法研究》2023年第3期。

徐国建：《2019年〈海牙判决公约〉判决承认和执行机制概述》，《中国应用法学》2020年第4期。

徐国建：《建立法院判决全球流通的国际法律制度——〈海牙外国判决承认与执行公约草案〉立法资料、观点和述评》，《武大国际法评论》2017第5期。

杨玲：《论"或裁或审"条款中仲裁条款的效力——以海峡两岸司法实践为视角》，《西北大学学报》（哲学社会科学版）2014年第4期。

杨奕华：《人本法学方法论初探》，《北方法学》2017年第1期。

于喜福：《论争议可仲裁性司法审查之启动程序》，《法学评论》2016年第3期。

袁杜娟：《上海自贸区仲裁纠纷解决机制的探索与创新》，《法学》2014年第9期。

袁发强、瞿佳琪：《论协议管辖中的"实际联系地"——立法目的与效果的失衡》，《国际法研究》2016 年第 5 期。

袁发强：《我国国际私法中弱者保护制度的反思与重构》，《法商研究》2014 年第 6 期。

张炳南：《"非内国裁决"概念之刍议——从境外机构入驻上海自贸区谈起》，《仲裁与法律》2017 年第 135 辑。

张炳南：《论国际商事仲裁中瑕疵仲裁协议的效力认定》，《仲裁与法律》2014 年第 127 辑。

张兰兰：《国际民事诉讼协议管辖制度的发展趋势》，《法学杂志》2000 年第 3 期。

张利民：《不对称管辖协议的合法性辨析》，《法学》2016 年第 1 期。

张利民：《非排他性管辖协议探析》，《政法论坛》2014 年第 32 卷第 5 期。

张利民：《商务合同管辖条款之选择与法律效力》，《国际商务研究》2015 年第 36 卷第 206 期。

张良：《论显失公平的构成要件》，《河南财经政法大学学报》2014 年第 6 期。

赵俊：《全球治理视野下的国际法治与国内法治》，《中国社会科学》2014 年第 10 期。

赵学清、王军杰：《国际商事仲裁可仲裁性问题的历史演进及发展趋势》，《国际经济法学刊》2008 年第 4 期。

周翠：《协议管辖问题研究：对〈民事诉讼法〉第 34 条和第 127 条第 2 款的解释》，《中外法学》2014 年第 2 期。

周萍：《自由及其限度——关于自由的两种面相》，《湖南行政学院学报》2009 年第 5 期。

朱颖：《欧盟国际民事诉讼管辖权之特殊管辖问题研究——以〈布鲁塞尔规则Ⅰ〉为主线》，《宁夏大学学报》（人文社会科学版）2008 年第 1 期。

朱志晟、张淑钿：《国际民事诉讼中的管辖权审查》，《政治与法律》2003 年第 2 期。

朱志展:《国际民事诉讼中的协议管辖原则比较研究》,《时代法学》
2004 年第 5 期。

[美] H. 哈士曼:《认真对待各种自由——肯定性自由概念和否定
性自由概念》,艾彦译,《国外社会科学》2005 年第 6 期。

三 外文著作类

Adam Samuel, *Jurisdictional Problems in International Commercial Arbitration: A Study of Belgian, Dutch, English, French, Swedish, Swiss, U. S. , and West German Law*, Zurich: Schulthess Polygraphischer Verlag, 1989.

Alan Redfern Et Al. , *Law and Practice of International Commercial Arbitration* (2nd), London: Sweet & Maxwell, 1991.

Alan Redfern, Martin Hunter, Nigel Blackaby, Constantine Partasides, *Law and Practice of International Commercial Arbitration*, 4th ed. , London: Sweet & Maxwell, 2004.

Alex Mills, *Party Autonomy in Private International Law*, Cambridge: Cambridge University Press, 2018.

Antoine-Louis Pillet, *Traité pratique de droit international privé*, Imprimerie J. Allier, 1924.

Francisco Garcimartín, Geneviève Saumier, Explanatory Reporton the Convention of 2 July 2019 on the Recognition and Enforcement of Foreign Judgments in Civil or Commercial Matters, Hague: The Hague Conference on Private International Law, 2020.

Collins L. Dicey, *Morris and Collins on the Conflict of Laws*, 15th edn. , London: Sweet & Maxwell, 2012.

Gary B. Born, *International Arbitration: Law and Practice*, Hague: Kluwer Law International, 2012.

Gary B. Born, *International Commercial Arbitration*, 3rd ed. , The Netherlands: Kluwer Law International, 2009.

Gary B. Born, *International Commercial Arbitration*, The Netherlands: Kluwer Law International, 2014.

Harris, D., O'Boyle, M. &Warbick, C., *Law of the European Convention of Human Rights*, New York: Oxford University Press, 2009.

J. C. A. Gaskin edited, *Leviathan/Thomas Hobbes*, Oxford: Oxford University Press, 1998.

J. Rubellin-Devichi, *L'arbitrag: Nature Juridique: Droit Interne et Droit International Privé*, Librairie Generale de Droit Et de Jurisprudence, 1995.

J. Story, *Commentaries on the Conflict of Laws, Foreign and Domestic, in Regard to Contracts, Rights, and Remedies, and Especially in Regard to Marriages, Divorces, Wills, Successions, and Judgments*, Boston: Hilliard, Gray and Co., 1834.

John Chipman Cray: *The Nature and Sources of the Law* (2ed.), New York: Macmillan Co., 1921.

Lynch, K., *The Forces of Economic Globalization: Challenges to the Regime of International Commercial Arbitration*, The Hague; New York: Kluwer Law International, 2003.

Mary Keyes, *Optional Choice of Court Agreements in Private International Law*, Switzerland: Springer, 2019.

Masato Dogauchi and Trevor C. Hartley, *Preliminary Draft Convention on Exclusive Choice of Court Agreements Explanatory Report*, Hague: The Hague Conference on Private International Law, 2004.

Mukarrum Ahmed, *The Nature and Enforcement of Choice of Court Agreements: A Comparative Study*, Portland: Hart Publishing, 2017.

Nigel Blackaby, Constantine Partasides, et al., *Redfern and Hunter on International Arbitration* (Sixth Edition), Oxford: Oxford University Press, 2015.

Patricia Shaughnessy and Sherlin Tung, eds., *The Powers and Duties of an Arbitrator*, *Liber Amicorum Pierre A. Karrer*, Alphen aan den Rijn: Kluwer Law International, 2017.

Peter Nygh, *Choice of Forum and Laws in International Commercial Arbitration*, Hague: Kluwer Law International, 1997.

Peter Nygh, *Autonomy in International Contracts*, Oxford: Clarendon Press, 1999.

Rick Bigwood, *Exploitative Contracts*, Oxford: Oxford University Press, 2003.

Vesna Lazic, Steven Stuij, *Brussels Ibis Regulation: Changes and Challenges of the Renewed Procedural Scheme*, The Hague: T. M. C. Asser Press, 2017.

Symeon Symeonides, "Party Autonomy in International Contracts and the Multiple Ways of Slicing the Apple", *Brooklyn Journal of International*, Vol. 39, No. 3, 2014.

Symeon C. Symeonides, *Oxford Commentaries on American Law: Choice and Law*, Oxford: Oxford University Press, 2016.

Trevor Hartley, *International Commercial Litigation: Text, Cases and Materials on Private International Law*, Cambridge: Cambridge University Press, 2009.

Trevor Hartley, *Choice-of-court Agreements Under the European and International Instruments: the Revised Brussels I Regulation, the Lugano Convention, and the Hague Convention*, Oxford: Oxford University Press, 2013.

Trevor Hartley & Masato Dogauch, *Convention of 30 June 2005 on Choice of Court Agreements*, *Explanatory Report by Trevor Hartley & Masato Dogauch*, Hague: The Hague Conference on Private International Law, 2014.

Will Dudley, *Hegel, Nietzsche, and Philosophy: Thinking Freedom*, Cambridge: Cambridge University Press, 2004.

四 外文期刊类

A. Asouzu, "Arbitration and Judicial Powers in Nigeria", *Journal of International Arbitration*, Vol. 6, 2001.

A. Briggs, "One-sided Jurisdiction Clauses: French Folly and Russian Menace", *Lloyd's Maritime and Commercial Law Quarterly*, 2013.

A. Bissett-Johnson, "The Efficacy of Choice of Jurisdiction Clauses in International Contracts in English and Australian Law" (1970) 19 L C. L. Q., Vol. 19, 1970.

Bas van Zelst, "Unilateral Option Arbitration Clauses in the EU: A Comparative Assessment of the Operation of Unilateral Option Arbitration Clauses in the European Context", *Journal of International Arbitration*, Vol. 33, No. 4, 2016.

Bas van Zelst, "Unilateral Option Arbitration Clauses: An Unequivocal Choice for Arbitration under the ECHR?" *Maastricht Journal of European and Comparative Law*, Vol. 25, No. 1, 2018.

Davis, "Pathological Clauses: Frederic Eisemann's Still Vital Criteria", *Arb. Int'l*, Vol. 7, 1991.

Draguiev Deyan, "Unilateral Jurisdiction Clauses: The Case for Invalidity, Severability or Enforceability", *Journal of International Arbitration*, Vol. 31, No. 1, 2014.

Eisemann, "La Clause d'arbitrage pathologique", in Eugenio Minoli, *Commercial Arbitration: Essays in Memoriam Eugenio Minoli*, Torino: Unione Tipografico-editrice Torinese, 1974.

E. G. Lorenzen, "Huber's De Conflictu Legum", *Illinois Law Review*, Vol. 13, 1919.

Gary B. Born, "The Law Governing International Arbitration Agreements: An International Perspective", *Singapore Academy of Law Journal*, Vol. 26, 2014.

George Panagopoulos, "Substance and Procedure in Private International Law", *Journal of Private International Law*, Vol. 1, 2005.

Hans Smit, "The Unilateral Arbitration Clauses: A Comparative Analysis", *American Review of International Arbitration*, Vol. 20, No. 3, 2009.

Harlan F. Stone, "The Common Law in the United States", *Harvard Law Review*, Vol. 50, 1936.

Honglin Yu, "A Theoretical Overview of The Foundations of International Commercial Arbitration", *Contemporary Asia Arbitration Journal*, Vol. 1, No. 2, 2008.

Jason Webb Yackee, "Choice of Law Considerations in the Validity & Enforcement of International Forum Selection Agreements: Whose Law Applies?" *UCLA J. INT'L L. & FOREIGN AFF*, Vol. 9, No. 1, 2004.

Jane Y. Willems, "The Arbitrator's Jurisdiction at Risk: The Case of Hybrid and Asymmetrical Arbitration Agreements, in Shaughnessy & Tung, eds. , *The Powers and Duties of an Arbitrator*, The Netherlands: Kluwer Law International, 2017.

Kevin M. Clermont, "Governing Law on Forum-Selection Agreements", *Hastings Law Journal*, Vol. 66, No. 3, 2015.

Koji Takahashi, "Law Applicable to Choice-of-Court Agreements", *Japanese Yearbook of International Law*, Vol. 58, 2015.

L. Collins, "Arbitration Clauses and Forum Selecting Clauses in the Conflict of Laws: Some Recent Developments in England", *Maritime*, Vol. 2, 1971.

Lauren D. Miller, "Is the Unilateral Jurisdiction Clause No Longer an Option? Examining Courts' Justifications for Upholding or Invalidating Asymmetrical or Unilateral Jurisdiction Clauses", *Tex. Int'l L. J.*, Vol. 51, 2016.

Laurent Niddam, "Unilateral Arbitration Clauses in Commercial Arbitration", *Dis. Res. J.*, Vol. 5, 1996.

Louise Merrett, "The Future Enforcement of Asymmetric Jurisdiction A-greements", *International and Comparative Law Quarterly*, Vol. 67, No. 1, 2018.

Luca Beffa, "Decision 4A_ 246/2011 or the Leniency of the Swiss Federal Tribunal Towards Pathological Clauses", *ASA Bull*, Vol. 30, 2012.

Malyuta, Pavlo, "Compatibility of Unilateral Option Clauses with the European Convention on Human Rights", *UCL Journal of Law and Jurisprudence*, Vol. 8, No. 1, 2019.

Maria Davies, "The Use of Arbitration in Loan Agreements in International Project Finance: Opening Pandora's Box or an Unexpected Panacea?" *J. Int'l. Arb.*, Vol. 32, 2015.

Marin Mrčela, "Adversarial Principle, The Equality of Arms and Con Frontational Right-European Court of Human Rights Recent Jurisprudence", *EU and Comparative Law Issues and Challenges Series*, Vol. 1, 2017.

Mary Keyes, Brooke Adele Marshall, "Jurisdiction Agreements: Exclusive, Optional and Asymmetrical", *Journal of Private International Law*, Vol. 11, No. 3, 2015.

Michaels, R., "Dreaming law without a state: scholarship on autonomous international arbitration as utopian literature", *London Review of International Law*, Vol. 1, 2013.

Michael Huber, "Grundwissen-Zivilprozessrecht: Prorogation", *Jus Juristische Schulung*, 2012.

Mann, F. A., "Lex Facit Arbitrum", in Pieter Sanders, ed., *International Arbitration: Liber Amicorum for Martin Domke*, The Hague: Martinus Nijhoff, 1967.

Mukarrum Ahmed, "The Legal Regulation and Enforcement of Asymmetric Jurisdiction Agreements in the European Union", *European Business Law Review*, Vol. 28, 2016.

Pieter Sanders, "Trends in the Field of International Commercial Arbitration", *Recueil Des Cours*, Vol. 145, No. 2, 1975.

Richard Fentiman, "Unilateral Jurisdiction Agreements in Europe", *Cambridge Law Journal*, Vol. 72, No. 1, 2013.

Richard Garnett, "Coexisting and Conflicting Jurisdiction and Arbitration Clauses", *Journal of Private International Law*, Vol. 9, No. 3, 2013.

Ronald H. Graveson, "The Ninth Hague Conference of Private International Law", *International & Comparative Law Quarterly*, Vol. 10, 1961.

Seyoum Yohannes Tesfay, "The Normative Basis for Decision on the Merits in Commercial Arbitration: The Extent of Party Autonomy", *Mizan L. Rev.*, Vol. 10, 2016.

Smith, "The Principle of Mutuality of Obligation and Its Juridical Utility in Enforcing Contractual Fair Dealing", *Festschrift Fr Ernst Rabel*, 1954.

Simon Nesbitt, Henry Quinlan, "The Status and Operation of Unilateral or Optional Arbitration Clauses", *Arb. Intl.*, Vol. 22, 2006.

Symeon C. Symeonides, "What Law Governs Forum Selection Clauses", *La. L. Rev*, Vol. 78, 2018.

Symeon Symeonides, "Party Autonomy in International Contracts and the Multiple Ways of Slicing the Apple", *Brooklyn Journal of International*, Vol. 39, No. 3, 2014.

Tolek Petch, "The Treatment of Asymmetric Jurisdiction Clauses in Financial Contracts in France and England", *UCL Journal of Law and Jurisprudence*, Vol. 5, 2016.

William Shelby McKenzie, "Obligations-Potestative Conditions-Right to Terminate in Employment Contracts", *La. L. Rev.*, Vol. 22, 1962.

William W. Park, "Arbitration in Banking and Finance", *Ann*, *Rev. Banking L.*, Vol. 17, 1998.

五 网站类

Alexander Gridasov, Maria Dolotova, Unilateral Option Clauses: Russian Supreme Court Puts an End to the Long-Lasting Discussion (May 2019), http://arbitrationblog. kluwerarbitration. com/2019/05/07/unilateral – option – clauses – russian – supreme – court – puts – an – end – to – the – long – lasting – discussion/.

Anthony Mrad, International Overview of Hybrid Arbitration Clauses in Financial Transactions: Challenges and Practical Solutions, https://docplayer. net/155644681 – International – overview – of – hybrid – arbitration – clauses – in – financial – transactions – challenges – and – practical – solutions. html.

Bank's hybrid jurisdiction clause upheld, http://www. allenovery. com/publications/engb/lrrfs/middleeastandafrica/Pages/Banks – hybrid – jurisdiction – clause – upheld. aspx.

Dmitry Vlasov, Russian Supreme Court upholds the validity of optional dispute resolution clause, 2016, http://kkplaw. ru/en/russian – supreme – court – upholds – the – validity – of – optional – dispute – resolution – clause/.

Gilles Cuniberti, Bulgarian Court Strikes Down One Way Jurisdiction Clause, 2012, http://conflictoflaws. net/2012/bulgarian – court – strikes – down – one – way – jurisdiction – clause/.

Hybrid jurisdiction clauses, http://www. allenovery. com/publications/en – gb/european – finance – litigation – review/eu – developments/Pages/Hybrid – jurisdiction – clauses. aspx.

Mikhail Samoylov, The Evolution of Unilateral Arbitration Clauses in Russia, 2015, http://arbitrationblog. kluwerarbitration. com/2015/10/01/

the – evolution – of – unilateral – arbitration – clauses – in – russia/.

Nishanth Vasanth, Rishabh Raheja, Examining the Validity of Unilateral Option Clauses in India: A Brief Overview, Kluwer Arbitration Blog, (October 2017) http://arbitrationblog. kluwerarbitration. com/2017/10/20/examining – validity – unilateral – option – clauses – india – brief – o-verview/.

Queen Mary University of London, White & Case, 2010 International Arbitration Survey: Choices in International Arbitration, http://www. arbitration. qmul. ac. uk/media/arbitration/docs/2010 _ InternationalArbitrationSurveyReport. pdf.

Queen Mary University of London, White & Case, 2018 International Arbitration Survey: The Evolution of International Arbitration, http://www. arbitration. qmul. ac. uk/media/arbitration/docs/2018 – International – Arbitration – Survey – report. pdf.

Queen Mary University of London, White & Case, 2021 International Arbitration Survey: Adapting arbitration to a changing world, at https://arbitration. qmul. ac. uk/media/arbitration/docs/LON0320037 – QMUL – International – Arbitration – Survey – 2021_ 19_ WEB. pdf.

Status Table of Convention of 30 June 2005 on Choice of Court Agreements, https://www. hcch. net/en/instruments/conventions/status – table/? cid = 98.

The validity of unilateral "hybrid jurisdiction" clauses has become less certain under French law, at http://www. nortonrosefulbright. com/knowledge/publications/73098/the – validity – of – unilateral – hybrid – jurisdiction – clauses – has – become – less – certain – under – french – law.

Timur Aitkulov, Julia Popelysheva, The Supreme Arbitrazh Court of the Russian Federation rules on the validity of dispute resolution clauses with a unilateral option, 2012, http://arbitrationblog. kluwerarbitration. com/2012/09/11/the – supreme – arbitrazh – court – of – the –

russian – federation – rules – on – the – validity – of – dispute – resolu-
tion – clauses – with – a – unilateral – option/.

Youssef Nassar, Are Unilateral Option Clauses Valid? Kluwer Arbitration
Blog (October 2018), http://arbitrationblog. kluwerarbitration. com/
2018/10/13/are – unilateral – option – clauses – valid/.

附录 不对称争议解决协议案例

国家	典型案例名称	类别	不对称争议解决协议内容	态度
英国 2004	NB Three Shipping Ltd. v. Harebell Shipping Ltd.	"共诉单仲"类型	英格兰法院对本租船合同所引起的或与本租船合同有关的任何争议享有管辖权，但是船主应享有将本协议下的任何争议提交仲裁的选择权	肯定
英国 2005	Law Debenture Trust Corp Plc v. Elektrim Finance BV	"共仲单诉"类型	凡因本协议引起或与本协议有关的任何争议可由任何一方按照联合国国际贸易法委员会仲裁规则通过仲裁方式最终解决……尽管存在上述规定，为了信托人和每位债券持有人的排他性利益，［EFBA］和［ESA］（本案的被告）在此同意信托人和每位债券持有人具有排他性的权利，在他们的选择下，可以就因本协议引起或与本协议有关的任何争议提交英格兰法院管辖，英格兰法院对此享有非排他性管辖权……	肯定

续表

国家	典型案例名称	类别	不对称争议解决协议内容	态度
英国 2009	Bank of New York Mellon v. GV Films	"共一单任"类型	英国法院对本信托契约或债券引起的或与之有关的任何争议具有管辖权。因此，由本信托契约或债券引起的或与之有关的任何法律程序或法律诉讼可以在上述法院提出。信托委托人不可撤销地服从此类法院的管辖权，并放弃对此类法院以审判地为由或以诉讼在不方便的法院提起为由的诉讼的任何异议。此项是为受托人和每一位债券持有人的利益而提出的，不得限制他们中的任何人在任何其他具有管辖权的法院提起诉讼的权利，在任何一个或多个管辖法域内提起诉讼也不得妨碍在任何其他管辖法域提起诉讼	肯定
英国 2011	Lornamead Acquisitions Ltd. v. Kaupthing Bank	"共一单任"类型	（a）英国法院对于因本协议引起或与本协议有关的任何争议（包括与本协议的存在、有效性或中止有关的争议）具有排他性管辖权。 （b）双方同意，英国法院是解决争端最适当和最方便的法院，因此任何一方都不会提出相反的意见。 （c）本条仅为融资方和担保权人的利益。因此，不得阻止任何融资方或担保权人在任何其他有管辖权的法院就争议提起诉讼。在法律允许的范围内，融资方和担保权人可在多个法域同时提起诉讼	肯定

国家	典型案例名称	类别	不对称争议解决协议内容	态度
英国 2013	Mauritius Commercial Bank Limited v. Hestia Holdings Limited, Sujana Universal Industries Limited	"共—单任"类型	（a）英格兰法院对与本协议有关的或因本协议引起的任何争议（包括涉及本协议的存在、有效及终止问题的争议）具有排他性的管辖权。 （b）当事人均同意英格兰法院是解决争议最合适、最方便的法院，并同意对此问题不提出任何异议。 （c）第24.1条仅有利于出资人的利益。因此，不得阻碍出资人在任何其他有管辖权的法院就争议提起诉讼。在法律允许的范围内，出资人可以在任何法域内同时提起诉讼	肯定
英国 2015	Black Diamond Offshore Ltd. & Ors v. Fomento De Construcciones y Contratas SA（2015）EWHC 1035	"共—单任"类型	英国法院对本票据引起的或与票据有关的任何争议具有管辖权，因此，本票据引起的或与票据有关的任何法律诉讼或程序可在此类法院提起。发行人不可撤销地服从此类法院的管辖权，并放弃对此类法院的诉讼程序提出任何异议，无论是基于审判地还是基于诉讼在不方便的法院。此项是为了每一位票据持有人的利益而提出的，且不得限制任何票据持有人在任何其他有管辖权的法院提起诉讼，且在一个或多个法域提起诉讼也不得妨碍在任何其他法域提起诉讼（无论是否同时进行）	肯定

续表

国家	典型案例名称	类别	不对称争议解决协议内容	态度
英国 2015	Barclays Bank Plc v. Ente Nazionale di Previdenza ed Assistenza dei Medici e Degli Odontoiatri	"共一单任"类型	（a）上述条件、代理协议、信托契约和债券受英国法律管辖，并应根据英国法律进行解释。公司已在信托契约中不可撤销地同意，为了受托人和债券持有人的利益，英国法院对于因本条件、信托契约或债券引起的或与之有关的任何争议具有管辖权，而据此产生的或与此有关的任何法律诉讼或法律程序，可由债券持有人在英国法院提出。 （b）公司已在信托契约中不可撤销地、无条件地放弃，并同意不提出任何现在或之后可能对英国法院任何诉讼地点的确定提出的异议，以及任何诉讼以不方便的形式提出的索赔，此外，本协议不可撤销且无条件地同意，在英国法院提起的任何诉讼中的判决应是决定性的，对本公司具有约束力，并可在任何其他法域的法院强制执行。 （c）本条件的任何规定均不得限制在任何其他具有管辖权的法院对公司提起诉讼的权利，在一个或多个管辖区提起诉讼也不得妨碍在任何其他管辖区提起诉讼，无论是否同时进行	肯定

国家	典型案例名称	类别	不对称争议解决协议内容	态度
英国 2017	Commerzbank Aktiengesellschaft v. Pauline Shipping and Liquimar Tankers	"共一单任"类型	(a) 本担保和赔偿应在所有方面受英国法律管辖并按英国法律解释。 (b) 为了贷款人的独家利益，担保人不可撤销地同意，英格兰法院对因本担保和赔偿而产生的或与本担保和赔偿有关的任何争议有管辖权，且任何诉讼程序均可在英格兰法院提起。 (c) 本条所载任何规定均不得限制贷款人在任何有管辖权的法院对担保人提起任何诉讼的权利，在一个或多个有管辖权的法院对担保人提起的任何诉讼也不得妨碍在任何其他法院所提起的任何诉讼，不论诉讼是否同时进行。 (d) 担保人不可撤销地放弃其现在或将来可能对本条所述任何法院的任何诉讼地点确定提出的任何抗辩的权利，以及放弃提出这类诉讼是在不方便的法院所进行的请求，并不可撤销地同意在任何此类法院提起的任何诉讼所作判决诉讼应当具有决定性和约束力，并可在任何法域的法院得以执行……	肯定

续表

国家	典型案例名称	类别	不对称争议解决协议内容	态度
英国 2019	Ourspace Ventures Limited v. Mr. Kevan Halliwell	"共仲单诉"类型	17.2　仲裁 （a）因任何财务文件而引起、与之相关或与之有任何关联的任何争议、索赔、分歧，包括关于其存在，有效性、解释、履行、违约或终止或其无效的后果以及与由此产生或与之相关的任何非合同义务的任何争议，应提及和最终根据 LCIA 仲裁规则通过仲裁解决…… 17.3　选择诉讼 （a）尽管有第 17.2 条（仲裁）的规定，[原告]可以通过书面通知（诉讼通知）给[被告]，要求所有争议或特定争议仅由英国法院解决。诉讼通知应载明以下内容：（i）出现争议；（ii）参与争议的各方；和（iii）争议的性质将由 DIFC 法院解决。 （b）如果[原告]根据本条款发出诉讼通知，双方同意： （i）DIFC 法院对解决任何此类诉讼通知所涉及的任何争议具有排他性管辖权； （ii）DIFC 法院是解决争议的最合适和最方便的法院，因此任何一方都不会提出异议，并且各方均放弃同以不方便的诉讼地为由或其他与财务文件有关的诉讼相关的其他理由对 DIFC 法院提出异议； （iii）双方不能就诉讼通知中指定的争议启动仲裁程序，就任何此类争议启动的任何仲裁程序都将终止。 （c）本条款仅适用于[原告]。因此，不应阻止[原告在任何其他有管辖权的法院就争议提起诉讼。在法律允许的范围内，[原告]可以在任意数量的司法管辖区同时进行诉讼	肯定

续表

国家	典型案例名称	类别	不对称争议解决协议内容	态度
英国 2019	Etihad Airways PJSC v. Flother	"共一单任"类型	33.1.1　英国法院对解决因本协议引起或与本协议有关的任何争议（包括与本协议引起或与本协议有关的非合同义务有关的争议，或有关存在、有效性的争议或终止本协议）具有排他性管辖权； 33.1.2　双方同意英格兰法院是解决争议的最合适和最方便的法院，因此任何一方都不会提出相反的论点； 33.1.3　本协议第 33 条仅为贷款人的利益。因此，不得阻止贷方在任何其他有管辖权的法院就争议提起诉讼。在法律允许的范围内，贷款人可以在任何数量的司法管辖区同时进行诉讼	肯定
英国 2022	The Public Institution for Social Security v. Banque Pictet & Cie SA & Others	"共一单任"类型	日内瓦法院对任何有关银行与客户之间关系的争议具有排他性管辖权。并保留向瑞士联邦最高法院上诉的权利。合同执行地、管辖地、收债程序地为日内瓦。尽管如此，银行仍有权在客户住所地或任何其他有管辖权的司法管辖区提起诉讼	肯定
法国 2012	Ms. X. v. Banque Privée Edmond de Rothschild Europe	"共一单任"类型	卢森堡法院对于客户与银行之间产生的任何争议具有排他性的管辖权。银行仍然保留可以向客户住所地法院起诉的权利或者可以在未选择上述法院时向任何其他具有管辖权的法院提起诉讼的权利	否定

国家	典型案例名称	类别	不对称争议解决协议内容	态度
法国 2015	ICH v. Crédit Suisse	"共数单任"类型	借款人认可苏黎世法院或与当事人建立合同关系的银行分行所在法院对诉讼程序具有排他性管辖权。银行仍然保留对借款人向任何其他有管辖权的法院提起诉讼程序的权利	否定
法国 2015	Apple Sales International v. eBizcuss	"共一单数"类型	eBizuss 公司应当将本合同引起的任何争议提交爱尔兰法院，Apple 公司可以选择保留将争议提交至有管辖权的法院，有管辖权的法院应当是爱尔兰法院、eBizuss 公司总部所在地法院，或者侵权发生地的法院	肯定
美国 1985	Hull v. Norcom，Inc.	"共仲单诉"类型	由本协议引起的或与本协议有关的任何争议或索赔，或违反本协议的任何争议或索赔，应由一名仲裁员根据美国仲裁协会的《商业仲裁规则》进行有约束力的仲裁解决，仲裁员作出裁决后的判决可在任何具有管辖权的法院作出。提交材料和听证会的语言应为英语，听证会应在纽约市举行，适用纽约州实体法。此外，如果 Hull 违反或威胁违反本协议的保密或竞业禁止条款，公司有权获得禁令，禁止 Hull 全部或部分披露此类信息，或者禁止 Hull 向已经披露或威胁披露全部或部分此类信息的任何人、公司、法人、协会或其他实体提供服务。双方同意并承认，Hull 根据本协议提供的服务具有特殊性、独特性和非凡性，如果 Hull 违反了其应履行的本协议条款和	否定

国家	典型案例名称	类别	不对称争议解决协议内容	态度
			条件，或在未经公司书面同意的情况下，在其离职2年内向与公司相竞争任何个人、组织或公司提供服务，则公司有权在任何有司法管辖权的法院提起诉讼，不论是在法律上还是在衡平法上，以就任何违反本协议的行为获得损害赔偿，或强制 Hull 具体履行本协议，或禁止 Hull 在本协议期间为任何其他人、组织或公司提供服务本。根据本协议，本条款应在 Hull 雇佣关系终止后继续有效	
美国 1989	Sablosky v. Gordon Co.	"共仲单诉"类型	雇员同意，与本协议条款有关的或由本协议条款引起的任何种类、性质或描述的任何争议，应由公司选择，该选择可在公司开始司法程序之前的任何时间作出，或者，如果雇员在最后一天之前的任何时候提出对其提出的传票和/或投诉作出答复和/或回应，则应根据美国仲裁协会或纽约房地产委员会相关的规则，提交美国仲裁协会或纽约房地产委员会（由公司选择）进行仲裁	肯定
美国 1999	Harris v. Green Tree Financial Corp	"共仲单诉"类型	因本合同引起或与本合同有关的所有争议、索赔，或本合同或仲裁条款的有效性问题应当由我方选定，并经贵方同意的一名仲裁员通过具有拘束力的仲裁解决……双方同意并理解他们选择仲裁而不是诉讼以解决争议。双方理解，他们有权或有机会通过法院提起诉讼，但他们倾向于通过仲裁解决，本协议另有规定的除外……尽	肯定

续表

国家	典型案例名称	类别	不对称争议解决协议内容	态度
			管有任何相反的规定，我们（Green Tree）保留使用司法或非司法救济的选择权，以强制执行与本仲裁协议下的交易中所担保的不动产有关的抵押、信托契约或其他担保协议，或强制执行不动产担保的货币债务，或者取消不动产的赎回权。这种司法救济将采取诉讼的形式	
美国 2000	Showmethemoney Check Cashers v. Williams	"共仲单诉"类型	就本协议的存在、组成、效力、解释或含义、履行、不履行、执行、违约、延续或终止而引起的或与本协议有关的各方之间任何种类和性质的所有争议……应提交仲裁解决……但 Showme 公司的诉讼行为仅限于收取应付款事项。……双方特别声明并理解，Showme 公司不得被在任何法院起诉	否定
美国 2001	In re FirstMerit Bank	"共仲单诉"类型	因本贷款协议的解释、有效性、履行或违约所引起的或与本协议有关的所有争议、索赔或其他事项交由仲裁解决。但银行可以通过司法救济（起诉）强制执行其担保利益、收回贷款以及取消赎回权	肯定
美国 2004	Taylor v. Bulter	"共仲单诉"类型	双方之间因车辆销售而产生的所有索赔、要求、争议或各种性质的争议，应当根据《联邦仲裁法》通过仲裁解决。经销商可以根据田纳西州统一商法典要求收回车辆，并可以通过向州法院起诉的形式要求收回到期债务	否定

续表

国家	典型案例名称	类别	不对称争议解决协议内容	态度
美国 2014	U. S. ex rel. Birckhead El-ec.，Inc. v. James W. Ancel，Inc.	"单选诉仲"类型	承包方和分包方之间的所有争议，但不涉及业主的作为、不作为或责任，应仅在承包方的选择下，根据美国仲裁协会的规则通过仲裁解决。分包方同意，任何此类仲裁程序应与承包方与任何其他方之间的任何仲裁程序合并，由承包商自行选择。本协议应根据现行仲裁法执行。仲裁员所作的仲裁裁决是终局的，任何有管辖权的法院都可以做出判决。任何此类裁决也应当对任何人、担保人和/或担保公司具有约束性和可执行性，以保证分包方以任何方式履行该协议	否定
美国 2015	Eaton　v. CMH　Homes，Inc.	"共仲单诉"类型	由本合同或本合同标的或双方引起或与之相关的所有争议或索赔，包括本仲裁协议或条款的可执行性或适用性，以及导致本协议（包括本仲裁协议）的任何作为、不作为、陈述和讨论，应由［CMH 公司］选定的一名仲裁员在［Eaton 先生］同意的情况下通过具有强制约束力的仲裁解决。本协议是根据州际贸易中的一项交易订立的，受《联邦仲裁法》管辖。裁决后的执行判决可在任何有管辖权的法院作出。双方同意并理解，他们选择仲裁而不是诉讼以解决争议。双方理解，他们有权在法庭上提起诉讼，但他们倾向于通过仲裁解决争议，除非本协议另有规定……尽管有任何相反的规定，［CMH 公司］保留使用司法（提起诉讼）或非司法救济的选择权，以强制执行在本仲裁协议下的交易中所担保的制成品房屋有关的担保协议，强制执行由已制造房屋所担保的金钱债务或取消已制造房屋的赎回权	肯定

续表

国家	典型案例名称	类别	不对称争议解决协议内容	态度
俄罗斯 2009	Red Burn Capital v. Zao Factoring Company Euro-commerz	"共仲单诉"类型	本合同有关或因本合同引起的任何争议应当交由伦敦国际仲裁院（LCIA），如果 Red Burn 公司在仲裁员选任之前拒绝通过仲裁解决，Red Burn 可以要求争议通过诉讼解决	肯定
俄罗斯 2012	Russkaya Telefonnaya Kompaniya v. Sony Ericsson Mobile Communications Ru	"共仲单诉"类型	因本协定引起的或与本协定有关的任何争议，如不能友好解决，应根据国际商会仲裁规则，由根据上述规则任命的三名仲裁员最终解决。仲裁地应为伦敦，仲裁程序应以英语进行。本仲裁条款应保持完全效力，并在本协议终止后继续有效，且不得限制双方向有管辖权的法院寻求临时或禁令救济的权利……此外，仲裁条款不应限制 Sony Ericsson 公司向任何有管辖权的法院提起诉讼以追偿所提供产品的债务的权利	否定
俄罗斯 2015	Piramida LLC v. BOT LLC	"单选诉仲"类型	与合同有关的任何争议应由申请人（索赔方）选择在乌兰诺夫斯克地区商事法院或者乌兰诺夫斯克地区商会仲裁庭最终解决	肯定
乌克兰 2011	Judgement of 7 March 2013, case No. 3/5027/496/2011	"共仲单诉"类型	其中规定争议通过仲裁解决，但是出租人保留将争议向乌克兰商事法院提起诉讼的权利	肯定
乌克兰 2014	Judgement of 24 September 2014, case No. 910/3425/13	"共仲单诉"类型	其中规定争议通过仲裁解决，但是借款人保留将争议向乌克兰商事法院提起诉讼的权利	肯定
保加利亚 2010	Judgment No. 71 in commercial case No. 1193/2010	"单选诉仲"类型	双方应当以友好协商的方式解决由合同引起的任何争议，如未能通过友好协商方式解决争议，出借人可以针对借款人在保加利亚工商会仲裁法庭（BCCI）或任何其他仲裁机构提起仲裁，或者在索菲亚地区法院提起诉讼	否定

续表

国家	典型案例名称	类别	不对称争议解决协议内容	态度
意大利2012	Grinka in liquidazione v. Intesa San Paolo, Simest, HSBC.	"共一单任"类型	其中规定一方当事人只能在英国法院起诉，而另一方当事人可以在任何具有管辖权的法院起诉	肯定
意大利2011	Sportal Italia v. Microsoft Corporation	"共一单数"类型	其中规定一方当事人只能在华盛顿州法院提起诉讼，而另一方当事人可以选择在意大利法院提起诉讼	肯定
卢森堡2014	commercial judgments 127/14 and 128/14, 29 January 2014	"共一单任"类型	其中规定一方当事人在特定法院起诉，而另一方当事人可以在任何具有管辖权的法院起诉	肯定
比利时2011	Regional court Ghent 14 January 2009, RABG 2011, 291.	"共一单数"类型	其中规定奥地利法院对争议具有排他性管辖权，但一方当事人可以在另一方当事人住所地起诉	肯定
澳大利亚2002	Reinsurance Australia Corporation Ltd. v. HIH Casualty and General Insurance	"共一单数"类型	各保险公司在此不可撤销地服从美国司法管辖纽约南区地方法院。每个保险公司都同意，被保险人可选择在美国任何州或联邦法院，或在发现保险人或其资产的任何国家或地方，对保险人或其各自的资产提起诉讼或提起其他司法程序	肯定
新加坡2017	Dyna-Jet Pte Ltd. v. Wilson Taylor Asia Pacific Pte Ltd.	"单选诉仲"类型	Dyna-Jet可以选择，通过仲裁程序以私人解决争议，仲裁程序适用英国法，在新加坡仲裁	肯定

续表

国家	典型案例名称	类别	不对称争议解决协议内容	态度
中国 1999	住友银行有限公司与新华房地产有限公司案	"共一单任"类型	第 23.2 条为了贷款人的利益,借款人不可撤销地同意,香港法院对因本协议而产生的或与本协议有关的任何纠纷具有非排他性管辖权。因此,任何因本协议而产生或与本协议有关的诉讼都可以在这些香港法院提起,借款人不可撤销地接受这些香港法院的非排他性管辖权 第 23.3 条 "本条款将不限制贷款人在其他有管辖权的法院向借款人提起诉讼的权利。贷款人在一个或多个有管辖权的法院提起诉讼后,本条款也不限制贷款人在其他有管辖权的法院提起诉讼,不论他们是否同时提起	肯定
中国 2001	东亚银行有限公司上海分行、宝生银行深圳分行、中国国际财务有限公司与上海纪盛房产发展有限公司、深圳南油(集团)有限公司案	"共一单任"类型	第 32.1 条约定,为保护贷款行之权益,借款人同意香港法院有司法权力,并因此同意接受香港法院管辖。 第 32.4 条约定,上述有关管辖的条款并不限制贷款行就任何融资性文件在任何其他有适当司法管辖权的法院提起诉讼,或同时在多个司法管辖地提起诉讼	肯定
中国 2006	星展银行(香港)有限公司诉日权实业有限公司等案	"共一单任"类型	出租人及承租人甘受香港法院之司法管辖权所管辖,但出租人可以在任何其他具有司法管辖权之法院执行本合同	肯定
中国 2012	厦门建发化工有限公司诉瑞士艾伯特贸易有限公司案	"单选诉仲"类型	出售方可以选择将由此产生的一切争议提交瑞士楚格州法院解决或根据巴黎国际商会仲裁调解规则在楚格州进行仲裁	肯定

续表

国家	典型案例名称	类别	不对称争议解决协议内容	态度
中国 2013	韦斯米琦与安特卫普钻石银行案	"共一单数"类型	所有与本契约有关的法律诉讼将由安特卫普法院根据比利时法律解决；只有银行可以在担保人或主债务人有住所的所在地法院根据当地有效的法律提起诉讼	肯定
中国 2013	广东鑫泰科技集团有限公司诉富邦财务（香港）有限公司等融资租赁合同纠纷案	"共一单任"类型	在货主的完全酌情权下，本协议须按照香港特别行政区及/或中华人民共和国的法律解释并受香港特别行政区及/或中华人民共和国的法律管辖，而且租购人及保证人甘愿受香港特别行政区法院以外之司法管辖权围制	肯定
中国 2014	大新银行有限公司诉香港千帆印刷公司等融资租赁合同纠纷案	"共一单任"类型	本合同须由香港法律所管治，并在各方面据其解释，出租人及承租人甘受香港法院之司法管辖权所管限，但出租人可在任何其他有司法管辖权之法院执行本合同	肯定
中国 2016	韩国进出口银行与昌德机电（天津）有限公司金融借款合同纠纷案	"共一单任"类型	被告同意因本协议产生的法律行为，可以提交至韩国首尔地方法院解决，但该规定不得限制原告将因本协议产生的法律行为提交至任何其他管辖地的权利	肯定
中国 2016	法国达飞海运集团（GMACGMS）等诉绍兴皓宜贸易有限公司海上货物运输合同纠纷案	"共一单任"类型	任何在承运人和货方之间发生的与由此份提单证明的运输合同有关的主张或诉请应由马塞尔商事法院专属管辖，除此之外的法院对此类主张或诉请均无权管辖。无损于以上陈述的同时，承运人有权在任何被告人注册办公地法院提起诉讼	否定

续表

国家	典型案例名称	类别	不对称争议解决协议内容	态度
中国2016	绍兴皓宜贸易有限公司与法国达飞海运集团、达飞轮船（中国）有限公司案	"共一单数"类型	任何在承运人和货方之间发生的，与此份提单证明的运输合同有关的索赔或诉讼应由马赛商事法院专属管辖，其他任何法院对此索赔或诉讼均不具有管辖权；尽管存在上述规定，承运人也有权在被告人注册办公地法院提起诉讼或索赔	肯定
中国2016	福建泉州老船长鞋业有限公司与地波里国际开发有限公司确认仲裁协议效力纠纷案	"单选诉仲"类型	本合同适用中国法律，如发生争议，由双方自行协商解决，未能自行协商解决的，由甲方（地波里公司）指定的仲裁委员会或由广州法律仲裁解决，并适用该会之各项仲裁条款	肯定
中国2016	陈友华等与星展银行案	"共仲单诉"类型	第19.1条规定，本合同各方一致同意本合同项下与担保金融衍生产品交易有关的任何争议应提交中国国际经济贸易仲裁委员会按照届时有效的《中国国际经济贸易仲裁委员会金融争议仲裁规则》以仲裁方式解决，仲裁地点为上海，仲裁庭由三名仲裁员组成，仲裁裁决是终局的，对各方具有约束力；第19.2条规定，上述约定并不排除权利人在任何对本合同有管辖权的其他争议解决机构（无论一个或多个司法区域）提起主张或者申请强制执行的权利；第19.3条规定，若仅发生个别事项争议，则除争议事项外，本合同各方应继续履行本合同其他条款	否定

国家	典型案例名称	类别	不对称争议解决协议内容	态度
中国 2016	杨常兴等与星展银行案	"共仲单诉"类型	第19.1条规定，本合同各方一致同意本合同项下与担保金融衍生产品交易有关的任何争议应提交中国国际经济贸易仲裁委员会按照届时有效的《中国国际经济贸易仲裁委员会金融争议仲裁规则》以仲裁方式解决，仲裁地点为上海，仲裁庭由三名仲裁员组成，仲裁裁决是终局的，对各方具有约束力；第19.2条规定，上述约定并不排除权利人在任何对本合同有管辖权的其他争议解决机构（无论一个或多个司法区域）提起主张或者申请强制执行的权利；第19.3条规定，若仅发生个别事项争议，则除争议事项外，本合同各方应继续履行本合同其他条款	肯定
中国 2016	周本运、伍正军与星展银行（中国）有限公司深圳分行案	"共仲单诉"类型	第19.1条规定，本合同各方一致同意本合同项下与担保金融衍生产品交易有关的任何争议应提交中国国际经济贸易仲裁委员会按照届时有效的《中国国际经济贸易仲裁委员会金融争议仲裁规则》以仲裁方式解决，仲裁地点为上海，仲裁庭由三名仲裁员组成，仲裁裁决是终局的，对各方具有约束力；第19.2条规定，上述约定并不排除权利人在任何对本合同有管辖权的其他争议解决机构（无论一个或多个司法区域）提起主张或者申请强制执行的权利；第19.3条规定，若仅发生个别事项争议，则除争议事项外，本合同各方应继续履行本合同其他条款	否定

续表

国家	典型案例名称	类别	不对称争议解决协议内容	态度
中国 2017	沈阳神羊游乐园有限公司与马来西亚进出口银行有限公司金融借款合同纠纷上诉案	"共一单任"类型	第 17.21（a）规定，以马来西亚法律作为本协议的管辖法律，应根据马来西亚法律进行解释，如果马来西亚法律不适用或者不具有执行力，各方应将争议适用中国法律或其他马来西亚进出口银行认可的适用法律，所有担保文件所适用的法律与上述情形相同；（b）项约定，各方不可撤销地同意马来西亚法院具有非排他性管辖权，有权对任何诉讼或程序进行审理和判决，也有权处理任何由本贷款协议和其他担保文件所引起或与上述协议和文件有关的争议；（f）项约定，向有管辖权的马来西亚法院提起诉讼不得限制马来西亚进出口银行对借款方在其他任何管辖地提起法律诉讼程序的权利，并且马来西亚进出口银行在任何一个或者多个管辖地提起法律诉讼并不排斥其在任何其他管辖地提起法律诉讼程序的权利	肯定
中国 2019	恒生银行有限公司诉林建华等金融借款合同纠纷案	"共一单任"类型	本信贷函、标准条款和条件及本授信应受香港法律管辖并据其进行解释。借款人不可撤销地接受香港法庭的非排他性司法管辖权	肯定
中国 2020	交通银行信托有限公司与中国国储能源化工集团股份公司合同纠纷案	"共一单任"类型	保证人同意（i）为了受托人和债券持有人的利益对因本保证协议所产生的或与之相关的争议，香港特别行政区法院拥有排他的司法管辖权；（ii）香港特别行政区法院是解决任何争议最适当及方便的法院；及（iii）相应地，其不会主张任何其他法院更适当或更方便代表其接受任何传票的送达	肯定

续表

国家	典型案例名称	类别	不对称争议解决协议内容	态度
中国 2021	陈建宝与孙冀川保证合同纠纷案	"共一单任"类型	本协议应受香港法律和法规管辖并据此进行解释,发行人谨此以不可撤销的方式表示服从香港法院的专属管辖权。本条规定不限制当事人在任何其他司法管辖区起诉对方的权利。保证人以不可撤销的方式同意,为了认购人的利益,由本《保证函》产生的或与之相关的任何法律行动或程序都可以提交香港法院,并以不可撤销的方式服从香港法院的非专属管辖权。第19.3条约定,本文件中任何规定均不限制认购人在任何其他司法管辖区对保证人和/或其他资产启动任何法律行动或采用法律允许的任何方式送达诉讼文件,在任何司法管辖区内起诉不妨碍在任何其他司法管辖区内起诉,无论是否同时进行	肯定
中国 2022	柬埔寨光纤通信网络有限公司与国家开发银行案	"单选诉仲"类型	第23.1条,除非质权人另有选择,因本协议引起的或与之有关的所有争议、分歧或要求,包括本协议的存在、有效性、解释、履行的问题,应提交中国国际经济贸易仲裁委员会(CIETAC)根据提起仲裁时有效的CIETAC仲裁规则进行仲裁,仲裁地点为北京,仲裁是终局性的,仲裁程序应以英语进行; 合同第23.2条规定,尽管有第23.1条的规定,如果质权人选择,双方将服从柬埔寨法院的非排他性管辖权	肯定

续表

国家	典型案例名称	类别	不对称争议解决协议内容	态度
中国香港 2020	Industrial and Commercial Bank of China (Asia) Ltd. v. Wisdom Top International Ltd.	"共一单任"类型	(a) 除以下 (c) 项规定外，香港法院对于由本协议引起或与本协议有关的任何争议（包括本协议的存在，有效性或终止协议的问题）具有排他性管辖权；(b) 双方当事人同意香港法院是解决争议的最合适、最方便的法院，因此任何一方当事人不会提出相反意见；(c) 第34.1条仅出于贷款人的利益。因此，不得阻止贷款人在任何其他具有管辖权的法院提起诉讼。在法律允许的范围内，贷款人可以在多个具有司法管辖权的地区同时进行诉讼	肯定
中国香港 2023	China Railway (Hong Kong) Holdings Ltd. v. Chung Kin Holdings Co. Ltd.	"单选诉仲"类型	本合同及有关补充协议执行期间如产生纠纷或争议，可通过协商解决。协商未果，中国铁路（香港）控股有限公司有权向金银公司所在地仲裁委员会申请仲裁或向金银公司所在地人民法院起诉	肯定
中国台湾 2014	Tai-Kang 571 of 2014	"共一单任"类型	如果消费者是商人，则由合同所引起的争议的排他性管辖地为德国斯图加特……如果消费者在德意志共和国没有一般场所或者在合同签订后未将住所搬到德国以外的国家，斯图加特作为排他性管辖地的规则依然适用……然而，Mayer&Cie 有权在任何司法管辖区的法院对消费者提起诉讼	肯定
中国台湾 2020	绩懋精工股份有限公司（AH）与劲捷实业有限公司案	"共数单任"类型	本合约所生之任何争议，AH 同意以美国俄勒冈州法院以及台湾台中地方法院为具有管辖权之法院，此同意不得撤回	否定

索　引

后　记

　　在当今百年未有之大变局的时代背景之下，国际格局与国际秩序的调整势必会带来国际规则的动荡与变化。中国统筹推进国内法治和涉外法治的指导理念，不仅要求我们通晓域外法律规则，同时还需要我们能够就一些前沿法律动态进行深入研究，并为中国参与国际规则制定提供更好的助力。

　　争议解决协议是争议法治化处理的法理依据与前提，是合同的重要组成部分。本书所研究的不对称争议解决协议属于国际贸易中的一类特殊协议，此类协议在金融领域中并不罕见，但如今却有蔓延至商事领域的趋势，这应当引起我们的关注与警觉。不对称争议解决协议的特殊性引发了学界对于公平、平等、自由等核心法律理念的思考与讨论，让我们有机会在各国法律中探寻这些理念的边界与规范，其效力如何亦视各国制度而定。由于中国学界对此问题尚未存在较为完整的研究，因此本书大胆地尝试对不对称争议解决协议的类型、特征和效力认定进行系统化的归纳与梳理，并立足于中国司法现状提出了相关的完善建议。本书来源于笔者的博士论文《国际私法视野下不对称争议解决协议问题研究》，并结合最新的司法实践与立法内容进行了相应的调整与增补。但由于本人学术能力有限，其中不免存在错漏之处，还望各位同仁批评指正！

　　本书是国家社会科学基金后期资助暨优秀博士学位论文出版项目的最终成果，我认为这也是它的最好归宿，给我的博士学术生涯画上了一个圆满的句号。在本书出版之际，要感谢全国哲学社会科学工作办公室对于本书的信任，感谢中国社会科学出版社编辑对于本书的编辑与校对。当然，这里要特别感谢我的博士导师杜涛教授对于本人博士论文的全方位的耐心指导。本书的选题源于杜老师对于前沿问题的敏锐观察，他从外国法查明的实践中发现争议问题并指导我进行构思与撰写。无论是论文资料的搜集还是文章框架的梳理，杜老师都给予了我最大的支持。杜老师治学严谨的态度与低调做人的品质一直深深地影响着我。还要感谢我的父母对我一直以来的默默付出与鼓励，是你们给予了我坚韧的品性与前行的底气，是你们的推动让我能够有机会去攻读博士学位，有勇气去攀登这座学术高峰，并有可能去探索完全不一样的人生。此外，还要感谢忆然老师所给予的无条件的支持与厚爱，让我有足够强大的内心去面对人生的诸多波折与可能，让我对法律、对正义、对人生有了极为深刻的认识与省思，让我理解到教育的意义不仅在于三尺讲台，更在于言传身教；不仅在于传授知识，更在于启发智慧，也让我理解到"师者"二字所真正代表的含义。

　　希望本书的出版可以对不对称争议解决协议问题的研究有所裨益，由衷地祝愿中国的法治发展顺利昌达，法治专家人才济济，法治程度节节攀高！最后，谨以此书献给所有愿意探求真理之人！

张炳南

2024 年 6 月 25 日凌晨